W0345687

MIX
Papier van verantwoorde herkomst
FSC® C004472

© 2019 Rutger Bregman

Eerste druk september 2014
Eerste herziene druk september 2019

Eerder verschenen onder de titel *Gratis geld voor iedereen - En nog vijf grote ideeën die de wereld kunnen veranderen* (2014) en *Gratis geld voor iedereen - Over het basisinkomen, de 15-urige werkweek en een wereld zonder grenzen* (2016).

Art direction: Harald Dunnink
Omslagontwerp: Martijn van Dam
Redactie: Wil Hansen
Correctie: Annelieke Tillema
Illustratie auteur: Cléa Dieudonné
Infographics: Momkai
Vormgeving binnenwerk: Pre Press Media Groep
Drukken en binden: Tim Beijer Producties

ISBN 9789083000787
NUR 320

www.decorrespondent.nl

RUTGER
BREGMAN

GRATIS GELD VOOR IEDEREEN

HOE UTOPISCHE IDEEËN DE WERELD VERANDEREN

de Correspondent

Een kaart van de wereld waar Utopia niet op voorkomt, is het niet waard om zelfs maar een blik op te werpen: er staat dat ene land niet op waar de Mensheid altijd aan wal gaat. En als de Mensheid er eenmaal aan wal gegaan is, kijkt ze uit naar een beter land om naartoe te zeilen. Vooruitgang is de verwezenlijking van Utopia's.

— Oscar Wilde (1854-1900)

Inhoud

1

De terugkeer van de utopie

Laat ik beginnen met de belangrijkste les van de geschiedenis.

Vroeger was alles slechter.

Gedurende zo ongeveer 99 procent van de wereldgeschiedenis was 99 procent van de mensheid arm, hongerig, bang, vies, dom, ziek en lelijk. Blaise Pascal (1623-1662), de Franse filosoof, schreef in de zeventiende eeuw nog dat het leven één groot tranendal was. 'De mens is groots omdat hij van zichzelf weet dat hij ellendig is', noteerde hij. Zijn Britse collega Thomas Hobbes (1588-1679) stemde in. 'Smerig, beestachtig en kort', zo vatte hij het leven van de mens samen.

In de afgelopen tweehonderd jaar is die toestand op zijn kop gezet. In slechts één promille van de tijd die wij als soort hebben doorgebracht op deze planeet zijn miljarden van ons rijk, doorvoed, veilig, schoon, slim, gezond en soms zelfs mooi geworden. In 1820 leefde 84 procent van de wereldbevolking in extreme armoede.[1] In 1980 was dat afgenomen naar 44 procent en nu, slechts een paar decennia later, zitten we onder de 10 procent.

Als het zo doorgaat is de extreme armoede – de toestand waarin bijna iedereen bijna altijd heeft geleefd – binnen dertig jaar uitgeroeid. De armen die dan nog overblijven, zullen tot de rijksten uit de wereldgeschiedenis behoren. Zo ontvangt een Nederlander met een daklozenuitkering nu al meer dan de gemiddelde burger in 1950 en vier keer zo veel als een Nederlander tijdens de zogenaamde 'Gouden Eeuw', toen de Hollanders nog heersten over de wereldzeeën.[2]

Twee eeuwen van waanzinnige vooruitgang

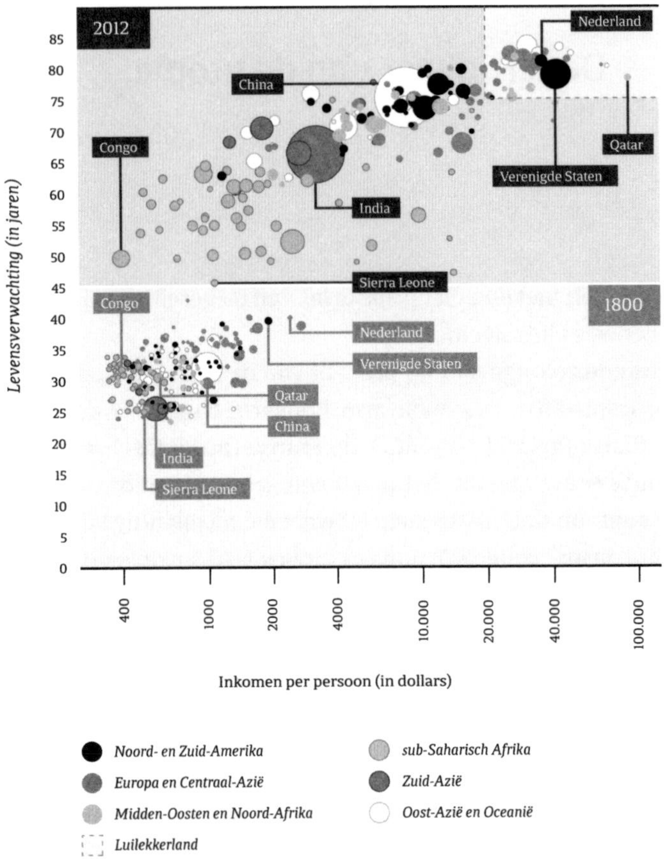

Dit is een grafiek waar je even voor moet gaan zitten. Iedere stip is een land. Hoe groter de stip, hoe meer inwoners. Onder staan de landen uit het jaar 1800, boven de landen uit het jaar 2012. Zelfs in de rijkste landen van het jaar 1800 (Nederland, de Verenigde Staten) was de levensverwachting nog lager dan in het ongezondste land van 2012 (Sierra Leone). Dat wil zeggen: in 1800 waren alle landen arm en ongezond. Nu is zelfs sub-Saharisch Afrika een stuk gezonder dan de rijkste landen in 1800, al is Congo er in inkomen niet op vooruitgegaan in de afgelopen tweehonderd jaar. Toch komen er steeds meer landen aan in Luilekkerland, het gebied rechtsboven in de grafiek. Daar ligt het gemiddelde inkomen boven de 20.000 dollar en de levensverwachting boven de 75.

Bron: Gapminder

Eeuwenlang stond de geschiedenis bijna stil. Er gebeurde genoeg om bibliotheken te vullen, daar niet van, maar beter werd het er niet op. Zouden we een Italiaanse boer uit het jaar 1300 in een tijdmachine stoppen en naar het platteland van 1880 transporteren – hij zou weinig verschil zien. Historici schatten het gemiddelde inkomen in het Italië van 1300 op ongeveer 1.600 dollar per jaar. Bijna zeshonderd jaar later, na Columbus, Galilei en Newton, de wetenschappelijke revolutie, de reformatie en de Verlichting, de uitvinding van het buskruit, de boekdrukkunst én de stoommachine, was dat nog steeds: 1.600 dollar.[3] De gemiddelde Italiaan was weinig opgeschoten met zeshonderd jaar aan beschaving.

Pas rond 1880 – Alexander Graham Bell had net de telefoon uitgevonden, Carl Benz sleutelde aan zijn eerste auto en Josephine Cochrane broedde op misschien wel het geniaalste idee aller tijden (de vaatwasmachine) – pas tóén werd ook die Italiaan meegesleurd in de geschiedenis van de vooruitgang. En wat een waanzinnige achtbaan is het geweest. In de afgelopen twee eeuwen is niet alleen de wereldbevolking, maar ook de welvaart explosief gegroeid. Het inkomen per hoofd van de bevolking is nu tien keer zo hoog als in 1850. De gemiddelde Italiaan is meer dan vijftien keer zo rijk als in 1880. En de wereldeconomie? Die is 250 keer zo groot als voor de industriële revolutie, toen bijna iedereen bijna overal nog arm, hongerig, bang, vies, dom, ziek en lelijk was.

De utopie van de Middeleeuwen

Vroeger, kortom, was alles slechter. Niet zo gek dus, dat er toen nog gedroomd werd van betere tijden.

Het mooiste voorbeeld van zo'n droom is misschien wel Luilekkerland. Wie er wil komen moet zich door een berg rijstebrij van drie mijl dik vreten. Maar die moeite loont, want eenmaal in Luilekkerland aangekomen, blijken de wijn en de limonade door de rivieren te stromen. Gebraden ganzen vliegen door de lucht, pannenkoeken groeien aan de bomen en het regent warme vlaaien en pasteien. Boer, ambachtsman en klerk – iedereen is gelijk en ligt heerlijk te luieren in het gras. In Luilekkerland, ook wel Cocagne genoemd, is nooit ruzie. Er wordt gefeest, er wordt gedanst, er wordt gezopen. Iedereen doet het met iedereen.

'Naar middeleeuwse opvatting zou het huidige West-Europa in hoge mate de verwezenlijking van Cocagne zijn', schrijft de historicus Herman Pleij.[4] 'Fastfood is er op elk uur van dag en nacht, evenals klimaatbeheersing, vrije seks, arbeidsloos inkomen en plastische chirurgie die de jeugd verlengt.' Aan het begin van de eenentwintigste eeuw lijden wereldwijd zelfs meer mensen aan overgewicht dan aan honger.[5] Het gemiddelde moordcijfer in West-Europa ligt veertig keer lager dan in de Middeleeuwen en voor iedereen met het juiste paspoort is een indrukwekkend sociaal vangnet opgetuigd.[6]

Misschien is dat wel ons grootste probleem: de oude, middeleeuwse droom van Luilekkerland raakt op. Een beetje meer consumptie, een beetje meer veiligheid – het kan nog wel, maar de nadelen in de vorm van vervuiling, obesitas en Big Brother zijn zo langzamerhand een stuk groter. Voor de middeleeuwer was Luilekkerland nog een paradijselijke fantasie. 'Een vluchtroute uit het aardse lijden', noemt Pleij het. Maar als we die Italiaanse boer uit 1300 zouden vragen wat hij vindt van onze wereld, dan zou hij vast aan Luilekkerland moeten denken.

Wij leven zelfs in een tijd waarin Bijbelse visioenen uitkomen. Wat in de Middeleeuwen nog een wonder was, voltrekt zich nu voor onze ogen: blinden zien, lammen lopen en doden staan op uit hun graf. Neem de Argus II, een breinimplantaat dat mensen met een erfelijke oogziekte weer een beetje zicht geeft. Of neem de ReWalk, een set van robotbenen die lammen weer laat lopen. Of denk aan de *Rheobatrachus*, een kikkersoort die in 1983 uitstierf, maar door Australische wetenschappers opnieuw tot leven is gewekt met oud DNA-materiaal. De Tasmaanse tijger is de volgende op het wensenlijstje van deze onderzoekers, die onderdeel uitmaken van het zogenoemde 'Lazarusproject' (Johannes 11, vers 1 tot 44).

Sciencefictionverhalen worden inmiddels trouwens ook werkelijkheid, want de eerste zelfrijdende auto's rijden hun rondjes al. Op dit moment rollen er hele embryonale celstructuren uit 3D-printers en zijn er verlamde mensen die met een chip in hun brein, op pure denkkracht, robotarmen besturen. Of nog zoiets: de prijs van 1 watt zonne- energie daalde sinds 1980 met 99 procent. De oude droom van Karl Marx (alle productiemiddelen in handen van de massa) zou zomaar werkelijkheid kunnen worden, maar dan nu door de opkomst van 3D-printers en zonnepanelen. En – niet geheel onbelangrijk – zonder een bloedige revolutie.

De prijs van zonne-energie, 1977-2014

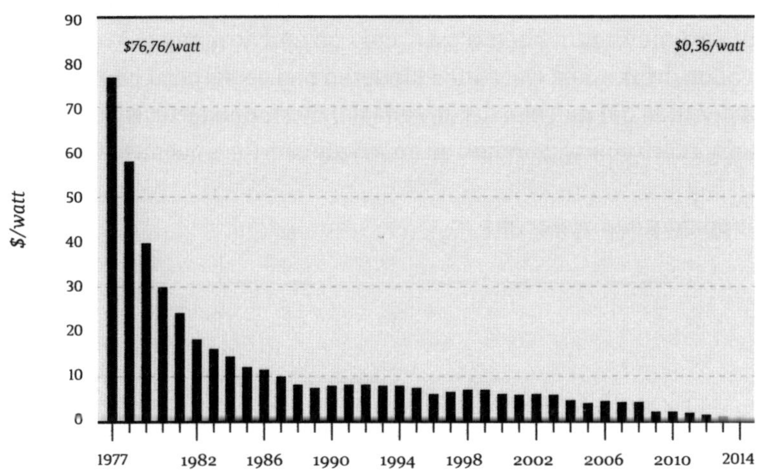

Bron: Bloomberg

Lange tijd was Luilekkerland voorbehouden aan een kleine elite in het rijke Westen. Maar dat is verleden tijd. Sinds China het juk van het communisme heeft afgeschud, zijn 700 miljoen Chinezen uit de extreme armoede opgeheven.[7] Ook Afrika is geen hopeloos continent meer. Het herbergt zes van de tien snelst groeiende economieën.[8] Anno 2013 hadden 6 van de 7 miljard wereldbewoners al een mobiele telefoon (ter vergelijking: 4,5 miljard hadden een toilet).[9] Het aantal wereldburgers dat toegang heeft tot het internet steeg van 0,4 procent in 1994 naar 40,4 procent twintig jaar later.[10]

Qua gezondheid, de grootste belofte van Luilekkerland, is de vooruitgang werkelijk op hol geslagen. Krijgen we er in rijke landen iedere week nog een weekend bij aan levensverwachting, in Afrika zijn het meer dan vier dagen.[11] Wereldwijd steeg de levensverwachting van 64 jaar in 1990 naar 70 jaar in 2012.[12] Dat is bijna 2,5 keer zo hoog als in 1900.

En hoewel in ons Luilekkerland de ganzen niet gebraden en al door de lucht vliegen, is sinds 1990 het aantal ondervoede mensen toch met meer dan een derde afgenomen. Het aantal wereldbewoners dat moet leven van minder dan tweeduizend calorieën per dag is zelfs gedaald van 51 procent in 1965 naar 3 procent in 2005.[13] Meer dan 2,1 miljard mensen hebben tussen 1990 en 2012 toegang gekregen tot schoon drinkwater. Het aantal kinderen met een groeiachterstand is in dezelfde tijd met een derde gedaald, de kindersterfte is met maar liefst 41 procent afgenomen en de moedersterfte is gehalveerd.

De opmars van de vaccins

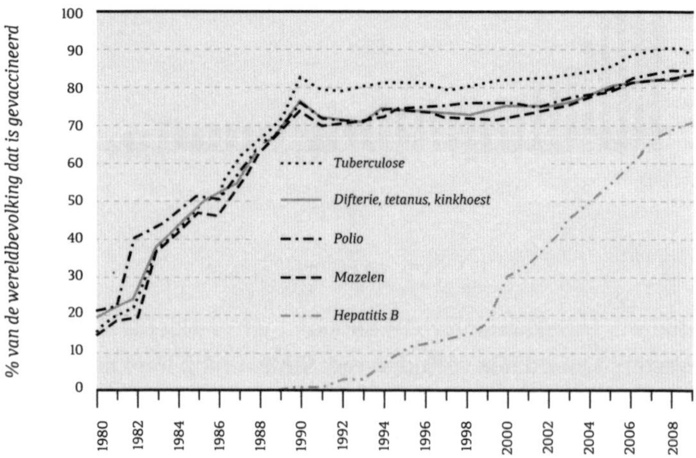

Bron: Wereldgezondheidsorganisatie

Of neem de teloorgang van ziekte. De grootste massamoordenaar uit de wereldgeschiedenis – pokken – is al uitgeroeid. Polio is bijna verdwenen; in 2013 waren er 99 procent minder slachtoffers dan in 1988. Ondertussen worden steeds meer kinderen gevaccineerd. Neem mazelen: de wereldwijde vaccinatiegraad steeg van 16 procent in 1980 naar 84 procent nu. Het aantal slachtoffers van mazelen is met driekwart afgenomen in slechts dertien jaar. Sinds 1990 is het aantal slachtoffers van tuberculose bijna gehalveerd. Sinds 2000 daalde het aantal malariadoden met een kwart. En sinds 2005 is ook het aantal aidsdoden met een kwart gekrompen.

Soms lijken de cijfers bijna te mooi om waar te zijn. Zo stierf vijftig jaar geleden één op de vijf kinderen vóór het vijfde levensjaar. Nu is dat één op de twintig. In 1836 overleed Nathan Meyer Rothschild, de rijkste man ter wereld, nog bij gebrek aan een simpele antibioticakuur. Maar in de afgelopen decennia hebben de spotgoedkope vaccins tegen mazelen, tetanus, kinkhoest, difterie en polio meer levens gered dan wereldvrede in de twintigste eeuw zou hebben gedaan.[14]

Ondertussen worden we steeds slimmer. In 1962 zat 41 procent van alle kinderen niet op school. Nu is dat minder dan 10 procent.[15] De kinderarbeid is met een derde afgenomen sinds 1990.[16] In de meeste landen stijgt het IQ met zo'n drie tot vijf punten per decennium, vooral dankzij betere voeding en onderwijs. Dat verklaart wellicht ook waarom we zoveel beschaafder zijn geworden: het afgelopen decennium was het meest vreedzame in de hele wereldgeschiedenis. Volgens het Peace Research Institute te Oslo is het jaarlijkse aantal oorlogsslachtoffers na 1945 met maar liefst 90 procent afgenomen.

Ook het aantal moorden, berovingen en andere vormen van misdaad is op zijn retour. 'Criminaliteit is aan het uitsterven in grote delen van de rijke wereld', schreef het tijdschrift *The Economist* onlangs nog. 'Er zijn nog steeds criminelen, maar ze zijn met steeds minder, en ze worden oud.'[17]

Oorlog is op zijn retour sinds 1945

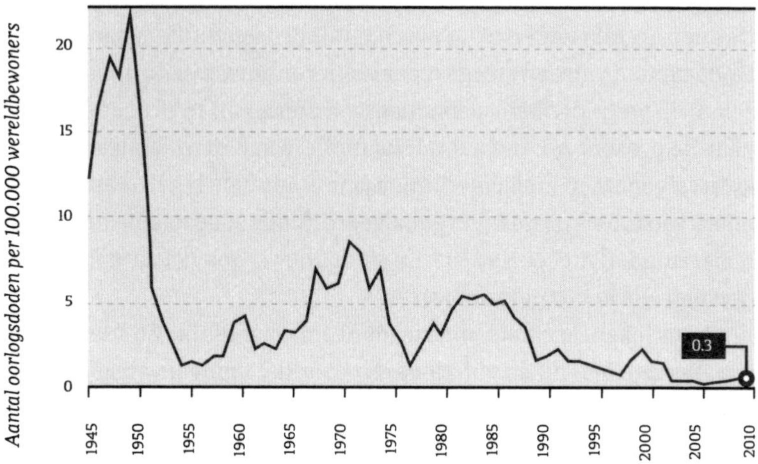

Bron: Peace Research Institute Oslo

Een treurig paradijs

Welkom dus, in Luilekkerland.

Hier is het goed toeven. Het leven in Cocagne is rijk, veilig en gezond. Eigenlijk ontbreekt het aan maar één ding: een reden om uit bed te komen. Want ja, in het paradijs valt toch niets meer te verbeteren. De Amerikaanse filosoof Francis Fukuyama schreef het al in 1989: we zijn in een tijdperk beland waarin alleen de 'economische berekening, het eindeloze oplossen van technische problemen, bezorgdheid om het milieu, en de bevrediging van de steeds verfijndere wensen van de consument' nog resten.[18]

Een procentje extra koopkracht. Wat minder CO_2-uitstoot. En misschien een nieuwe gadget, maar veel verder reiken onze visioenen niet meer. We leven in een rijk en overvloedig, maar ook treurig tijdperk. Er is 'kunst noch filosofie', schrijft Fukuyama. We hoeven alleen nog maar te zorgen voor 'het museum van de menselijke geschiedenis'. Oscar Wilde, de Ierse dichter, vond dat we bij aankomst in Luilekkerland opnieuw in de verte zouden moeten kijken om vervolgens de zeilen weer te hijsen. 'Vooruitgang is de verwezenlijking van Utopia's', schreef hij.

Maar we zien niets in de verte. Het is mistig in Luilekkerland.

Juist op het moment dat we voor de historische taak staan om zin te geven aan dit rijke, veilige en gezonde bestaan, hebben we de utopie begraven. Een nieuwe droom is er niet, simpelweg omdat we ons geen betere wereld kunnen voorstellen. De meeste ouders in rijke landen denken zelfs dat hun kinderen slechter af zullen zijn dan zij.[19]

Maar de echte crisis van deze tijd, van mijn generatie, is niet dat we het niet goed hebben, laat staan dat we het niet goed zullen hebben.

De echte crisis is dat we niet weten hoe het beter kan.

De moord op de grote verhalen

Dit boek is geen poging om de toekomst te voorspellen. Het is een poging om de toekomst te ontgrendelen, om de ramen van het denken weer open te zetten. Natuurlijk, utopieën zeggen altijd meer over de tijd waarin ze geschreven zijn dan over wat komen gaat. De utopie van Luilekkerland zegt alles over het bestaan van de middeleeuwer. Dat wil zeggen: hoe ellendig het was. Of zeg gerust: hoe ellendig het bestaan van bijna iedereen bijna overal bijna altijd was. Varianten op de droom van Luilekkerland vinden we immers in iedere cultuur terug.[20]

De simpelste verlangens leiden tot de simpelste utopie. Wie honger heeft, droomt van een zalig feestmaal. Wie het koud heeft, droomt van een brandende kachel. Wie snel aftakelt, droomt van een eeuwige jeugd. Al deze verlangens zien we terug in de oude utopieën, die geschreven werden toen het leven nog smerig, beestachtig en kort was. 'De aarde bracht geen angst of ziekte voort', fantaseerde de Griekse dichter Telecides al in de vijfde eeuw voor Christus. 'Alles wat nodig was, verscheen spontaan. Iedere bergstroom zat vol met wijn en de gersttaarten vochten met de broden om bij de monden van de mensen te komen.'[21]

Maar laten we eerst onderscheid maken tussen twee vormen van utopisch denken.[22] De eerste is waar het meestal over gaat: de utopie van de blauwdruk. Grote denkers als Karl Popper, Hannah Arendt en zelfs een hele stroming in de filosofie (het postmodernisme) hebben met deze utopie willen afrekenen. En met succes: als het om de blauwdruk gaat, hebben zij het laatste woord gehad.

De blauwdruk biedt geen abstracte idealen, maar keiharde richtlijnen waar in geen geval van mag worden afgeweken. *De Zonnestad* (1602) van de Italiaanse dichter Tommaso Campanella is er een goed voorbeeld van. In deze utopie, of eigenlijk dystopie, is particulier bezit ten strengste verboden, wordt iedereen verplicht van elkaar te houden en staat op ruzie de doodstraf. Het privéleven wordt beheerst door de staat, inclusief de voortplanting. Zo mogen slimme mensen alleen met domme mensen naar bed, en dikke mensen alleen met dunne. Alles wordt in het werk gesteld om een gunstig gemiddelde te krijgen. Iedereen wordt bovendien in de gaten gehouden door een enorm netwerk van informanten. Begaat iemand een misstap, dan wordt er net zo lang op de zondaar ingepraat tot hij overtuigd raakt van zijn eigen verdorvenheid. Is het zover, dan laat hij zich stenigen door de rest.

Wie met de kennis van nu (fascisme, communisme, genocide) het boek van Campanella leest, voelt de rillingen over zijn rug lopen.

De juiste vragen

Gelukkig is er nog een andere, bijna vergeten vorm van utopisch denken. Als de blauwdruk een haarscherpe foto is, dan biedt deze utopie slechts een vage schets. Ze biedt geen oplossingen, maar denkrichtingen. Ze dwingt niemand in een keurslijf, maar inspireert tot verandering. Ze is doordrongen van één besef, zoals Voltaire ooit zou hebben gezegd: perfectie is de vijand van het goede.

De bedenker van het woord 'Utopia', de Britse filosoof Thomas More, zag zijn boek uit 1516 niet als een blauwdruk die lukraak moest worden doorgevoerd. Zijn utopie was bovenal een aanklacht tegen de zelfverrijking van de adel en de schrijnende armoede onder het volk. 'Iedere serieuze utopische denker zal zich ongemakkelijk voelen bij het idee van een blauwdruk', merkt een Amerikaanse filosoof op.[23]

More begreep dat een utopie gevaarlijk wordt als je haar té serieus neemt. 'Je moet in staat zijn gepassioneerd te geloven en tegelijkertijd de absurditeit van je eigen geloof in te zien en erom te lachen', schrijft de filosoof Lyman Tower Sargent, een van de grootste utopieën-experts. Utopieën zetten net als humor en satire de ramen van het denken open.

En dat is hard nodig, want naarmate mensen en samenlevingen ouder worden raken ze gewend aan de status quo, waarin vrijheid een gevangenis kan zijn en de waarheid een leugen. Het geloof van vandaag – of erger nog, het geloof dat er geen geloof meer over is – maakt ons blind voor de kortzichtigheid en het onrecht die nog altijd om ons heen zijn.

Ik noem maar wat: Waarom zijn we sinds de jaren tachtig steeds harder gaan werken terwijl we rijker zijn dan ooit? Waarom gebruiken we een maatstaf van vooruitgang, het bbp, die vooral geschikt is voor een land in oorlog? Waarom is meer dan 60 procent van je inkomen afhankelijk van het land waar je toevallig geboren bent?[24]

Utopieën hebben geen pasklare antwoorden, laat staan oplossingen. Maar ze stellen wel de goede vragen.

Het einde van de grote verhalen

Tegenwoordig worden de dromen van een betere wereld er al vroeg uit gehamerd. Dromen veranderen in nachtmerries, zo luidt het cliché. Utopieën zouden in dwang, geweld of zelfs genocide ontaarden. Een utopie wordt een dystopie, of sterker nog, een utopie ís een dystopie. 'De wereld is niet maakbaar', klinkt het dan, terwijl we zelf het paradijs van de middeleeuwers hebben geschapen.

Natuurlijk, de geschiedenis zit vol met afschuwelijke vormen van utopisch denken – fascisme, communisme, nazisme – zoals ook iedere religie gewelddadige stromingen voortbrengt. Maar als één gelovige oproept tot geweld, dan brengt dat toch niet alle gelovigen in diskrediet? Waarom zou dat wel gelden voor de utopisten? Moeten we dan maar helemaal stoppen met dromen van een betere wereld?

Nee. Maar dat is wel wat er gebeurt. Optimisme en pessimisme zijn synoniem geworden aan consumentenvertrouwen, of het gebrek daaraan. Radicale ideeën over een andere, betere wereld zijn bijna letterlijk ondenkbaar geworden. De notie van wat we als samenleving kunnen, is aan zware erosie onderhevig. En dan blijkt: zonder de utopie rest slechts de technocratie. Politiek is verworden tot probleemmanagement. Kiezers zijn gaan zweven, niet omdat partijen zo van elkaar verschillen, maar omdat ze steeds meer op elkaar lijken.[25] De kloof tussen links en rechts is gekrompen tot enkele procentjes koopkracht.

We zien het in de journalistiek, waar politiek wordt afgeschilderd als een spelletje waarbij niet idealen maar carrières op het spel staan. We zien het aan de universiteit, waar veel wordt geschreven, maar weinig gelezen, veel gepubliceerd, maar weinig gepolitiseerd. Universiteiten zijn een soort fabrieken geworden, net als ziekenhuizen, scholen en televisiezenders trouwens. Het enige wat dan nog overblijft, is sturen op de cijfers. Kwaliteit wordt kwantiteit – of het nu om de economie, de kijkcijfers of het aantal publicaties gaat.

De bijbehorende ideologie wordt nog weleens 'het liberalisme' genoemd, maar is daar eigenlijk nog maar een schim van. 'Lekker jezelf zijn', 'gewoon je ding doen' is al wat rest. Vrijheid is ons hoogste goed, maar het is een lege vrijheid geworden. De afschuw van ieder moralisme heeft de moraal uit de publieke discussie gebannen.

Zo zou de publieke ruimte nu 'neutraal' moeten zijn, terwijl deze in werkelijkheid nog nooit zo paternalistisch is geweest. Op iedere hoek van de straat schreeuwt het ons toe: zuip, vreet, leen, werk, stress, koop en bedonder. Wat we onszelf ook mogen wijsmaken over de vrijheid van meningsuiting, onze waarden lijken verdacht veel op de waarden van juist die bedrijven die kunnen betalen voor de reclameslots rond acht uur 's avonds.[26] Zou een school of kerk ook maar een fractie van de invloed hebben die de reclame-industrie op ons en onze kinderen heeft, dan zouden we moord en brand schreeuwen. Maar als het om de markt gaat, dan zijn we 'neutraal'.[27]

Het enige wat rest voor de overheid is het heden repareren. Want mocht je als individu niet voldoen aan de blauwdruk van een echt succesvol leven, dan gelooft ze nog heilig in de maakbaarheid. Trefwoorden: controle, surveillance, repressie.

De verzorgingsstaat is zich ondertussen steeds meer op de *symptomen* van ons onbehagen gaan richten in plaats van op de oorzaken. We gaan naar de dokter als we ziek zijn, naar de therapeut als we verdrietig zijn, naar de diëtist als we te dik zijn, naar de gevangenis als we crimineel zijn en naar de werkcoach als we werkloos zijn. Al deze diensten kosten handenvol geld, zonder dat ze veel opleveren. In het land met de hoogste zorgkosten ter wereld, de Verenigde Staten, dáált de levensverwachting zelfs voor veel mensen.

Ondertussen krijgen markt en commercie vrij spel. De voedselindustrie voorziet ons van goedkope troep vol zout, suiker en vet, zodat we weer door kunnen naar de dokter en de diëtist. De oprukkende technologie vernietigt steeds meer banen, zodat we weer langs mogen bij de werkcoach. De reclame-industrie roept op om met geld dat we niet hebben troep te kopen die we niet nodig hebben om indruk te maken op mensen die we niet mogen, zodat we daarna weer kunnen uithuilen bij de therapeut.[28]

Dat is de dystopie waar we nu in leven.

De verwende generatie

Het is niet, ik kan dit niet genoeg benadrukken, dat we het niet goed hebben. Integendeel, de jeugd van tegenwoordig draagt eerder de last van de verwendheid. Jean Twenge, een psycholoog aan de Universiteit van San Diego, heeft zorgvuldig onderzoek gedaan naar de mentaliteit van jongeren vroeger en nu. Sinds de jaren tachtig, zo luidt haar conclusie, is onze eigenwaarde in opmars. Jongeren vinden zichzelf slimmer, betrouwbaarder en aantrekkelijker dan ooit.

'Het is een generatie waarvan ieder kind verteld is: "Jij kunt alles worden wat je wilt. Je bent bijzonder"', aldus Twenge.[29] Narcisme is ons met de paplepel ingegoten. Maar zodra de wijde wereld van onbegrensde mogelijkheden opengaat, storten we steeds vaker in. Dan blijkt de wereld een kille plek van concurrentie en werkloosheid. Geen Disneyland waarin alle dromen uitkomen (als je er maar hard genoeg in gelooft), maar een ratrace waarin mislukken je eigen schuld is.

Achter het narcisme gaat dan ook een poel van onzekerheid schuil. Twenge heeft ontdekt dat we in de afgelopen decennia veel angstiger zijn geworden. Ze vergeleek 269 studies tussen 1952 en 1993 en ontdekte dat het gemiddelde Noord-Amerikaanse kind begin jaren negentig angstiger was dan een psychiatrische patiënt begin jaren vijftig.[30] Volgens de Wereldgezondheidsorganisatie is depressie nu zelfs het grootste gezondheidsprobleem onder tieners. Rond 2030 zal het wereldwijd de zwaarste ziektelast zijn.[31]

En dus wordt er gedweild, met de kraan open. Nooit eerder liepen zo veel jongeren bij de psycholoog. Nooit eerder kampten zo veel jonge werknemers met een burn-out. Nooit eerder werden er zo veel antidepressiva geslikt. De ziekten van het collectief – werkloosheid, onbehagen, depressie – worden keer op keer in het individu gelokaliseerd. We zijn opgevoed met de gedachte dat niet de samenleving, maar wijzelf maakbaar zijn. Succes is nu een eigen keuze, en mislukken trouwens ook.

Baan verloren? Dan heb je niet hard genoeg gewerkt. Ziek? Dan heb je een ongezonde levensstijl. Ongelukkig? Slik een pil.

In de jaren vijftig stemde slechts 12 procent van de jongeren in met de stelling: 'Ik ben een heel bijzonder persoon'. Nu is dat 80 procent.[32] En dat terwijl we juist steeds meer op elkaar zijn gaan lijken. We lezen dezelfde bestsellers, kijken dezelfde blockbusters en dragen dezelfde boxershorts.[33] Werden onze grootouders nog gedisciplineerd door kerk, familie en vaderland, wij gaan gebukt onder media, marketing en een betuttelende overheid. Maar hoewel we meer op elkaar lijken dan ooit is het tijdperk van de grote collectieven toch voorbij. Kerk, partij en vakbond lopen leeg. Ook de scheidslijnen van weleer, rechts en links, mogen wat ons betreft bij het grofvuil. We willen gewoon 'de problemen oplossen', alsof de politiek aan een consultancybureau kan worden uitbesteed.

Natuurlijk, sommigen van ons proberen het oude vooruitgangsgeloof nog te reanimeren. Kan het toeval zijn dat mijn generatie voornamelijk door zogeheten 'nerds' wordt vertegenwoordigd, die met hun apps en gadgets de hoop op economische groei symboliseren? 'De grootste geesten van mijn generatie denken na over de manier waarop ze mensen het beste op advertenties kunnen laten klikken', verzuchtte een oud-rekenwonder van Facebook even terug.[34]

Laat er geen misverstand over bestaan: het kapitalisme heeft de poorten naar Luilekkerland opengezet. Maar nu is vooruitgang synoniem geworden aan economische voorspoed. In de eenentwintigste eeuw zullen we andere manieren moeten vinden om de kwaliteit van ons leven te verbeteren.

Echte vooruitgang begint bij wat de kenniseconomie niet kan produceren: wijsheid over het goede leven. Wij moeten doen waar grote denkers als John Stuart Mill, Bertrand Russell en John Maynard Keynes een eeuw geleden al voor pleitten: 'Waarde hechten aan doel boven middel en aan het goede boven het nuttige'.[35] Het belangrijkste is dat we onze geest weer op de toekomst richten. Dat we ophouden met het consumeren van ons eigen chagrijn via peilingen en de altijd-slecht-nieuwsmedia. Dat we over alternatieven nadenken en nieuwe collectieven vormen. Dat we het juk van de tijdgeest afschudden en het idealisme herkennen in elkaar.

Misschien kunnen we dan ook weer naar buiten kijken, de wereld in. Dan zullen we zien dat de oude vooruitgang daar gewoon doordendert. We zullen zien dat we leven in een geweldige tijd, van afnemende honger en oorlog en van een snel stijgende rijkdom en levensverwachting. Maar dan zullen we ook zien hoeveel ons, de rijkste 10, 5 of misschien zelfs 1 procent, nog te doen staat.

Wereldvreemde dromers

Het is tijd voor de terugkeer van de utopie.

We hebben een nieuwe stip op de horizon nodig, een kaart van de wereld waar Utopia weer op staat. Dan doel ik niet op de haarscherpe blauwdrukken van utopische fanatici, die in vijfjarenplannen aan de massa worden opgedrongen. Daarin worden mensen ondergeschikt gemaakt aan idealen. Bedenk: utopie betekent zowel 'goede plaats' als 'nergens'. Wat we nodig hebben zijn alternatieve vergezichten, die ons weer aan het denken zetten. En ik spreek nadrukkelijk in het meervoud: utopieën moeten met elkaar botsen om de democratie in beweging te houden.

Het begint, zoals altijd, in het klein. De fundamenten van wat we nu beschaving noemen, zijn ook ooit begonnen in de hoofden van wereldvreemde dromers. De Spaanse monnik Bartolomé de las Casas (1484-1566) pleitte voor een gelijkwaardige relatie tussen kolonisten en de oorspronkelijke bewoners van Latijns-Amerika. Hij probeerde een kolonie te stichten waar iedereen een goed loon zou krijgen. De fabriekseigenaar Robert Owen (1771-1858) pleitte voor de emancipatie van de Engelse arbeiders. Hij runde zelf een succesvolle katoenspinnerij waar hij zijn medewerkers een fatsoenlijk loon betaalde en lijfstraffen verbood. De liberaal John Stuart Mill (1806-1873) vond dat zelfs vrouwen en mannen aan elkaar gelijk zijn. (Dat had misschien ook iets te maken met zijn vrouw, die zijn halve oeuvre heeft geschreven.)

Eén ding is zeker: zonder al die wereldvreemde dromers die de geschiedenis rijk is, zouden we nog steeds arm, hongerig, bang, vies, dom, ziek en lelijk zijn. We kunnen niet zonder de utopie. Juist in deze tijd, waarin de beelden van morgen steeds weer uit de blauwdruk van vandaag komen, is er behoefte aan nieuwe dromen. Niet dat het heden slecht is, integendeel. Maar treurig is het wel, als het niet meer beter wordt. 'De mens heeft voor zijn geluk niet alleen het plezier van de dingen nodig, maar ook hoop, verandering en vooruitgang', schreef de Britse filosoof Bertrand Russell lang geleden.[36] Elders noteerde hij: 'Het is geen afgerond Utopia waar we naar moeten verlangen, maar een wereld waarin de verbeeldingskracht en de hoop levend en actief zijn.'[37]

Geld is beter dan armoede, alleen al om financiële redenen.

— **Woody Allen** **(1935)**

2

Waarom we iedereen gratis geld moeten geven

Londen, mei 2009. Een klein experiment gaat van start. De proefpersonen zijn dertien daklozen. Sommigen slapen al meer dan veertig jaar op de koude stenen van *The Square Mile*, het financiële hart van Europa. En hun verblijf is niet goedkoop. Politie, justitie, zorg: het prijskaartje van de dertien onruststokers wordt op minstens 400.000 pond geschat.[1] Ieder jaar weer.

Het kan zo niet langer, weet Broadway, een lokale hulporganisatie. Dat voorjaar heeft ze een radicaal besluit genomen. Voortaan krijgen de dertien topzwervers van The City een exclusieve behandeling. Voor hen geldt niet langer het dagmenu van voedselbonnen, gaarkeukens en opvang. Nee, er komt een drastische bail-out, in één klap.

Voortaan krijgen de zwervers gewoon gratis geld.

Om precies te zijn: 3.000 pond. Zonder er iets voor terug te hoeven doen. De mannen mogen zelf weten waar ze hun centen aan besteden; begeleiding is geheel vrijblijvend. Er zijn geen verplichtingen, er worden geen vervelende vragen gesteld.

De enige vraag die de zwervers moeten beantwoorden, luidt: Wat denk je zelf dat goed voor je is?

Een cursus tuinieren

'Toen het begon had ik geen grote verwachtingen', herinnerde een hulpverlener zich later.[2]

Maar de wensen van de zwervers bleken alleszins bescheiden. Een telefoon, een paspoort, een woordenboek, een gehoorapparaat – ieder had zo zijn eigen ideeën over wat het beste voor hem was. Sterker nog, de meesten waren overdreven zuinig op hun centen. Na een jaar was er gemiddeld slechts 800 pond uitgegeven.

Neem Simon, die al twintig jaar aan de heroïne zat. Het geld zette zijn leven op zijn kop. Simon kickte af en begon een cursus tuinieren. 'Om de een of andere reden, voor het eerst in mijn leven, klopte alles', zei hij later. 'Ik ben begonnen voor mezelf te zorgen, met wassen en scheren. Ik denk dat ik terugga naar huis. Ik heb twee kinderen.'

Anderhalf jaar nadat het experiment was begonnen, hadden zeven van de dertien zwervers al een dak boven hun hoofd. Twee stonden op het punt een appartement te betrekken. Maar alle dertien hadden belangrijke stappen gezet. Ze volgden cursussen, leerden koken, kickten af, bezochten hun familie en maakten plannen voor de toekomst. 'Het geeft mensen zelfvertrouwen', zei een van de hulpverleners over het persoonlijke budget. 'Het geeft keuzes. Ik denk dat het een verschil kan maken.'

Na tientallen jaren van vruchteloos duwen, trekken, pamperen, bekeuren, vervolgen en verzorgen, waren er negen notoire zwervers, eindelijk, van de straat gehaald. Kosten? 50.000 pond per jaar, inclusief het loon van de hulpverleners. Dat wil zeggen: er waren niet alleen mensen geholpen, er was ook flink bezuinigd.[3] Zelfs het zakenblad *The Economist* concludeerde: 'De efficiëntste manier om geld te besteden aan daklozen is het ze gewoon te geven.'[4]

Harde cijfers

Armen kunnen niet met geld omgaan, denken we vaak. Ze zullen het wel aan hamburgers en Lidl-bier besteden, in plaats van aan fruit en schoolboeken. En dus hebben we allerlei vernuftige hulpprogramma's opgetuigd, met stapels formulieren, registratiesystemen en een leger aan controleurs. 'Je moet werken voor je geld', is de achterliggende gedachte. De sociale zekerheid is in de afgelopen jaren steeds meer op de arbeidsmarkt afgestemd. Van '*welfare*' naar '*workfare*' heet het ook wel: verplicht solliciteren, verplicht meedoen aan re-integratietrajecten en verplicht 'vrijwilligerswerk'. De onderliggende boodschap: gratis geld maakt mensen lui.

Er is één kink in de kabel: arme mensen zijn niet lui.

Maak kennis met Bernard Omondi. Jarenlang werkte hij als steenwerker in een groeve, ergens in het onherbergzame westen van Kenia. Omondi verdiende twee dollar per dag. Totdat, zomaar op een ochtend, hij een merkwaardig sms'je kreeg. 'Toen ik het bericht zag, sprong ik op', vertelde hij later. Er was zojuist vijfhonderd dollar op zijn rekening gestort. Voor Omondi was dit bijna een jaarsalaris.

Een paar maanden later liep een journalist van *The New York Times* rond in Omondi's dorp. Het was alsof de Postcodekanjer was gevallen en iedereen een lot had gekocht. Het dorp was overspoeld met dollars, maar niemand had zijn geld opgezopen. Er waren huizen gerepareerd en bedrijfjes gestart. Omondi verdiende inmiddels zes tot negen dollar per dag met zijn nieuwe Bajaj Boxer, een Indiase brommer waar hij passagiers mee rondreed.

'Wij leggen de keuze in handen van de armen', vertelt Michael Faye, oprichter van de organisatie GiveDirectly die het sms'je aan Omondi verstuurde. 'De waarheid is dat ik meestal geen idee heb wat de armen nodig hebben.'[5] Faye deelt geen vissen uit en ook geen hengels. Hij deelt geld uit, in de overtuiging dat armen zelf de grootste experts zijn als het gaat om het bepalen van wat ze nodig hebben. Toen ik hem vroeg waarom er zo weinig vrolijke filmpjes en foto's op de website van GiveDirectly staan, antwoordde Faye dat hij niet te veel op emoties wil inspelen. 'Onze cijfers zijn hard genoeg.'

En inderdaad: uit onderzoek van het Massachusetts Institute of Technology (MIT) blijkt dat de beurzen van GiveDirectly het inkomen duurzaam doen stijgen (plus 38 procent) en ook het bezit van een huis en vee doen toenemen (plus 58 procent). Ondertussen neemt het aantal dagen dat de kinderen zonder voedsel zitten met 42 procent af. En trouwens, 93 procent van iedere donatie komt direct aan bij de ontvanger.[6] Toen Google de data van GiveDirectly had bekeken, doneerde het meteen 2,5 miljoen dollar.[7]

Maar Omondi en zijn dorpsgenoten zijn niet de enige geluksvogels. In 2008 besloot de regering van Oeganda een kleine vierhonderd dollar uit te keren aan bijna twaalfduizend jongeren tussen de 16 en 35 jaar. Het geld was zo goed als gratis; er hoefde alleen een bedrijfsplan geschreven te worden. De resultaten, vier jaar later, waren verbluffend. Omdat de jongeren hadden geïnvesteerd in hun eigen scholing en bedrijfjes, waren hun inkomens met bijna 50 procent gestegen. De kans op een baan was met meer dan 60 procent toegenomen.[8]

Een ander Oegandees programma gaf 150 dollar aan 1.800 arme vrouwen in het noorden van het land. Ook hier schoten de inkomens omhoog, met bijna 100 procent. Vrouwen die werden begeleid door een hulpverlener (kosten: 350 dollar) gingen er iets meer op vooruit, maar onderzoekers berekenden later dat het veel effectiever was geweest om ook het salaris van de hulpverlener uit te keren.[9] 'Dit impliceert een enorme verandering in armoedebestrijding in Afrika en wereldwijd', concludeerden ze droogjes.[10]

Een revolutie vanuit het zuiden

Studies van over de hele wereld wijzen het inmiddels uit: gratis geld werkt.

Er is al een verband aangetoond met minder criminaliteit, minder kindersterfte, minder ondervoeding, minder tienerzwangerschappen, minder spijbelen, betere schoolprestaties, hogere economische groei en meer emancipatie.[11] 'De belangrijkste reden dat mensen arm zijn, is dat ze niet genoeg geld hebben', merkt de econoom Charles Kenny op. 'Het zou dan ook geen grote verrassing moeten zijn dat het geven van geld een uitstekende manier is om dat probleem te verhelpen.'[12]

In het boek *Just Give Money to the Poor* (2010) geven wetenschappers van de Universiteit van Manchester talloze voorbeelden van succesvol strooien met geld. In Namibië doken de cijfers voor ondervoeding (van 42 procent naar 10 procent), spijbelen (van 40 naar bijna 0 procent) en criminaliteit (min 42 procent) omlaag. In Malawi knalde het schoolbezoek van meisjes en vrouwen met 40 procent omhoog, waarbij het niet uitmaakte of er wel of geen voorwaarden waren gesteld. En keer op keer blijkt dat kinderen het meest profiteren. Ze lijden minder honger, zijn minder vaak ziek, worden langer, presteren beter op school en worden minder vaak gedwongen tot kinderarbeid.[13]

Van Brazilië tot India, van Mexico tot Zuid-Afrika: gratisgeldprogramma's hebben een enorme opmars doorgemaakt in zuidelijke landen. Toen de Verenigde Naties in 2000 de millenniumdoelstellingen formuleerden, werden de programma's nog niet eens genoemd. Maar in 2010 bereikte het geld al meer dan 110 miljoen families in 45 landen.

De onderzoekers van de Universiteit van Manchester sommen de voordelen nog eens op: (1) huishoudens maken goed gebruik van het geld, (2) de armoede neemt af, (3) er zijn veel langetermijnvoordelen qua inkomen, gezondheid en belastingopbrengsten, en (4) de programma's zijn goedkoper dan de alternatieven.[14]

Waarom zouden we dure witte mensen in SUV's sturen als we het geld ook gewoon kunnen overmaken? Dan blijft er niets aan de strijkstok van corrupte ambtenaren hangen. En gratis geld stimuleert de hele economie: er wordt meer gekocht, wat de werkgelegenheid en inkomens doet stijgen.

Talloze hulporganisaties en overheden denken dat ze zelf het beste weten wat armen nodig hebben. Dan investeren ze in scholen, zonnepanelen of koeien. En natuurlijk, een koe is beter dan geen koe. Maar wat mag het kosten? Een Rwandese studie schat dat het doneren van één zwangere koe zo'n drieduizend dollar kost (inclusief koeienmelkcursus). Dat zijn vijf Rwandese jaarinkomens.[15] Of neem de wirwar aan cursussen die aan armen wordt aangeboden: uit onderzoek na onderzoek blijkt dat ze veel kosten maar weinig opleveren, of het nu gaat om leren vissen, lezen of ondernemen.[16]

'Armoede gaat om een gebrek aan cash. Het is geen kwestie van domheid', concludeert de econoom Joseph Hanlon. 'Je kunt jezelf niet aan je eigen haren uit het moeras trekken als je kaal bent.'[17]

Het mooie aan geld is dat mensen er dingen mee kunnen kopen die ze nodig hebben, in plaats van dingen waarvan experts denken dat ze die nodig hebben. Er is overigens één categorie producten waar armen niet meer geld aan zullen besteden: alcohol en tabak. Sterker nog, uit een groot onderzoek van de Wereldbank blijkt dat in 82 procent van de onderzochte gevallen (in Afrika, Latijns-Amerika en Azië) de alcohol- en tabaksconsumptie juist dáálde.[18]

Maar het kan nog gekker. In Liberia werd onderzocht wat er gebeurt als je tweehonderd dollar geeft aan de minst betrouwbare armen die je maar kunt vinden: alcoholisten, drugsverslaafden en kleine criminelen in sloppenwijken. Drie jaar later bleek dat ze hun geld hadden besteed aan voedsel, kleren, medicijnen en het opzetten van nieuwe bedrijfjes. 'Als zelfs deze mannen hun gratis geld niet verspillen', schrijft een van de onderzoekers, 'wie zou het dan nog wel doen?'[19]

Toch blijft het 'luie armen'-argument steeds weer opduiken. En juist omdat het zo'n hardnekkig argument is, hebben wetenschappers uitentreuren onderzocht of het klopt. Het gezaghebbende tijdschrift *The Lancet* vatte de conclusie een paar jaar geleden nog samen: er wordt meestal juist harder gewerkt door armen die zomaar geld krijgen.[20]

In het eindrapport van het Namibische experiment geeft een bisschop daar een mooie, Bijbelse verklaring voor. 'Kijk eens goed naar Exodus 16', schrijft hij. Daar wordt beschreven hoe de Israëlieten tijdens hun reis naar het Beloofde Land gratis manna ontvingen uit de hemel. 'Maar dat maakte ze niet lui', aldus de bisschop. 'Integendeel, het hielp ze om in beweging te komen.'[21]

De utopie

Gratis geld: het idee is geopperd door een paar van de grootste denkers uit de geschiedenis. Thomas More droomde ervan in zijn boek *Utopia* (1516). Talloze economen en filosofen, vaak ook Nobelprijswinnaars, zouden volgen.[22] Onder de voorstanders bevonden zich linkse én rechtse denkers. Zelfs de grondleggers van het neoliberalisme, Friedrich Hayek en Milton Friedman, hebben ervoor gepleit.[23] Artikel 25 van de Universele Verklaring van de Rechten van de Mens (1948) belooft dat het er eens van moet komen.

Een gegarandeerd basisinkomen.

En dan niet voor een paar jaar, alleen in ontwikkelingslanden of slechts voor de armen, maar gewoon, gratis geld voor iedereen. Niet als gunst, maar als recht. Noem het 'de kapitalistische weg naar het communisme'.[24] Een maandelijkse toelage, genoeg om van te leven, zonder er iets voor te doen. De enige voorwaarde is dat je, nou ja, 'een hartslag hebt'.[25] Niemand die controleert of je het geld goed besteedt, niemand die zich afvraagt of je het wel verdient. Geen wirwar aan toeslagen en uitkeringen meer, maar hoogstens een extra toelage voor ouderen, werklozen en arbeidsongeschikten.

Het basisinkomen, het is een idee waarvoor de tijd gekomen is.

Mincome, Canada

Op de zolder van een pakhuis in Winnipeg, Canada, liggen bijna tweeduizend dozen te verstoffen. Het zijn dozen vol data – grafieken, tabellen, verslagen en interviews – van een van de meest fascinerende sociale experimenten uit de naoorlogse geschiedenis. Mincome.

Evelyn Forget, professor aan de Universiteit van Manitoba, hoorde ervan in 2004. Vijf jaar lang probeerde ze het onderzoeksmateriaal te vinden, en in 2009 vond ze de dozen eindelijk in een oud pakhuis. '[Archivarissen] vroegen zich al af of ze het materiaal konden weggooien, want het nam veel ruimte in en niemand leek erin geïnteresseerd', zou ze zich later herinneren. Toen Forget het archief betrad kon ze haar ogen nauwelijks geloven. Hier lag een schat aan informatie over precies dat idee waar Thomas More, vijfhonderd jaar eerder, van had gedroomd.

Een van de bijna duizend interviews die in de dozen lagen, was dat met Hugh en Doreen Henderson. Vijfendertig jaar eerder, toen het experiment begon, was hij conciërge op een middelbare school en zorgde zij voor de twee kinderen en het huishouden. Het leven van de familie Henderson was niet makkelijk. Doreen had een moestuin en hield kippen om genoeg voedsel op de plank te krijgen. Iedere dollar werd twee keer omgedraaid.

Maar op een dag stonden twee mannen, strak in het pak, voor de deur. 'We moesten een paar formulieren invullen en ze wilden ons huishoudboekje inkijken', zou Doreen later vertellen.[26] Vanaf dat moment waren de geldzorgen in huize Henderson verleden tijd. Hugh en Doreen werden ingeschreven voor Mincome – het eerste grote sociale experiment in Canada en een van de grootste experimenten met een basisinkomen dat de wereld ooit heeft gekend.

In maart 1973 had de gouverneur van de provincie besloten er, omgerekend naar de waarde van vandaag, 83 miljoen dollar voor uit te trekken.[27] Als locatie koos hij Dauphin, een stadje met 13.000 inwoners ten noordwesten van Winnipeg. In de lente van het daaropvolgende jaar trok er een leger van onderzoekers naartoe. Economen hielden nauwgezet bij of de inwoners minder gingen werken, sociologen onderzochten het effect op het gezinsleven en antropologen nestelden zich in de gemeenschap om van dichtbij te zien hoe de inwoners zouden reageren.

Iedereen kreeg recht op een basisinkomen, dat moest voorkomen dat wie dan ook onder de armoedegrens zou zakken. In de praktijk betekende het dat bij 30 procent van de inwoners, duizend gezinnen in totaal, iedere maand een cheque op de deurmat viel. Voor een gezin van vier ging het om (omgerekend naar 2014) ongeveer 19.000 dollar per jaar. *No questions asked.*

Vier jaar verstreken totdat verkiezingen roet in het eten gooiden. Een nieuwe, conservatieve regering kwam aan de macht in Canada. Die zag weinig heil in het kostbare experiment, dat voor driekwart gefinancierd werd door de nationale overheid. Toen duidelijk was dat er zelfs geen geld meer was voor een analyse van de resultaten, besloten de onderzoekers het experiment in bijna tweeduizend dozen te begraven.

De teleurstelling was groot in Dauphin. Bij de start in 1974 werd Mincome nog gezien als een proef die spoedig nationaal zou worden uitgerold. Maar nu leek het in vergetelheid op te gaan. 'Politici die ertegen waren wilden geen geld meer besteden aan een analyse die zou bewijzen wat ze al dachten te weten: dat het niet had gewerkt', herinnerde een van de onderzoekers zich later. 'En zij die vóór Mincome waren, waren bang dat de analyse slecht zou uitpakken. Dan zouden ze nog een paar miljoen hebben verspild en zich nog meer schamen.'[28]

Toen professor Forget voor het eerst van Mincome hoorde, wist niemand hoe het experiment echt had uitgepakt. Maar het toeval wilde dat in 1970 ook Medicare – de nationale zorgverzekering – was ingevoerd. Deze archieven gaven Forget een schat aan data om Dauphin met omliggende steden en andere controlegroepen te vergelijken. Drie jaar lang liet ze allerlei statistische formules los op de gegevens. En wat ze ook deed, steeds kwam ze tot dezelfde conclusie.

Mincome was een overweldigend succes geweest.

Van experiment naar wet

'Politici vreesden destijds dat mensen zouden stoppen met werken en grote gezinnen zouden krijgen om hun inkomen op te krikken', vertelt Forget.[29]

Maar het tegenovergestelde gebeurde. Jongeren trouwden later en het geboortecijfer daalde. Hun schoolprestaties verbeterden aanzienlijk: het 'Mincome-cohort' studeerde beter en sneller. Het totaal aantal arbeidsuren daalde uiteindelijk met 1 procent voor mannen, 3 procent voor getrouwde vrouwen en 5 procent voor ongetrouwde vrouwen. Mannelijke kostwinners gingen nauwelijks minder werken, vrouwen gebruikten het basisinkomen voor een paar maanden zwangerschapsverlof en jongeren voor een langere studietijd.[30]

Forgets opzienbarendste ontdekking is dat het ziekenhuisbezoek met maar liefst 8,5 procent afnam. Een immense bezuiniging, omdat juist de gezondheidszorg een van de grootste kostenposten in rijke landen is. Na een paar jaar was er ook minder sprake van huiselijk geweld en waren er veel minder psychische problemen. Mincome maakte de hele stad gezonder. Forget zag de effecten van het basisinkomen doorwerken tot in de volgende generatie, zowel qua inkomen als gezondheid.

Dauphin, de stad zonder armoede, was een van de vijf Noord-Amerikaanse experimenten met een basisinkomen. In de VS waren er al vier aan voorafgegaan. Slechts weinig mensen weten tegenwoordig dat het niet veel had gescheeld of de VS zou nu een minstens zo stevig sociaal vangnet hebben gehad als de meeste West-Europese landen. In 1964 riep president Lyndon B. Johnson zelfs de 'oorlog tegen armoede' uit. Zowel Democraten als Republikeinen wilden de sociale zekerheid fundamenteel hervormen. Maar daarvoor moest eerst worden geëxperimenteerd.

Tientallen miljoenen werden beschikbaar gesteld voor de basisinkomens van meer dan 8.500 Amerikanen in New Jersey, Pennsylvania, Iowa, North Carolina, Indiana, Seattle en Denver. Het waren de eerste grote sociale experimenten waarbij onderscheid werd gemaakt tussen een experimentele groep en een controlegroep. De onderzoekers wilden antwoord op drie vragen. 1: Gaan mensen veel minder werken als ze een basisinkomen krijgen? 2: Wordt het programma daardoor onbetaalbaar? 3: En zou het dan ook politiek onhaalbaar zijn?

Het werd twee keer nee en één keer ja.

De daling van het aantal arbeidsuren was overal beperkt. 'Ik heb niemand gevonden die, zodra hij de beurs kreeg, zijn baan opzegde en thuis op de bank ging zitten', zei een onderzoeker later. Per gezin ging het om een afname van 9 procent, waarbij in alle staten, net als in Dauphin, vooral vrouwen met jonge kinderen en twintigers minder gingen werken.

Uit later onderzoek bleek dat zelfs die 9 procent waarschijnlijk overdreven is. De oorspronkelijke studie ging namelijk uit van inkomsten die door de deelnemers zelf gerapporteerd waren. Op het moment dat deze cijfers werden vergeleken met cijfers van de overheid, bleek dat een significant deel van de inkomsten niet was opgegeven. En toen onderzoekers daarvoor corrigeerden, bleek dat er nauwelijks minder was gewerkt.[31]

'De afname werd gecompenseerd door andere nuttige activiteiten, zoals het zoeken naar een betere baan of werk in het huishouden', lezen we in het eindrapport van het experiment in Seattle. Een moeder die de middelbare school nooit had afgemaakt, haalde een bachelor psychologie en vond een baan als onderzoeker. Een andere vrouw nam acteerlessen, terwijl haar man ging componeren. 'We zijn nu zelfvoorzienende artiesten', vertelden ze de onderzoekers.[32] Onder jongeren werd de afname in werkuren vrijwel volledig gecompenseerd door extra onderwijs. In New Jersey bleek dat de kans op een middelbareschooldiploma met 30 procent was gestegen.[33]

Zo kon het gebeuren dat in het revolutiejaar 1968, toen jongeren over de hele wereld de straat opgingen, vijf beroemde economen – John Kenneth Galbraith, Harold Watts, James Tobin, Paul Samuelson en Robert Lampman – een open brief schreven aan het Congres. 'Een rijk land als de Verenigde Staten moet iedereen de zekerheid van een basisinkomen geven', schreven ze in een artikel dat op de voorpagina van *The New York Times* verscheen. 'Laten we altijd onthouden dat niets de vrijheid zo beknot als een totaal gebrek aan geld.' De kosten zouden volgens de heren 'substantieel maar ruim binnen het bereik van de economische en fiscale capaciteit van de natie zijn'.[34]

De brief werd door 1.200 collega-economen ondertekend.

En ja hoor: in augustus van het jaar erop stelde president Richard Nixon een bescheiden basisinkomen voor. 'De belangrijkste sociale wetgeving in de geschiedenis van onze natie', noemde hij het. De babyboomers zouden volgens Nixon twee dingen doen die de vorige generatie nog voor onmogelijk had gehouden:

1. Een man op de maan zetten (wat in de maand ervoor was gelukt).
2. Armoede uitroeien.

Uit een inventarisatie van het Witte Huis bleek dat 90 procent van alle kranten enthousiast reageerde op het plan.[35] 'Een gigantische sprong voorwaarts', noemde de *Chicago Sun Times* het. 'Een gedurfde nieuwe blauwdruk', schreef de *Los Angeles Times*.[36] De Nationale Raad van Kerken was voor. Ook de vakbonden en zelfs het bedrijfsleven waren enthousiast.[37] 'TWEE WELGESTELDE REPUBLIKEINEN UIT DE MIDDENKLASSE DIE ZULLEN BETALEN VOOR HET PROGRAMMA ZEGGEN BRAVO', stond er in een van de vele enthousiaste telegrammen die binnenkwamen bij het Witte Huis.[38] Om de haverklap werd Victor Hugo geciteerd: 'Machtiger dan alle legers in de wereld... is een idee waarvoor de tijd is gekomen.'

Voor het basisinkomen leek het eindelijk zover.

'EEN RADICALE HERVORMING VAN DE SOCIALE ZEKERHEID KOMT DOOR HET HUIS VAN AFGEVAARDIGDEN', kopte *The New York Times* op 16 april 1970. President Nixons plan had een overweldigende meerderheid behaald. 243 stemmen voor, 155 stemmen tegen. De meeste commentatoren verwachtten dat het plan ook door de Senaat zou komen, die indertijd nog progressiever was dan het Huis van Afgevaardigden. Maar in een commissie van de Senaat sloeg de twijfel toe. 'Dit is de duurste, uitgebreidste en verstrekkendste sociale wetgeving waar we het ooit over hebben gehad', zei een van de senatoren.[39] Maar vooral de senatoren van de Democratische Partij waren tegen. Ze vonden het plan niet ver genoeg gaan en wilden een hoger basisinkomen invoeren.[40] De wet werd maandenlang heen en weer gestuurd tussen de Senaat en het Witte Huis en verdween uiteindelijk in de prullenbak.

In het jaar erop stuurde Nixon de wet, met een paar kleine aanpassingen, nóg een keer naar het Congres. En weer werd zijn voorstel, als onderdeel van een groter hervormingspakket, aangenomen. 288 stemmen voor, 132 stemmen tegen. Nixon noemde tijdens zijn State of the Union van 1971 het plan om 'een vloer onder het inkomen van iedere familie met kinderen in Amerika' te leggen 'het allerbelangrijkste' onderdeel van zijn agenda.[41]

Maar weer strandde het voorstel in de Senaat.

In de jaren daarop bleef het plan voor een basisinkomen in de lucht hangen, totdat er in 1978 een fatale ontdekking werd gedaan. De definitieve resultaten van het experiment in Seattle werden toen gepubliceerd. Een enkele bevinding trok alle aandacht: het aantal echtscheidingen was met meer dan 50 procent gestegen. Al snel was er weinig interesse meer in de overige resultaten – dat de schoolprestaties waren verbeterd en dat de gezondheid erop vooruit was gegaan. Een basisinkomen zou vrouwen veel te onafhankelijk maken.

Nadere analyse, tien jaar later, wees uit dat er een statistisch foutje was gemaakt. In werkelijkheid was het aantal echtscheidingen gelijk gebleven.[42]

Futiel, gevaarlijk en pervers

'*It Can Be Done!* Het overwinnen van de armoede in de VS voor 1976', had James Tobin, de Nobelprijswinnaar, in 1967 nog geschreven. Bijna 80 procent van de Amerikanen was toen voor de invoering van een basisinkomen.[43] Maar jaren later schamperde Ronald Reagan: 'In de jaren zestig vochten we een oorlog tegen de armoede. En de armoede won.'

Mijlpalen van beschaving worden aanvankelijk altijd als een utopie beschouwd. Albert Hirschman, een van de grootste sociologen van de vorige eeuw, schreef dat utopieën in eerste instantie op drie gronden worden bestreden: futiliteit (het kan niet), gevaar (de risico's zijn te groot) en perversiteit (het ontaardt in zijn tegendeel). Maar Hirschman schreef ook dat utopieën, kort nadat ze zijn ingevoerd, vaak als doodnormaal worden beschouwd.

Niet zo heel lang geleden was democratie nog een grandioze utopie. Menig denker, of het nu de filosoof Plato (427-347 v.Chr.) of de staatsman Edmund Burke (1729-1797) was, vreesde dat het volk er te dom voor was, dat het levensgevaarlijk zou zijn en dat de 'generale wil' al snel in de wil van een of andere generaal zou ontaarden. Vergelijk dat eens met het basisinkomen. Het zou futiel zijn omdat we het niet kunnen betalen, gevaarlijk omdat mensen zouden stoppen met werken, en pervers omdat een minderheid steeds harder zou moeten werken om de meerderheid te onderhouden.

Maar wacht even.

Futiel? We zijn voor het eerst in de geschiedenis rijk genoeg om een stevig basisinkomen te financieren. Het bureaucratische toeslagencircus en het controleapparaat dat uitkeringstrekkers koste wat het kost in laagproductieve baantjes dwingt, kunnen de prullenbak in. Een wirwar aan aftrekposten is niet meer nodig. Verdere financiering zou uit belastingen op vermogen, vervuiling, grondstoffen en consumptie kunnen komen.

De variant die in Canada is uitgeprobeerd – gratis geld voor arme mensen – zou zelfs vrij goedkoop zijn. Het uitroeien van armoede in de Verenigde Staten kost bijvoorbeeld slechts 175 miljard dollar, minder dan 1 procent van het bbp.[44] Dat is een kwart van het militaire budget. Het Sociaal en Cultureel Planbureau becijfert de kosten van het uitroeien van de armoede in Nederland op iets meer dan 2 miljard euro per jaar. Dat is ongeveer 0,3 procent van ons nationaal inkomen. En dan hebben we het nog niet eens over de baten gehad: lagere zorgkosten, minder criminaliteit, betere schoolprestaties en noem maar op.

En toch: een systeem dat alleen de armen helpt, bevestigt de scheidslijn tussen hen en de rest van de samenleving. *'A policy for the poor is a poor policy'*, schreef Richard Titmuss, de grote theoreticus van de Britse verzorgingsstaat eens. Het is een oude, linkse reflex om iedere regeling, toeslag of uitkering inkomensafhankelijk te willen maken. Maar dat werkt averechts.

Twee Zweedse sociologen lieten eind jaren negentig zien, in een inmiddels beroemd artikel, dat juist de landen met de meest universele voorzieningen er het best in slagen de armoede terug te dringen.[45] Mensen zijn tot meer solidariteit bereid als ze er zelf ook baat bij hebben. Hoe meer wij, onze familie of onze vrienden profiteren van de verzorgingsstaat, hoe meer we zelf ook willen bijdragen.[46] Een universeel, onvoorwaardelijk basisinkomen kan dan ook op een maximaal draagvlak rekenen. Iedereen heeft er baat bij.[47]

Gevaarlijk? Sommige mensen zouden inderdaad iets minder (betaald) gaan werken, maar dat is ook de bedoeling. Alleen een kleine groep van kunstenaars en schrijvers ('al diegenen die de maatschappij veracht als ze leven en eert als ze dood zijn' – Bertrand Russell) zou wellicht ophouden met betaald werk. Er is overweldigend bewijs dat verreweg de meeste mensen, basisinkomen of niet, willen werken.[48] Werkloosheid maakt diep ongelukkig.[49]

Een van de voordelen van een basisinkomen is dat het korte metten maakt met de zogenoemde 'armoedeval'. In de huidige verzorgingsstaat zitten armen soms vast in hun uitkering, omdat ze er financieel op *achteruitgaan* zodra ze een baan vinden (en hun toeslagen verliezen). Omdat het basisinkomen onvoorwaardelijk is, stimuleert het mensen juist om aan de slag te gaan.

Pervers? Integendeel, in de afgelopen decennia is de sociale zekerheid juist ontaard in een pervers stelsel van controle en vernedering. Ambtenaren begluren bijstandstrekkers via Facebook om te controleren of zij hun geld wel goed besteden. Wee hun gebeente als ze ongeoorloofd vrijwilligerswerk doen. Er is een leger aan hulpverleners nodig om burgers door de jungle van aanvragen, voorbeschikkingen en terugvorderingsbeschikkingen te leiden. Vervolgens moet een leger aan controleurs deze fraudegevoelige papierwinkel in de gaten houden.

De verzorgingsstaat, die trots en zekerheid zou moeten bieden, is in wantrouwen en schaamte ontaard. Het is een monsterverbond tussen links en rechts. 'Rechts is bang dat mensen stoppen met werken', verzucht de Canadese professor Forget. 'En links vertrouwt hen niet om hun eigen keuzes te maken.'[50] Het basisinkomen zou een beter compromis zijn. Als het om herverdeling gaat, krijgt links zijn rechtvaardigheid, maar als het om bemoeienis, betutteling en vernedering gaat, krijgt rechts een kleinere overheid dan ooit.

Anders praten, anders denken

De diagnose is al vaker gesteld.

We zitten opgescheept met een verzorgingsstaat uit een vervlogen tijdperk, toen de meeste mannen nog kostwinner waren en je een leven lang bij één bedrijf kon blijven. Het pensioenstelsel en de ontslagbescherming zijn nog altijd gericht op de geluksvogels met een vaste baan, de sociale zekerheid leunt op de misvatting dat de economie genoeg banen creëert, en uitkeringen zijn vaak geen trampoline, maar een valkuil.

Nog niet eerder is de tijd zo rijp geweest voor de invoering van een universeel, onvoorwaardelijk basisinkomen. Flexibilisering betekent dat we meer zekerheid moeten creëren. Globalisering zorgt ervoor dat de lonen van de middenklasse steeds verder worden uitgehold. De groeiende kloof tussen hoog- en laagopgeleiden betekent dat we de laatsten extra moeten ondersteunen. En de opkomst van steeds slimmere robots kan zelfs hoogopgeleiden hun baan kosten.

In de afgelopen decennia is de koopkracht van de middenklasse op peil gehouden door te lenen, te lenen en nog eens te lenen. Dat kan zo niet langer, weten we nu. De oude, calvinistische reflex – 'je moet werken voor je geld' – is een vrijbrief voor ongelijkheid geworden.

Begrijp me niet verkeerd: het kapitalisme is een schitterende welvaartsmachine. 'Het brengt wonderen voort waarbij de Egyptische piramiden, de Romeinse aquaducten en de Gotische kathedralen verbleken', schreven Karl Marx en Friedrich Engels al in hun *Communistisch manifest*.

Maar juist omdat we rijker zijn dan ooit kunnen we ons nu de volgende stap in de geschiedenis van de vooruitgang permitteren: een onvoorwaardelijk basisinkomen voor iedereen. Dat zou het eindpunt van het kapitalisme moeten zijn. Zie het als een dividend van de vooruitgang, mogelijk gemaakt door het zwoegen van de generaties voor ons. Uiteindelijk hebben we onze welvaart maar voor een heel klein deel aan onszelf te danken. Wij, inwoners van Luilekkerland, zijn rijk dankzij de instituties, de kennis en het sociale kapitaal die onze voorouders voor ons hebben opgebouwd. Deze rijkdom is van ons allemaal. En een basisinkomen laat iedereen erin delen.

Natuurlijk, het lukraak doorvoeren van zo'n grote droom zou rampzalig uit kunnen pakken. Iedere utopie begint in het klein, met experimenten die de wereld langzaam doen kantelen. Een paar jaar geleden gebeurde het nog in de straten van Londen, toen dertien daklozen zomaar drieduizend pond kregen. Een van de hulpverleners vertelde toen: ‘Het is moeilijk om van de ene op de andere dag de manier te veranderen waarop je een probleem ziet. Maar nu hebben we de kans gekregen om anders te praten, anders te denken...’

Zo begint alle vooruitgang.

Dus we hebben controleurs om controleurs te controleren, en mensen die instrumenten maken om controleurs die controleurs controleren te controleren. De ware taak van de mens is om terug te keren naar school en na te denken over waar hij vroeger over droomde, voordat er iemand langskwam die hem vertelde dat hij de kost moest verdienen.

— **Richard Buckminster Fuller (1895-1983)**

3
Het einde van de armoede

Op 13 november van het jaar 1997 opende ten zuiden van de Great Smoky Mountains in North Carolina een casino zijn deuren. Het was een regenachtige dag, maar dat had de honderden mensen in de rij voor de ingang niet tegengehouden. De bezoekers bleven toestromen, totdat de baas van het casino iedereen opriep om vooral thuis te blijven.

Het was dan ook niet zomaar een gokpaleis van een of andere drugsbaas dat openging die dag. Het casino, Harrah's Cherokee genaamd, is tot op de dag van vandaag het eigendom van de Eastern Band of Cherokee Indians. Met de opening kwam er een einde aan tien jaar touwtrekken. 'Gokken zal de Cherokee de verdoemenis in helpen', had een van de stamleiders nog geroepen.[1] Ook de gouverneur van North Carolina had zich uit alle macht tegen de bouw van het casino verzet, maar tevergeefs.

Al snel bleek dat het casino, met 35.000 vierkante meter aan speelruimte, drie hoteltorens met meer dan duizend kamers en honderd suites, talloze winkels, restaurants, een zwembad en een fitnesscentrum, niet de verdoemenis, maar de verlichting bracht. Er ontstond geen georganiseerde misdaad rondom het casino. En de winst vloeide terug naar de stam. In 2004 was dat al 150 miljoen dollar, wat opliep naar bijna 400 miljoen in 2010.[2] Er werden een nieuwe school, een ziekenhuis en een brandweerkazerne mee gerealiseerd. Maar het grootste deel van de winst werd rechtstreeks overgemaakt aan de achtduizend mannen, vrouwen en kinderen van de Cherokeestam. Dat begon met vijfhonderd dollar per jaar en liep al snel op naar zesduizend dollar in 2001, toen het casinogeld een kwart tot een derde van het gemiddelde gezinsinkomen besloeg.[3]

Het toeval wilde dat Jane Costello, een professor aan Duke University, al sinds 1993 onderzoek deed naar mentale problemen bij de jeugd ten zuiden van de Great Smoky Mountains. Ieder jaar hadden de 1.420 kinderen die aan haar onderzoek meededen een psychiatrische test gedaan, waaruit bleek dat de kinderen die opgroeiden in armoede veel vaker last hadden van gedragsproblemen dan andere kinderen. Dat was op zich geen nieuws. Het verband tussen armoede en mentale problemen was al veel eerder geconstateerd door een collega van Costello, de vermaarde professor Edward Jarvis, in zijn beroemde *Report on Insanity*. Uit 1855.

Maar de vraag was nog steeds: wat is de oorzaak en wat is het gevolg? Costello merkte dat het in de mode raakte om mentale problemen vanuit individuele, genetische factoren te verklaren. Als de wortel van het probleem daar ligt, zou een jaarlijkse zak met geld slechts symptoombestrijding zijn. Maar als geestelijke problemen het gevolg, en niet de oorzaak, van armoede zijn, dan zou die zesduizend dollar weleens wonderen kunnen doen. Toen het casino openging, realiseerde Costello zich dat ze een unieke kans had om nieuw licht te werpen op dit oude vraagstuk. Een kwart van de kinderen in haar onderzoek was namelijk lid van de Cherokeestam, van wie meer dan de helft onder de armoedegrens leefde.

En inderdaad: Costello zag na de opening van het casino al snel grote verbeteringen optreden. De gedragsproblemen bij de kinderen die uit de armoede werden opgeheven, namen met maar liefst 40 procent af, en kwamen daarmee op het niveau van kinderen die nooit arm waren geweest. Er werden ook minder misdaden gepleegd door de Cherokeejeugd, hun drugs- en alcoholgebruik ging omlaag en de schoolprestaties verbeterden aanzienlijk.[4]

Tien jaar na de opening van het casino bleek dat hoe jonger de kinderen de armoede waren ontvlucht, hoe beter hun mentale gezondheid als tiener was. Op school deden de Cherokeekinderen het inmiddels even goed als de andere kinderen in het onderzoek. Onder het jongste leeftijdscohort vond Costello een 'dramatische afname' van crimineel gedrag. Sterker nog, de Cherokeekinderen waren nu braver dan de controlegroep.

Aanvankelijk kon Costello het niet geloven. 'De verwachting is dat sociale interventies relatief kleine effecten hebben', herinnerde ze zich later. 'Maar deze had vrij grote effecten.'[5] De professor rekende uit dat vierduizend dollar per jaar uiteindelijk een vol jaar extra onderwijs op 21-jarige leeftijd opleverde en 22 procent minder kans om op 16-jarige leeftijd in contact te zijn gekomen met de politie.[6]

Eén ding was vooral verbeterd: de opvoeding. Voordat het casino zijn deuren opende, werd er tijdens de zomer hard gewerkt door de ouders, maar liep tijdens de winter de werkloosheid op. Het casinogeld stelde de Cherokeegezinnen in staat te sparen en hun rekeningen vooruit te betalen. De ouders die de armoede waren ontvlucht, rapporteerden dat ze meer tijd hadden voor hun kinderen.

Toch waren de ouders, zo ontdekte Costello, niet minder gaan werken. Zowel moeders als vaders maakten evenveel uren als voor de opening van het casino. Volgens Vickie L. Bradley, een van de stamleden, hielp het geld vooral om rust te brengen in de hoofden van de gezinsleden. Energie die eerst verloren ging aan geldstress, kon nu aan de kinderen worden besteed. Dat 'helpt ouders om betere ouders te zijn', aldus Bradley.[7]

Dus wat is de oorzaak van gezondheidsproblemen bij arme mensen, genen of cultuur? Allebei, concludeerde Costello.[8] Mensen die genetisch vatbaar zijn voor een ziekte of een stoornis, krijgen hier onder de stress van de armoede vaker last van. Maar het punt is: genen kun je niet opheffen.

Armoede wel.

Waarom arme mensen domme dingen doen

Het is misschien wel de oudste utopie: een wereld zonder armoede. Maar wie daarvan droomt, zal zich eerst moeten verdiepen in wat het betekent om arm te zijn. Dan moeten er ook een paar moeilijke vragen worden gesteld. Waarom zijn arme mensen vaker crimineel? Waarom kampen ze het vaakst met overgewicht? En waarom gebruiken ze meer alcohol en drugs? Of om kort te gaan: waarom nemen arme mensen zo veel domme beslissingen?

Het is een harde vraag, maar de cijfers zijn nog harder: arme mensen lenen meer, sparen minder, roken meer, sporten minder, drinken meer, voeden slechter op en eten vaker bij McDonald's. Als er een workshop 'omgaan met geld' wordt georganiseerd, komen de armen het minst vaak opdagen. Als er een vacature online wordt gezet, schrijven de armen de slechtste sollicitatiebrieven en verschijnen zij het sjofelst op gesprek.

Margaret Thatcher, de eerste vrouwelijke premier van Groot-Brittannië, noemde armoede eens 'een fundamenteel karaktergebrek'.[9] Niet veel politici zouden zover gaan, maar dat de oplossing vooral bij het individu moet worden gezocht, dat is allang geen uitzonderlijk standpunt meer. Van Australië tot Engeland en van Zweden tot de Verenigde Staten heerst de overtuiging dat mensen zichzelf uit de armoede moeten helpen. De overheid moet hun daar de juiste duwtjes voor geven – een activerend beleid wordt dat genoemd. Denk aan: voorlichting, boetes en bovenal scholing. Onderwijs is de heilige graal als het om het bestrijden van armoede gaat.

Maar. Er is een maar.

Wat als de armen niet in staat zijn zichzelf te helpen? Wat als de prikkels, de voorlichting en het onderwijs van ze afglijden als water van een eend? Of sterker nog, wat als de duwtjes van de overheid de situatie alleen maar erger maken?

De kracht van de context

Ook dat zijn harde vragen, maar ze worden door niet zomaar iemand gesteld. Eldar Shafir is psycholoog aan de Universiteit van Princeton. Samen met Sendhil Mullainathan, econoom aan de Universiteit van Harvard, publiceerde hij recent een nieuwe, baanbrekende theorie over armoede.[10] Die laat zich als volgt samenvatten: het is de context, *stupid*.

De ambitie van Shafir is niet gering. Hij wil een geheel nieuwe wetenschap grondvesten: de wetenschap van de schaarste. Maar was er niet al zoiets? De economie? 'Dat horen we wel vaker', lacht Shafir als ik hem spreek in een Amsterdams hotel. 'Maar ik ben geïnteresseerd in de psychologie van de schaarste. En daar is verrassend weinig onderzoek naar gedaan.'

Voor economen is alles schaars – zelfs de grootste rijkaards kunnen niet alles kopen. Maar het *gevoel* van schaarste is niet alomtegenwoordig. Een lege agenda geeft een ander gevoel dan een volle werkdag. En dat is niet onschuldig. Schaarste neemt bezit van je geest. Mensen handelen anders bij een gevoel van gebrek.

Het maakt niet zo gek veel uit wat dat gebrek is: te weinig tijd, geld, vrienden, calorieën – het zorgt allemaal voor een 'schaarstementaliteit'. En dat brengt voordelen met zich mee. Mensen die schaarste ervaren, zijn goed in het managen van hun kortetermijnproblemen. Armen slagen er verrassend goed in de touwtjes – op korte termijn – aan elkaar te knopen, zoals overwerkte CEO's bedreven zijn in het halen van hun laatste target.

Van armoede kun je niet vrij nemen

Toch zijn de nadelen van de 'schaarstementaliteit' groter dan de voordelen. Schaarste doet je concentreren op je directe gebrek: de rekening die morgen moet worden betaald of de vergadering die over een paar minuten begint. Zo verdwijnt het langetermijnperspectief.

'Schaarste slokt je op', zegt Shafir. 'Je hebt minder aandacht voor dingen die je eigenlijk ook belangrijk vindt.'

Vergelijk het met een nieuwe computer die tien zware programma's tegelijk draait. Het apparaat is traag, maakt fouten en loopt vast – niet omdat het een slechte computer is, maar omdat hij te veel tegelijkertijd moet doen. Bij armen is iets vergelijkbaars aan de hand. Ze nemen geen domme beslissingen omdat ze dom zijn, maar omdat ze in een context leven waarin iedereen domme beslissingen zou nemen.

Wat eten we vanavond? Waarvan betaal ik het schoolgeld? Hoe haal ik het einde van de week?

Zulke vragen nemen iets cruciaals in beslag: 'bandbreedte', noemen Shafir en Mullainathan het. 'Als je de armen wilt begrijpen, moet je je voorstellen dat je met je gedachten elders bent', schrijven ze. 'Het kost veel moeite om jezelf in de hand te houden. Je bent afwezig en raakt snel van streek. En dat elke dag.' Zo leidt schaarste – of het nu aan tijd of geld is – tot onverstandige beslissingen.

Maar er is wel een cruciaal verschil tussen drukke en arme mensen: van armoede kun je niet vrij nemen.

Twee experimenten

Even concreet: hoeveel dommer word je van armoede?

'Ons onderzoek wijst uit dat je zo'n dertien punten aan IQ verliest', zegt Shafir. 'Dat is vergelijkbaar met een nacht niet slapen, of verslaafd zijn aan alcohol.' En het fascinerende is: dit had dertig jaar geleden al ontdekt kunnen worden. Shafir en Mullainathan hebben geen gebruik gemaakt van ingewikkelde breinscans. 'Economen hebben jarenlang armoede bestudeerd en psychologen hebben jarenlang onderzoek gedaan naar cognitieve beperkingen', vertelt Shafir. 'Wij hebben die vakgebieden slechts bij elkaar gebracht.'

Het begon een paar jaar geleden, met een reeks experimenten in een Amerikaans winkelcentrum. Voorbijgangers werd gevraagd wat ze zouden doen als hun auto een reparatie van 150 dollar zou moeten ondergaan; anderen kregen dezelfde vraag, maar bij hen ging het om een reparatie van 1.500 dollar. Zouden ze het bedrag in één keer betalen, iets lenen, wat harder werken of de reparatie uitstellen? Terwijl de proefpersonen nadachten, werden ze onderworpen aan een reeks cognitieve tests. Bij de kleine reparatie bleken mensen met een laag inkomen even goed te scoren als mensen met een hoog inkomen. Maar als de reparatie 1.500 dollar kostte, scoorden de armen een stuk slechter. Alleen al het denken aan een fors financieel probleem tastte hun cognitieve vermogen aan.

In het winkelcentrum hadden Shafir en zijn collega's voor zo veel mogelijk andere factoren gecorrigeerd. Maar ze bleven met één probleem zitten: de rijken en de armen in deze studie waren niet dezelfde mensen. De droom was om hetzelfde onderzoek nog eens te doen, maar dan met één iemand. Dat wil zeggen: bij iemand die op het ene moment arm is en op het andere moment rijk.

De perfecte plek voor dat experiment vond Shafir 13.000 kilometer verderop, in de districten Viluppuram en Tiruvannamalai, op het platteland van India. Het was een *match made in heaven*. Shafir ontdekte dat Indiase suikerrietboeren 60 procent van hun jaarinkomen in één keer ontvangen, net na de oogst. Dat betekent dat ze een deel van het jaar rijk zijn en een deel van het jaar arm. Ze bleken een stuk slechter op de cognitieve tests te scoren op het moment dat ze relatief arm waren. Niet omdat er iets in hun brein was veranderd – het waren nog steeds dezelfde boeren – maar gewoon, omdat er beslag was gelegd op een deel van hun bandbreedte.

Bruto nationale bandbreedte

'Het bestrijden van armoede heeft enorme voordelen waar we tot nu toe blind voor zijn geweest', concludeert Shafir. Eigenlijk zouden we naast het bruto nationaal product ook de bruto nationale bandbreedte moeten gaan meten. Meer bandbreedte betekent immers beter opgevoede kinderen, lagere zorgkosten, productievere werknemers enzovoort. 'Het bestrijden van schaarste zou zelfs kosten kunnen besparen', zegt Shafir.

Dat is precies wat er ten zuiden van de Great Smoky Mountains gebeurde. Randall Akee, een econoom aan de Universiteit van Los Angeles, berekende dat het casinogeld voor de Cherokeekinderen uiteindelijk geld heeft *bespaard*. Volgens zijn conservatieve schatting leverde het opheffen van armoede (minder criminaliteit, minder zorgverbruik en minder zittenblijven op school) meer geld op dan er in totaal door het casino was uitgekeerd.[11]

Dat geldt ook voor een samenleving als geheel. Zo ontdekten Britse onderzoekers dat de kosten van armoede onder kinderen in Engeland meer dan 29 miljard pond (40 miljard euro) per jaar bedragen.[12] Een programma dat hier korte metten mee zou maken zou 'zichzelf grotendeels bedruipen', aldus de onderzoekers.[13] Wie zich zorgen maakt over de kosten van het basisinkomen zou dus ook de *baten* moeten meerekenen. Die zijn nog hoger. Het uitroeien van armoede is een investering die zichzelf terugverdient.

In de VS, waar meer dan één op de vijf kinderen in armoede opgroeit, zijn er talloze studies gedaan die laten zien dat armoede bestrijden eigenlijk een vorm van bezuinigen is.[14] Greg Duncan, hoogleraar aan de Universiteit van Californië, heeft uitgerekend dat er gemiddeld 4.500 dollar nodig is om een Amerikaans gezin uit de armoede op te heffen – minder dan het casino van de Cherokees uitkeert. Die investering zou uiteindelijk, per kind, de volgende baten opleveren:

- 12,5 procent meer arbeidsuren;
- 3.000 dollar aan jaarlijkse besparingen op de sociale zekerheid;
- 50.000 tot 100.000 dollar extra inkomen over een heel leven;
- 10.000 tot 20.000 dollar extra belastinginkomsten voor de staat.

Professor Duncan concludeert dat de kosten van de armoedebestrijding 'terugbetaald zijn tegen de tijd dat de arme kinderen de middelbare leeftijd hebben bereikt'.[15]

Toegegeven, het zou een groot programma moeten worden. Een recent onderzoek schat de kosten van de armoede onder Amerikaanse kinderen op maar liefst 500 miljard dollar per jaar. Kinderen die opgroeien in armoede genieten uiteindelijk twee jaar minder onderwijs, werken 450 uur minder per jaar en hebben drie keer zo veel kans op een slechte gezondheid als kinderen uit welvarende gezinnen. Investeren in onderwijs helpt hen dan ook niet zo veel, schrijven de onderzoekers.[16] De armoede zal eerst uit hun leven moeten verdwijnen.

Even terug is er nog een metastudie gedaan van 201 onderzoeken naar de effectiviteit van financiële workshops.[17] Conclusie: ze helpen vrijwel niets. Dat wil niet zeggen dat er niets geleerd wordt tijdens zulke trainingen; arme mensen kunnen er best iets van opsteken. Het is alleen niet genoeg. 'Die workshops zijn vergelijkbaar met iemand leren zwemmen en hem dan in een woeste oceaan gooien', verzucht professor Shafir.

Gratis geld

Wat te doen?

Shafir en Mullainathan hebben een paar kleine oplossingen in petto. Armere studenten even helpen met dat papierwerk bijvoorbeeld. Of denk aan lichtgevende medicijndoosjes, om aan het slikken van pillen te herinneren. *Nudges* (duwtjes) worden dit soort oplossingen ook wel genoemd. Ze zijn razend populair onder de politici van Luilekkerland, vooral omdat ze vrijwel niets kosten.

Maar is een duwtje niet veel te bescheiden? De nudge staat symbool voor een tijdperk waarin politici vooral bezig zijn met symptoombestrijding. Nudges helpen de armoede alleen maar iets draaglijker te maken, ze lossen haar niet op. Of om de metafoor van de computer nog eens te gebruiken: waarom zouden we niet gewoon een paar gigabyte aan geheugen installeren, in plaats van alleen wat te morrelen aan de software?

Shafir kijkt me even niet-begrijpend aan. 'O, je bedoelt gewoon meer geld geven? Ja, dat zou geweldig zijn', lacht hij. 'Maar gegeven de evidente beperkingen... wat jullie hier in Amsterdam linkse politiek noemen bestaat niet eens in de VS.'

Toch komt daar ook nog iets anders bij: geld alleen is niet genoeg. Het gaat ook om de verdeling. 'Schaarste is een relatief begrip', legt Shafir uit. 'Het ontstaat niet alleen bij een gebrek aan inkomen, maar ook bij een teveel aan verwachtingen.' Eigenlijk is het simpel: als je meer geld, tijd, vrienden of calorieën wilt hebben, dan ervaar je eerder een gevoel van schaarste. En wat je wilt, wordt in hoge mate bepaald door wat de mensen om je heen hebben. 'De groeiende ongelijkheid in de westerse wereld zit hier dan ook enorm in de weg', zegt Shafir. Als je om je heen mensen ziet met flatscreens, dan wil je er zelf ook een. Terwijl de ongelijkheid groeit, krimpt de bruto nationale bandbreedte.

De vloek van ongelijkheid

Maar geld maakt gelukkig, toch?

Jazeker. Maar voor een land geldt dat slechts tot op zekere hoogte. Tot een bbp van ongeveer vijfduizend dollar per persoon per jaar neemt bijvoorbeeld de levensverwachting vrijwel automatisch toe.[18] Maar als de magen zijn gevuld, de daken gerepareerd en het schone drinkwater uit de kranen stroomt, is economische groei geen garantie meer voor welzijn. Gelijkheid wordt dan een veel betere voorspeller.

Neem de onderstaande grafiek. Op de y-as zien we een index van sociale problemen, op de x-as het bbp per hoofd van de bevolking. Er blijkt geen enkel verband te bestaan tussen beide variabelen. Sterker nog, het rijkste land ter wereld (de Verenigde Staten) scoort samen met Portugal (waar het bbp per hoofd meer dan twee keer zo laag is als in de Verenigde Staten) het hoogst als het om sociale problemen gaat.

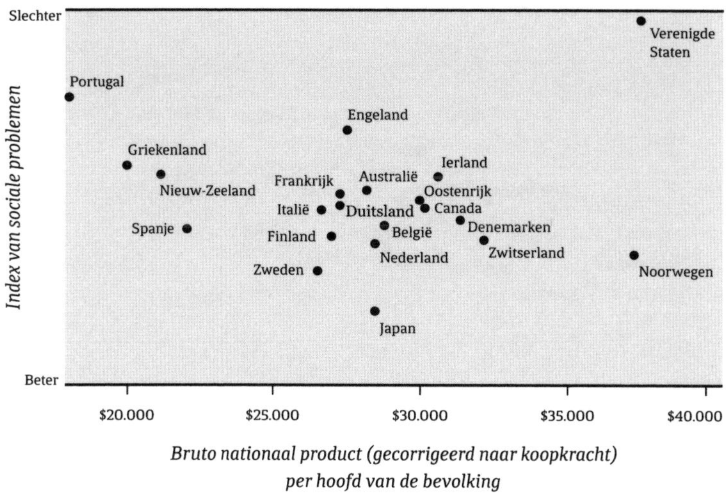

In de index zijn de levensverwachting, geletterdheid, kindersterfte, het aantal moorden, gedetineerden, tienerzwangerschappen, depressie, het sociaal vertrouwen, obesitas, drugs- en alcoholmisbruik en de sociale (im)mobiliteit opgenomen.

Bron: Wilkinson/Pickett

'Economische groei heeft zijn werk gedaan in rijke landen', concludeert de Britse onderzoeker Richard Wilkinson. 'Meer en meer maakt minder en minder verschil.'[19] Dat verandert als we in plaats van het inkomen de inkomensongelijkheid op de x-as zetten. Ineens ontstaat er een veel helderder plaatje: de VS en Portugal komen samen rechts bovenin te staan.

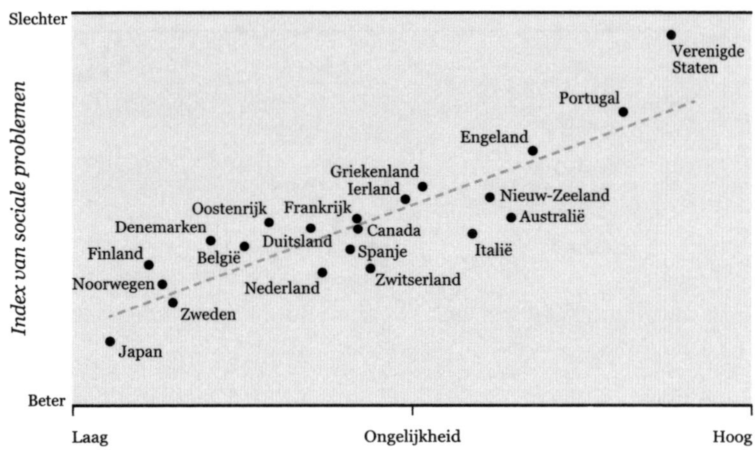

Op de x-as (ongelijkheid) gaat het om de kloof tussen de rijkste en de armste 20 procent.

Bron: Wilkinson/Pickett

Of het nu gaat om depressies, burn-outs, drugsmisbruik, schooluitval, overgewicht, ongelukkige kinderen, lagere opkomst bij verkiezingen of sociaal en politiek wantrouwen, steeds lijkt er één grote boosdoener te zijn: ongelijkheid.[20]

Maar wacht even. Wat maakt het uit als sommige mensen puissant rijk zijn, wanneer zelfs de armen nu rijker zijn dan koningen in de zeventiende eeuw?

Een heleboel. Het gaat hier om *relatieve* armoede. Hoe rijk een land ook wordt, ongelijkheid blijft roet in het eten gooien. Arm zijn in een rijk land is iets heel anders dan arm zijn in de zeventiende eeuw, toen bijna iedereen bijna overal een pauper was. Neem pestgedrag. In landen met grote welvaartsverschillen wordt nu aanzienlijk meer gepest omdat er grotere statusverschillen zijn. Wilkinson spreekt van 'psychosociale gevolgen': mensen in ongelijke landen maken zich meer zorgen over hoe ze door anderen worden gezien. De kwaliteit van relaties neemt daardoor af (denk aan het wantrouwen van vreemden en statuszucht). De stress die daaruit voortvloeit speelt weer een grote rol bij al dan niet chronische gezondheidsproblemen.

Iets anders dan. Gaat het niet om gelijkheid van kansen in plaats van gelijkheid van welvaart?

Om kort te zijn: nee. Die vormen van gelijkheid zijn namelijk niet van elkaar te scheiden. Kijk maar naar de ranglijstjes: terwijl de ongelijkheid stijgt, daalt de sociale mobiliteit. Er is vrijwel geen land waar de Amerikaanse Droom minder vaak uitkomt dan de Verenigde Staten. Wie zich omhoog wil werken, '*from rags to riches*', kan maar beter naar Zweden verhuizen. Daar hebben dubbeltjes wel een redelijke kans om een kwartje te worden.[21]

Begrijp me niet verkeerd: ongelijkheid is niet de enige oorzaak van ellende. Het is een structurele factor bij het ontstaan van veel sociale problemen en hangt op ingewikkelde wijze samen met allerlei andere factoren (zoals onze genen). En begrijp me weer niet verkeerd: geen enkele samenleving kan functioneren *zonder* ongelijkheid. In een land waar de dokter evenveel verdient als de schoenlapper wil niemand wonen. Of beter gezegd: wil niemand ziek worden.

Toch hebben bijna alle rijke landen nu een veel hoger niveau van ongelijkheid dan wenselijk is. Recent publiceerde het Internationaal Monetair Fonds nog een rapport waaruit blijkt dat te veel ongelijkheid zelfs de economische groei remt.[22] Het fascinerendste is misschien wel dat ook rijke mensen lijden onder te veel ongelijkheid. Ook zij kampen met meer depressies, wantrouwen en tal van andere sociale problemen.[23]

'Ongelijkheid raakt iedereen', aldus professor Wilkinson.[24]

Dat is niet onvermijdelijk.

Tweeduizend jaar geleden zei Jezus van Nazareth dat we de armen altijd bij ons zullen hebben, maar toen werkte bijna iedereen nog in de landbouw.[25] De economie produceerde niet genoeg om iedereen van een fatsoenlijk bestaan te kunnen voorzien. Tot diep in de achttiende eeuw werd armoede dan ook als iets vanzelfsprekends beschouwd. 'Armen zijn als de schaduwen in een schilderij. Ze zorgen voor het benodigde contrast', schreef de Franse arts Philippe Hecquet (1661-1737). 'Iedereen afgezien van een idioot weet dat de lagere klassen arm moeten worden gehouden', noteerde de Engelse schrijver Arthur Young (1741-1820).[26]

Historici spreken ook wel van het 'mercantilisme': de leer dat de een z'n brood de ander z'n dood is. Vroegmoderne economen geloofden dat landen alleen welvarend konden worden ten koste van andere landen – als ze maar genoeg bleven exporteren. Tijdens de napoleontische oorlogen leidde dit tot nogal komische situaties waarin Engeland wel voedsel naar Frankrijk verscheepte, maar de export van goud verbood. De Engelse staatslieden dachten dat de vijand sneller ten onder zou gaan aan goudgebrek dan aan hongersnood.

De belangrijkste aanbeveling van de mercantilist? Verlaag de lonen, zo veel je kunt. Goedkope arbeid bevordert immers de concurrentiekracht, en dus de export. Of, zoals de beroemde econoom Bernard de Mandeville schreef: 'Het is evident dat in een vrij land, waar slaven niet zijn toegestaan, de zekerste rijkdom ligt in een veelheid aan vlijtige armen.'

Mandeville had er niet verder naast kunnen zitten. Inmiddels weten we dat de rijkdom van de een de rijkdom van de ander juist bevordert, en dat geldt zowel voor landen als voor mensen. Zo begreep autofabrikant Henry Ford in 1914 dat hij de lonen van zijn werknemers flink omhoog moest gooien, omdat ze anders nooit zijn auto's zouden aanschaffen. 'Armoede is een grote vijand van het menselijk geluk; ze vernietigt de vrijheid en maakt het uitoefenen van sommige deugden onmogelijk', schreef de Britse essayist Samuel Johnson in 1782. In tegenstelling tot veel van zijn tijdgenoten wist hij dat armoede geen fundamenteel karaktergebrek is.

Het is een fundamenteel geldgebrek.

Een dak boven het hoofd

Voor Lloyd Pendleton, de directeur van de daklozenopvang in de Amerikaanse staat Utah, kwam de eyeopener aan het begin van deze eeuw. De staat kampte in die tijd met een enorm daklozenprobleem. Duizenden zwervers sliepen onder de bruggen, in de parkjes en op de straten van de grote steden. Politie en hulpverleners hadden er hun handen vol aan. Pendleton was het zat. En hij had een plan.

In 2005 begon *the war on homelessness*. En dan niet, zoals dat vaak gaat in de Verenigde Staten, met knuppels en pepperspray, maar door het probleem bij de wortel aan te pakken. Het doel: alle daklozen de straat af. En het middel: gratis appartementen. Pendleton begon met de zeventien beruchtste daklozen die hij kon vinden. Toen zij twee jaar later allemaal nog een dak boven hun hoofd hadden, breidde hij zijn plan gestaag uit. Of je nu een strafblad had, hopeloos verslaafd was of diep in de schulden zat, in Utah werd een dak boven je hoofd een mensenrecht.

Toen ging het hard. Terwijl in buurstaat Wyoming het aantal zwervers met 213 procent toenam, daalde in Utah het aantal chronisch daklozen met 74 procent. Het bizarre: dit gebeurde in een ultraconservatieve staat. De Tea Party doet het al jaren geweldig in Utah en Lloyd Pendleton is ook bepaald geen linkse jongen. 'Ik ben opgegroeid op een ranch, waar je leerde hard te werken', benadrukt hij zelf.[27] 'Ik vertelde de daklozen altijd dat ze een baan moesten zoeken, omdat ik dacht dat dit het enige was wat ze nodig hadden.'

Pendleton – die er een carrière als zakenman op heeft zitten – veranderde van mening toen hij tijdens een congres het financiële plaatje onder ogen kreeg. Het verlenen van gratis woonruimte bleek een snoeiharde bezuiniging. Ambtenaren van de staat berekenden dat een zwerver op straat 16.670 dollar per jaar kost (zorg, politie, justitie). Een appartement inclusief de begeleiding van een hulpverlener kost daarentegen slechts 11.000 dollar per jaar.[28]

Het sommetje was snel gemaakt. Als het zo doorgaat, is er straks geen beroepszwerver meer te vinden in Utah. Dan zou Utah de eerste Amerikaanse staat zijn die het chronische daklozenprobleem heeft opgelost. En tegelijkertijd een fortuin heeft bespaard.

Hoe een succesverhaal slecht afliep

Net als armoede kun je het daklozenprobleem beter oplossen dan managen.[29] Inmiddels wordt het principe van 'Housing First' over de hele wereld toegepast, van Finland tot Australië en van Canada tot Nederland. Wie in 2005 rondliep in het centrum van een van de grote Nederlandse steden, kwam geheid een dakloze tegen. Vooral rondom de stations was er veel overlast – en de kosten liepen snel op. Dus terwijl Lloyd Pendleton in Utah met de uitvoering van zijn plan begon, kwamen hulpverleners, ambtenaren en politici uit Amsterdam, Rotterdam, Den Haag en Utrecht bij elkaar. Samen stelden ze hun Plan van Aanpak op.

Budget: 175 miljoen euro.

Doel: alle daklozen van de straat.

Plaats: eerst in de vier grote steden, daarna in de rest van Nederland.

Methode: begeleiding en – jawel – onderdak voor iedereen.

Duur: februari 2006 tot februari 2014.

Het werd een enorm succes. Al na een paar jaar bleek de overlast door zwervers in de grote steden met 65 procent te zijn afgenomen. Het drugsgebruik halveerde. De psychische en lichamelijke gezondheid van de voormalige daklozen gingen er sterk op vooruit en de bankjes in het park bleven steeds vaker leeg. Op 1 oktober 2008 waren er al bijna 6.500 zwervers van de straat gehaald.[30] En alsof dat nog niet genoeg was: het financiële rendement voor de samenleving bleek twee keer zo hoog als de investeringen die waren gedaan.[31]

Maar toen brak de financiële crisis uit. Het duurde niet lang of het snoeien begon. 'Juist bij deze kwetsbare groep werken de bezuinigingen contraproductief', waarschuwde de Amsterdamse wethouder Eric van der Burg (VVD) nog. 'Nu winst pakken is op termijn verlies lijden.'[32] Nog in hetzelfde jaar besloot Amsterdam 6,5 miljoen te korten op de opvang van daklozen.

Sommige wethouders probeerden nog ergens anders geld vandaan te halen, maar in 2012 moest al 50 procent van alle gemeenten korten op hun daklozen.[33] Ondertussen nam, ook door de crisis, het aantal huisuitzettingen toe. 'Dat gemeenten zijn gaan bezuinigen begrijp ik wel', vertelt Mathijs Tuynman, onderzoeker bij het Trimbos-instituut. 'Die maken de kosten, krijgen steeds minder geld van het Rijk en zien de baten van de maatschappelijke opvang niet direct terug op hun begroting.'

Zo kon het gebeuren dat het Centraal Bureau voor de Statistiek in december 2013, drie maanden voor de afloop van het Plan van Aanpak, een treurig persbericht de deur uit deed. Het aantal daklozen in Nederland had een recordhoogte bereikt. In de grote steden waren er nu meer zwervers dan in 2006, toen het plan van start ging.[34] En ja, dat kostte handenvol geld.

Hoeveel precies? Het ministerie van Volksgezondheid liet het uitzoeken, in 2011. In het rapport van destijds werden de kosten en baten van de daklozenopvang tegen elkaar afgewogen (denk aan gratis onderdak, hulpverlening, het verstrekken van gratis heroïne, preventie, enzovoort). Conclusie: er is geen investering die beter rendeert dan een investering in een zwerver. Iedere euro voor de bestrijding en preventie van dakloosheid verdien je in Nederland twee tot drie keer terug met besparingen op zorg, politie en justitie.[35]

De onderzoekers stelden dan ook een groot aanvalsplan voor, waarvan de kosten een miljard zouden bedragen. En de baten: 2,3 miljard. Met de winst kun je – ik noem maar wat – alle kinderen in Nederland vijfendertig jaar lang twee dagen per week van gratis groente en fruit voorzien.[36] Geen klein bier dus. 'Opvang is beter en goedkoper dan het leven op straat', concludeerden de onderzoekers. En dan rekenden ze alleen nog de besparingen voor de overheid mee, terwijl bedrijven en bewoners ook voordeel hebben bij een stad zonder zwervers.

Daklozenbeleid is, kortom, win-win-win-winbeleid.

Een goede les

Er zijn veel dingen waar politici het hartstochtelijk over oneens mogen zijn, maar het daklozenprobleem valt daar niet onder. Dit probleem kan worden opgelost. En dat levert nog geld op ook. Het grootste probleem van armen is dat zij geen geld hebben. Het grootste probleem van daklozen is dat zij geen dak boven hun hoofd hebben. En trouwens: in Europa staan er twee keer zo veel huizen leeg als er zwervers zijn.[37] In de VS vijf keer zo veel.[38]

Helaas kiezen we steeds weer voor symptoombestrijding in plaats van voor echte oplossingen: politieagenten die zwervers van hot naar her sturen, dokters die de zwervers behandelen en vervolgens weer op straat zetten, hulpverleners die slechts pleisters op wonden plakken. In Utah liet een oud-zakenman zien dat het anders kan. Lloyd Pendleton probeert nu ook buurstaat Wyoming zover te krijgen dat ze hun daklozen een dak boven het hoofd geven. 'Dit zijn onze broeders en zusters', zei hij tijdens een bijeenkomst in hoofdstad Casper. 'Als zij lijden, dan lijden we als gemeenschap. We zijn allemaal verbonden met elkaar.'[39]

Mocht je dat morele appel niet overtuigend vinden, kijk dan even naar het financiële plaatje. Want of het nu om Nederlandse zwervers, Indiase suikerrietboeren of Cherokeekinderen ten zuiden van de Great Smoky Mountains gaat – armoede bestrijden is niet alleen goed voor het geweten, maar het is ook goed voor de portemonnee. 'Dat is een waardevolle les voor de samenleving', concludeert professor Costello droogjes.[40]

Zij die zich het verleden niet kunnen herinneren,
zijn gedoemd het te herhalen.

— George Santayana
(1863-1952)

4

Het bizarre verhaal van president Nixon en het basisinkomen

Geschiedenis is geen wetenschap met handige en toepasbare lessen voor het dagelijks leven. Natuurlijk, de geschiedschrijving helpt bij het relativeren van onze ongemakken – van lekkende kranen tot begrotingstekorten. Vroeger was het allemaal nog veel erger. Maar juist omdat de wereld sneller verandert dan ooit, komt het verleden ook verder weg te staan. Zo verrijst er een muur tussen ons en die vreemde wereld – een wereld waar we maar weinig van begrijpen. 'Het verleden is een vreemd land', schreef een romancier eens. 'Ze doen de dingen anders daar.'[1]

Toch denk ik dat een historicus meer kan bieden dan relativering alleen. Het vreemde land dat het verleden heet, is ook een geestverruimend middel. Je kunt theoretiseren over het basisinkomen, maar je kunt ook een verhaal vertellen over hoe het er in de jaren zeventig mee afliep. Als het om de zoektocht naar nieuwe dromen gaat, of om de herontdekking van oude, dan kunnen we niet zonder het verleden. Alleen daar wordt het abstracte concreet, alleen daar wordt zichtbaar dat we nu al in Luilekkerland leven. De geschiedenis leert een simpele maar cruciale les: *het kan anders*. De manier waarop we onze samenleving hebben ingericht is niet vanzelfsprekend. Onze status quo kan zomaar het gevolg zijn van triviale, maar toch cruciale details in de kronkels van het verleden.

Historici geloven niet in spijkerharde wetten van geschiedenis of economie. De wereld wordt niet door abstracte krachten geregeerd, maar door mensen, die hun eigen geschiedenis schrijven. Zo biedt het verleden niet alleen relativering, maar ook een fikse dosis verbeeldingskracht. We hebben ze allebei nodig voor de terugkeer van de utopie.

De schaduw van Speenhamland

Als er één verhaal is dat laat zien dat het anders kan, en dat we de armen niet altijd bij ons hoeven te hebben, dan is dat het verhaal van Speenhamland, Engeland.

Het was in de zomer van 1969, aan het einde van *the sixties*, dat decennium van *flower power* en Woodstock, rock-'n-roll en Vietnam, Martin Luther King en de tweede feministische golf, een tijd waarin alles mogelijk leek, toen een conservatieve president besloot om de verzorgingsstaat op zijn kop te zetten.

Richard Nixon was niet de meest waarschijnlijke kandidaat om de oude droom van Thomas More te verwezenlijken. Maar de geschiedenis heeft nu eenmaal een vreemd gevoel voor ironie. Juist deze man, die in 1974 moest aftreden vanwege het roemruchte Watergateschandaal, stond in 1969 op het punt een basisinkomen in te voeren voor alle arme gezinnen. Het was een enorme stap: 1.600 dollar per jaar voor een gezin van vier, ongeveer 10.000 dollar omgerekend naar 2014.

Martin Anderson, een adviseur van de president, begon zich te realiseren waar het allemaal naartoe zou gaan: naar een land waar geld een recht zou worden. Hij was mordicus tegen het plan. Anderson was een groot bewonderaar van Ayn Rand, de filosofe die de vrije markt bejubelde als utopie. Het basisinkomen stond haaks op alles waar hij in geloofde: een zo klein mogelijke overheid en maximale eigen verantwoordelijkheid.

Anderson zette de aanval in.

Op de dag dat Nixon achter de schermen besloot om zijn plan door te zetten, leverde Anderson een klein artikel in bij de president. In de weken die daarop volgden, gebeurde het onwaarschijnlijke: een document van slechts zes kantjes over iets wat 150 jaar eerder in Engeland was gebeurd, bracht de president op andere gedachten. En het veranderde de koers van de geschiedenis.

Titel: *A Short History of a 'Family Security System'*. Het artikel bestond vrijwel geheel uit citaten van Karl Polanyi, de beroemde socioloog. In het zevende hoofdstuk van zijn klassieker *The Great Transformation* (1944) beschreef Polanyi het zogenoemde Speenhamlandsysteem uit het Engeland van begin negentiende eeuw. Dit was een van de eerste systemen van sociale zekerheid. En het leek verdacht veel op een basisinkomen.

Het oordeel van Polanyi was vernietigend. De armen werden er alleen maar luier van, hun productiviteit ging omlaag, net als hun lonen, wat uiteindelijk het hele kapitalistische systeem in gevaar bracht. 'Het introduceerde niets minder dan "het recht om te leven"', schreef Polanyi, 'en tot het in 1834 werd afgeschaft, voorkwam het de totstandkoming van een competitieve arbeidsmarkt.' Uiteindelijk bracht Speenhamland 'de verpaupering van de massa's', die volgens Polanyi 'bijna hun menselijke gedaante verloren'. Het basisinkomen zou niet als een vloer, maar als een plafond hebben gewerkt.

Bovenaan het document dat Nixon in handen kreeg gedrukt, stond een citaat van de Spaans-Amerikaanse schrijver George Santayana. 'Zij die zich het verleden niet kunnen herinneren, zijn gedoemd het te herhalen.'[2]

De president schrok zich een ongeluk. Hij riep zijn belangrijkste adviseurs bijeen en beval hen onderzoek te doen naar wat er bijna twee eeuwen eerder in Engeland had plaatsgevonden. De mannen wezen Nixon op de eerste resultaten van de experimenten in Seattle en Denver, waar mensen níét minder waren gaan werken. En trouwens: kon het Speenhamlandsysteem niet beter met de heersende 'uitkeringspuinhoop' in Nixons tijd worden vergeleken, die mensen gevangenhield in armoede?

Twee van Nixons belangrijkste adviseurs, de socioloog Daniel Patrick Moynihan en de econoom Milton Friedman, vonden dat het recht op inkomen allang bestond – 'ook al was het een recht dat de samenleving had weten te stigmatiseren'.[3] Volgens Friedman was armoede gewoon geldgebrek. Niets meer en niets minder.

Maar de schaduw van Speenhamland bleek zich uit te strekken tot na de zomer van 1969. Nixon veranderde van koers. Hij begon met een andere retoriek. De president ging het belang van betaald werk steeds meer benadrukken, terwijl er in zijn plan voor een basisinkomen vrijwel niets werd gedaan om mensen tot werk te dwingen. Nixon beschreef werkloosheid als een 'keuze', terwijl het debat over het basisinkomen juist was begonnen onder president Johnson, toen experts op de structurele werkloosheid wezen. Nixon beklaagde zich over de groei van de overheid, terwijl volgens zijn plan aan maar liefst 13 miljoen extra Amerikanen (van wie 90 procent werkende armen) een uitkering zou worden gegeven.

'Nixon stelde een nieuwe vorm van sociale zekerheid voor aan het Amerikaanse volk', schrijft de historicus Brian Steensland. 'Maar hij gaf hun niet de woorden om die te begrijpen.'[4] Sterker nog, Nixon dompelde zijn progressieve ideeën in conservatieve retoriek. Waar was de president mee bezig?

Een kleine anekdote maakt het duidelijk. Op 7 augustus van dat jaar vertelde Nixon aan zijn adviseur Moynihan dat hij in de biografieën van de Britse premier Benjamin Disraeli en de staatsman Lord Randolph Churchill (de vader van) had zitten lezen. 'Conservatieve mannen en progressief beleid', zei Nixon, 'zijn wat de wereld heeft veranderd.'[5] De president wilde geschiedenis schrijven. Hij zag een zeldzame, historische mogelijkheid om het oude systeem omver te werpen, miljoenen werkende armen op te heffen en een beslissende slag te slaan in de oorlog tegen armoede. Nixon zag het basisinkomen als het ultieme compromis tussen conservatief en progressief.

Zijn plan moest alleen nog worden verkocht aan het Congres en de Senaat. Om zijn partijgenoten gerust te stellen en om de zorgen over het Speenhamlandsysteem te pareren, besloot Nixon een extra voorwaarde in de wet op te nemen. Ontvangers van het basisinkomen die geen werk hadden, moesten zich bij de arbeidsdienst laten registreren. Niemand in het Witte Huis verwachtte dat dit veel zou uithalen. 'Die werkvereisten kunnen me geen barst schelen', zei Nixon binnenskamers. 'Dat is de prijs om 1.600 dollar te krijgen.'[6]

Een dag later kondigde de president zijn wet aan in een toespraak op televisie. Als 'welfare' naar buiten toe 'workfare' moest worden genoemd om het basisinkomen erdoor te krijgen, dan moest dat maar.

Nixon realiseerde zich niet dat zijn retoriek tegen 'luie armen' en werklozen zich uiteindelijk tegen het basisinkomen en tegen de verzorgingsstaat zou keren.[7] De conservatieve president die als progressief de geschiedenis in wilde gaan, miste een unieke kans om van het stereotype van de 'luie arme' af te komen – een fabel die in het Engeland van begin negentiende eeuw was ontstaan.

Want hoe zat het nu met dat Speenhamlandsysteem?

De ironie van de geschiedenis

Terug naar het jaar 1795.

De Franse Revolutie denderde al zes jaar over het Europese continent. Ook in Engeland had de onvrede zijn hoogtepunt bereikt. Twee jaar eerder had een jonge generaal, ene Napoleon Bonaparte, nog gehakt gemaakt van de Engelsen bij de Zuid-Franse stad Toulon. En alsof dat nog niet erg genoeg was, mislukten de oogsten in Engeland ook nog eens, terwijl er geen graan uit Europa kon worden geïmporteerd. Hoe verder de graanprijs steeg, hoe dichter het spook van de revolutie de Engelse kusten naderde.

Eén gemeente in het zuiden van het land realiseerde zich dat repressie en propaganda niet langer genoeg waren. De magistraten van het district Speenhamland kwamen op 6 mei 1795 bijeen in de herberg van het dorpje Speen. Daar besloten ze tot een radicale hervorming van de armenzorg. Het inkomen van 'alle arme en nijvere mannen en hun families' zou worden aangevuld tot een minimum om te overleven.[8] De hoogte van het basisinkomen werd afhankelijk van de prijs van het brood en uitbetaald per gezinslid. Hoe groter de familie, hoe hoger de uitkering.

Er bestond al een andere vorm van sociale wetgeving: de Poor Law, uit de tijd van koningin Elizabeth (1533-1603). Deze wet maakte onderscheid tussen twee soorten armen: zij die steun verdienden (ouderen, kinderen of gehandicapten) en zij die aan het werk moesten worden gezet. De eerste categorie werd ondergebracht in armenhuizen, terwijl de tweede categorie per opbod werd 'verkocht' aan landeigenaren, waarbij de gemeente hun loon aanvulde tot een bepaald minimum. Maar het Speenhamlandsysteem maakte korte metten met dit onderscheid, net als Nixon twee eeuwen later wilde doen. Arm werd gewoon arm. En iedere arme kreeg recht op steun.

Al snel verspreidde het systeem zich over het zuiden van Engeland. Premier William Pitt de Jongere probeerde er zelfs een nationale wet van te maken. Het leek dan ook een succes: honger en armoede namen iets af en, nog belangrijker, opstanden bleven uit. Maar in dezelfde periode staken de eerste twijfels de kop op. Dominee Joseph Townsend had in zijn *A Dissertation on the Poor Laws* uit 1786 al geschreven dat 'alleen honger de armen kan stimuleren en prikkelen om te werken; maar onze wetten zeggen dat ze nooit honger zullen lijden'.

Een andere predikant, Thomas Malthus, werkte de ideeën van Townsend verder uit. Op een zomerdag in 1798, aan de vooravond van de industriële revolutie, schreef hij dat er 'grote en onoverwinnelijke moeilijkheden' op de weg van de vooruitgang waren gekomen. Malthus begon met twee aannames:

1. Een mens heeft voedsel nodig om te overleven.
2. De passie tussen de seksen is onuitroeibaar.

Conclusie: de bevolking zal altijd harder groeien dan de voedselproductie. De vrome Malthus zag seksuele onthouding als de enige oplossing. Anders zouden de vier ruiters van de Apocalyps hun werk doen, met oorlog, honger, ziekte en dood. Malthus dacht dat Engeland in 1798 aan de vooravond stond van een ramp zo groot als de zwarte dood, die tussen 1349 en 1353 de helft van de Britse bevolking het leven had gekost.[9]

Eén ding wist hij zeker: steun aan de armen zou verschrikkelijke gevolgen hebben. Het Speenhamlandsysteem was een stimulans om zo snel mogelijk te trouwen en zo veel mogelijk kinderen te krijgen. Een goede vriend van Malthus, de econoom David Ricardo, dacht bovendien dat mensen dankzij het basisinkomen minder zouden gaan werken, waardoor de voedselproductie nog verder zou inzakken en de revolutie alsnog uit Frankrijk zou komen overwaaien.[10]

En ja hoor, in de nazomer van 1830 brak de opstand uit. Onder het motto 'brood of bloed' werden in het hele land oogstmachines van landeigenaren vernield. Duizenden landarbeiders eisten een loon waar ze van konden leven. De overheid greep hard in: tweeduizend demonstranten werden opgepakt, opgesloten, gedeporteerd en in een enkel geval zelfs ter dood gebracht.

De regering in Londen realiseerde zich dat er iets moest veranderen. Er werd een onderzoek ingesteld naar de staat van de landarbeiders, de armoede op het platteland en het functioneren van het Speenhamlandsysteem. Het werd het grootste onderzoek dat een overheid tot dan toe had gedaan. Vanaf het voorjaar van 1832 werden honderden interviews afgenomen en talloze gegevens verzameld die uiteindelijk zouden uitmonden in een rapport van 13.000 pagina's. Maar de conclusie kon in één zin worden samengevat: Speenhamland was een ramp.

De onderzoekers van de zogenoemde Royal Commission hielden het basisinkomen verantwoordelijk voor de bevolkingsexplosie, de dalende lonen, de groeiende immoraliteit, of zeg gerust: de totale verloedering van de Engelse arbeidersklasse. Maar zodra het basisinkomen van de armen werd afgepakt, schreven de onderzoekers, gebeurde het volgende:

1. Hun 'vlijt' werd hersteld;
2. 'zuinigheid' werd 'aangeleerd en versterkt';
3. de 'vraag naar hun arbeid' nam toe;
4. 'de lonen stegen over het algemeen';
5. het aantal 'ondoordachte en ellendige huwelijken' nam af;
6. de 'morele en sociale toestand' verbeterde 'in elk opzicht'.[11]

Het *Royal Commission Report* werd breed verspreid en met grote instemming ontvangen. Lange tijd werd het als een van de belangrijkste documenten in de opkomst van de sociale wetenschappen beschouwd. Het was de eerste keer dat een overheid systematisch data verzamelde voordat ze een moeilijke beslissing nam.

Dertig jaar later veroordeelde zelfs Karl Marx het Speenhamlandsysteem in zijn magnum opus *Das Kapital* (1867), met een verwijzing naar het rapport. Hij zag de steun aan de armen als een truc van werkgevers om de lonen zo laag mogelijk te houden door de kosten naar de gemeenten te verplaatsten. Net als zijn vriend Friedrich Engels zag Marx de oude armenwetten als relikwieën uit een feodaal tijdperk. Alleen een revolutie zou het proletariaat verlossen van de armoede. Een basisinkomen niet.

Zo kreeg de kritiek op Speenhamland een enorme autoriteit – van links tot rechts werd het naar de vuilnisbelt van de geschiedenis verwezen. Tot diep in de twintigste eeuw zouden grote denkers als Jeremy Bentham, Alexis de Tocqueville, John Stuart Mill, Friedrich Hayek en, bovenal, Karl Polanyi het veroordelen.[12] Speenhamland werd het schoolvoorbeeld van een overheidsprogramma dat vol goede bedoelingen was ontwikkeld, maar de weg plaveide naar de hel.

Honderdvijftig jaar later

Toch eindigt het verhaal hier niet.

In de jaren zestig en zeventig van de vorige eeuw namen professionele historici het *Royal Commission Report* nog eens onder de loep. Ze ontdekten dat een groot deel van het boekwerk al was geschreven voordat er überhaupt data waren verzameld. Van de enquêtes die waren rondgestuurd was slechts 10 procent ingevuld. De vragen bleken suggestief, sturend in de richting van antwoorden die van tevoren al vaststonden. Er was vrijwel niemand ondervraagd die zelf steun ontving. Het 'bewijs' kwam vooral van de lokale elite, en dan met name van predikanten, die het erover eens waren dat de armen steeds luier en goddelozer werden.

Zo plaveide een grotendeels verzonnen rapport de weg voor een nieuwe armenwet. 'Chadwick heeft de wet al in zijn hoofd', werd over de secretaris van de commissie, Edwin Chadwick, gezegd. Maar de onderzoekers hadden het wel zo verstandig gevonden om eerst wat bewijs te verzamelen. Gelukkig had Chadwick het 'bewonderenswaardige talent' om ooggetuigen te laten zeggen wat hij wilde, aldus een van zijn collega's, 'net als een Franse kok een uitstekende ragout kan maken van een paar schoenen'.[13]

De onderzoekers deden nauwelijks aan data-analyse. Ze gebruikten wel 'een ingewikkelde structuur van bijlages om meer gewicht aan hun "bevindingen" te geven', zo schrijven twee moderne historici.[14] Het verschil met de experimenten van de jaren zestig en zeventig in Canada en de VS (zie hoofdstuk 2) kan bijna niet groter zijn. Deze onderzoeken waren baanbrekend en van hoge kwaliteit, maar hadden nauwelijks invloed. Het *Royal Commission Report* was broddelwetenschap, maar beïnvloedde 150 jaar later nog het handelen van president Nixon.

Inmiddels weten we dat het Speenhamlandsysteem een succes was. Malthus zat ernaast: de bevolkingsexplosie had vooral met de groeiende vraag naar kinderarbeid te maken. Eeuwenlang zijn kinderen wandelende spaarpotten geweest voor de oude dag. Maar juist als mensen de armoede zijn ontvlucht, krijgen ze minder kinderen; dan leggen ze andere spaarpotten aan.[15]

Ook Ricardo's analyse deugde niet: in het Speenhamlandsysteem bestond de armoedeval niet en mochten loonarbeiders hun uitkering (deels) houden als hun loon steeg.[16] Het basisinkomen veroorzaakte dan ook geen armoede, maar werd juist ingevoerd in de gemeenten waar de armoede al het diepste was.[17] Bovendien was de onrust op het platteland grotendeels het gevolg van het besluit in 1819 om naar de goudstandaard van voor de oorlog terug te keren. Op advies van, jawel, David Ricardo.[18]

Ook Marx en Engels hadden het mis. Er was aardig wat concurrentie tussen landeigenaren bij het werven van goede arbeiders, waardoor de lonen niet zomaar omlaag konden. En belangrijker nog: uit modern historisch onderzoek blijkt dat het Speenhamlandsysteem minder verbreid was dan gedacht. Dorpen waar het systeem niet was ingevoerd, kampten met dezelfde problemen, die veroorzaakt werden door de goudstandaard, de opkomst van de noordelijke industrie en de uitvinding van de dorsmachine. Dit apparaat hielp letterlijk het kaf van het koren te scheiden, wat duizenden banen in rook deed opgaan, de lonen drukte en de kosten van de armenzorg deed stijgen.

Natuurlijk, ondertussen bleef de productiviteit van de landbouw gewoon stijgen, met een derde tussen 1790 en 1830.[19] Er was meer voedsel dan ooit, maar steeds minder Engelsen konden ervoor betalen. Niet omdat ze lui waren, maar omdat ze de race met de machine hadden verloren.

Een gruwelijk stelsel

In 1834 werd het Speenhamlandsysteem definitief overboord gegooid. De opstand van 1830, die zonder het basisinkomen waarschijnlijk eerder was uitgebroken, had het lot van het eerste experiment met gratis geld bezegeld. De armen kregen nu de schuld van hun ellende. Besteedde Engeland aan het begin van de eeuw nog 2 procent van het nationaal inkomen aan de armenzorg, na 1834 was dat nog maar 1 procent.[20]

De nieuwe Poor Law bracht de gruwelijkste vorm van 'sociale zekerheid' die de wereld ooit gezien heeft. De Royal Commission geloofde dat alleen werkhuizen een effectieve remedie tegen luiheid en verloedering waren. De armen werden er gedwongen tot nutteloze slavenarbeid, zoals het breken van stenen of het wandelen op een lopende band. Ondertussen werd er honger geleden. In het plaatsje Andover begonnen gedetineerden zelfs te kauwen op botten die ze geacht werden te vermalen voor de mest.

Bij binnenkomst in een werkhuis werden echtparen uit elkaar gehaald en van hun kinderen gescheiden – om elkaar nooit meer te zien. Vrouwen werden uitgehongerd om te voorkomen dat ze zwanger zouden worden. Charles Dickens werd beroemd met zijn verhalen over deze ellende. 'Alstublieft meneer, ik wil nog een beetje', vraagt de kleine Oliver Twist in het werkhuis waar jongens drie keer per dag dunne pap krijgen, twee keer per week een ui en op zondag een stukje brood. De dreiging van de werkhuizen hielp werkgevers om de lonen zo laag mogelijk te houden.

Ondertussen speelde de mythe van Speenhamland een cruciale

rol in de groei van het geloof in de vrije, zelfregulerende markt. Ze hielp 'de eerste grote blunder van de nieuwe wetenschap der politieke economie te verdoezelen', schrijven twee moderne historici.[21] Pas na de Grote Depressie werd duidelijk hoe kortzichtig Ricardo's obsessie met de goudstandaard was geweest. De perfecte, zelfregulerende markt bleek een illusie.

Het Speenhamlandsysteem daarentegen was een effectieve vorm van armoedebestrijding. Het bood zekerheid in een wereld die razendsnel veranderde. 'In plaats van een remmende werking heeft het waarschijnlijk bijgedragen aan de economische expansie', zo concludeert een latere studie.[22] Simon Szreter, een historicus aan de Universiteit van Cambridge, betoogt zelfs dat de oude armenwetten een cruciale rol speelden in de opkomst van Engeland als wereldmacht. De Poor Law en het Speenhamlandsysteem vergrootten volgens Szreter de inkomenszekerheid en de mobiliteit van landarbeiders, waardoor de Engelse landbouw efficiënter werd dan waar ook.[23]

Een hardnekkige mythe

De klacht komt zo nu en dan weer voorbij: politici zouden te weinig interesse hebben in het verleden. Maar in dit geval was er eerder te veel belangstelling. Anderhalve eeuw na dat fatale rapport deed de mythe van Speenhamland nog steeds de ronde. Toen Nixons wet was gestrand in de Senaat begonnen conservatieve Amerikaanse denkers de verzorgingsstaat te bekritiseren, met argumenten die ook in 1834 naar voren waren gebracht.

In 1981 publiceerde George Gilder de megabestseller *Wealth and Poverty*, waarmee hij de door Reagan meest geciteerde auteur werd. Gilder beschreef armoede als een moreel probleem: een kwestie van luiheid en goddeloosheid. Een paar jaar later verscheen *Losing Ground*, een invloedrijk boek van de conservatieve socioloog Charles Murray, waarin de mythe van Speenhamland nog eens werd gerecycled.[24]

Overheidssteun zou de seksuele moraal en arbeidsethiek van de armen alleen maar ondermijnen.

Het was alsof Townsend en Malthus waren gereïncarneerd. 'Waar je ook arme mensen vindt', merkt een historicus op, 'je zult er altijd niet-arme mensen vinden die theoretiseren over de culturele inferioriteit van de armen.'[25] Zelfs Daniel Patrick Moynihan, de oude adviseur van Nixon, verloor zijn geloof in het basisinkomen toen bekend werd dat het aantal echtscheidingen in het Seattle-experiment was geëxplodeerd (wat later een rekenfoutje bleek te zijn).[26] Ook president Jimmy Carter, die nog even met het idee had gespeeld, liet het toen varen.

Martin Anderson, de volgeling van Ayn Rand, wist dat hij gewonnen had. 'Radicale hervorming van de verzorgingsstaat is een onmogelijke droom', schreef hij triomfantelijk in *The New York Times*.[27] Nu werd het tijd om ook af te rekenen met de oude verzorgingsstaat, net zoals in 1834 was afgerekend met de oude Poor Law. In 1996 was het een Democratische president, Bill Clinton, die een einde maakte 'aan de verzorgingsstaat zoals we die kennen'. Voor het eerst sinds 1935 werd de armenzorg weer een gunst in plaats van een recht. Het nieuwe codewoord was 'eigen verantwoordelijkheid', die er desnoods moest worden ingestampt. De maakbaarheid van de samenleving maakte plaats voor de maakbaarheid van het individu. Er werd zelfs 250 miljoen dollar gereserveerd voor een 'kuisheidstraining' voor alleenstaande moeders.[28] Dominee Malthus kon tevreden zijn.

Een van de weinigen die nog protesteerden was Daniel Patrick Moynihan. Niet omdat hij het oude systeem goed vond werken, maar omdat het beter was dan niets.[29] Moynihan voorspelde dat de armoede onder kinderen zou oplopen als de verzorgingsstaat nog verder zou worden uitgehold. 'Ze moeten zich schamen', zei hij over Clinton en diens regering. 'De geschiedenis zal hen te schande maken.'[30] Inmiddels is de armoede onder Amerikaanse kinderen weer op het niveau van 1964, toen de oorlog tegen de armoede begon, en de carrière van Moynihan.

De lessen van de geschiedenis

Het had zo anders kunnen lopen.

De historicus Brian Steensland van de Universiteit van Princeton heeft nauwgezet onderzoek gedaan naar de opkomst en ondergang van het basisinkomen in de VS. Hij benadrukt dat áls het plan van Nixon was doorgevoerd, de gevolgen enorm groot waren geweest. Overheidssteun zou dan niet langer als het betuttelen van luie uitvreters zijn weggezet. Het eeuwenoude onderscheid tussen de 'eerzame arme' (die niet zonder hulp kan) en de 'oneerzame arme' (die geen steun verdient) zou zijn verdwenen.

Dit onderscheid, dat teruggaat op de Poor Law van koningin Elizabeth, is nog altijd een van de grootste belemmeringen voor een wereld zonder armoede. Met een basisinkomen kunnen we het opheffen. Dan kan de verzorgingsstaat een rechtsstaat worden, met een gegarandeerd minimum voor iedereen.[31] En reken maar dat andere landen waren gevolgd als de Verenigde Staten, het rijkste land ter wereld, die stap zouden hebben gezet.

Maar de geschiedenis nam een andere afslag. De argumenten die eerst werden gebruikt voor het basisinkomen (het oude systeem was inefficiënt, duur en vernederend) werden ineens tegen de verzorgingsstaat ingezet. Juist de schaduw van Speenhamland en de mislukking van het basisinkomen legden de basis voor het sloopwerk van Reagan en Clinton.[32]

Steensland noemt het basisinkomen nu 'ondenkbaar', net als 'het stemrecht voor vrouwen en gelijke rechten voor raciale minderheden' dat ooit waren.[33] Het is moeilijk je voor te stellen dat we ooit af kunnen komen van het dogma dat je moet werken voor je geld. De tijd waarin maar liefst drie Amerikaanse regeringen met precies dát idee speelden, is verdwenen uit het collectieve geheugen.

De controlestaat

George Orwell, een van de grootste auteurs van de twintigste eeuw, leefde jaren in armoede. Hij schreef er een prachtig boekje over: *Down and Out in Paris and London* (1933). 'Het eerste wat je ontdekt is de eigenaardige *laagheid* van armoede', noteerde hij. 'Je dacht dat het simpel zou zijn, maar het is extreem complex. Je dacht dat het verschrikkelijk zou zijn, maar het is slechts miserabel en saai.'

Orwell vertelde over de talloze fouten die hij maakte in zijn armoede. Hij schreef dat hij dagenlang maar gewoon in bed bleef liggen, omdat hij nergens zin in had. Hij wees op de essentie van armoede: 'Het vernietigt de toekomst', omdat alleen het overleven in het hier en nu rest. En hij verwonderde zich erover hoe 'mensen aannemen dat ze het recht hebben tegen je te preken zodra je inkomen onder een bepaald niveau is beland'.

Het zijn woorden die weerklinken tot op de dag van vandaag. In de afgelopen decennia is de verzorgingsstaat steeds meer op een controlestaat gaan lijken. Big Government dwingt een Big Society af met behulp van Big Brother. Rijke landen hebben in de afgelopen jaren massaal ingezet op dit soort 'activerend' beleid, van sollicitatiecursussen tot afval prikken, van praatgroepen tot LinkedIn-trainingen. Al zijn er tien werklozen per vacature, keer op keer wordt de oorzaak aan de aanbodzijde gezocht. Dat wil zeggen: bij de werkloze, die niet genoeg 'werknemersvaardigheden' zou hebben of gewoon beter zijn best zou moeten doen.

Het wonderlijke is dat economen steevast gehakt maken van deze werklozenindustrie.[34] Sommige re-integratietrajecten blijken de werkloosheid zelfs te *verlengen*.[35] Bovendien kost de hulp van de 'klantmanager', die de 'cliënt' naar werk moet begeleiden, vaak meer dan laatstgenoemde aan uitkering ontvangt. En op de lange termijn zijn de kosten van de controlestaat nog veel hoger. Wie de hele week nutteloos werk moet doen, heeft minder tijd voor opvoeding, opleiding en het zoeken naar echt werk.[36]

Stel: een bijstandsmoeder met twee kinderen wordt drie maanden gekort vanwege een gebrek aan 'werknemersvaardigheden'. De overheid bespaart een paar duizend euro, maar de verborgen kosten van kinderen die opgroeien in armoede, die ongezond eten, slechter presteren op school en een groter risico lopen om in aanraking te komen met politie en justitie, zijn daar een veelvoud van.

De conservatieve kritiek op de oude verzorgingsstaat raakt dan ook een gevoelige snaar. Het web aan betuttelende regels houdt mensen vast in armoede. Het *produceert* afhankelijkheid. Voor een werknemer draait alles om het bewijzen van talenten, maar aan het loket van de sociale dienst draait het alleen maar om je gebreken. Keer op keer moet je bewijzen dat je ziekte wel erg genoeg is, je depressie wel zwaar genoeg en je kans op een baan wel klein genoeg – anders word je gekort op je uitkering. Formulier, vergadering, onderzoek, beroep, beoordeling, overleg, nog een formulier – achter iedere hulpvraag zit een peperdure en vernederende machinerie. 'Het walst over privacy en zelfrespect heen op een manier die ondenkbaar is voor iedereen die niet in een uitkering zit', schrijft een medewerker van de Britse sociale dienst. 'Het laat mensen achter in voortdurende angst.'[37]

Dit is geen oorlog tegen armoede, het is een oorlog tegen armen. Talloze mensen aan de onderkant van de maatschappij, ook al hebben ze het talent van George Orwell, worden zo vanzelf wel luie, gefrustreerde of zelfs agressieve profiteurs. Ze worden ervoor opgeleid. Eén ding hebben wij kapitalisten immers gemeen met de oude communisten: een pathologische obsessie met betaald werk. Bijstandsgerechtigden moeten koste wat het kost nutteloze taakjes doen, zoals een kassa in een Sovjet-winkel door drie man tegelijk werd bediend.[38]

Het komt allemaal voort uit een onzinnig onderscheid tussen twee soorten armen. En het gaat terug op een groot misverstand, waar we veertig jaar geleden bijna vanaf waren en waarvan ik hoop dat we het ergens deze eeuw alsnog kunnen lozen. Het misverstand luidt: een leven zonder armoede is een privilege waar je voor moet werken, in plaats van een recht voor iedereen.

Het bbp meet alles, behalve wat het leven de moeite waard maakt.

— Robert F. Kennedy (1925-1968)

5

Nieuwe cijfers voor een nieuwe tijd

Het begon rond kwart voor drie 's middags. Op 10 kilometer diepte beefde de aarde zoals ze al anderhalve eeuw niet meer had gebeefd. 100 kilometer verderop sloegen de seismografen op tilt: een kracht van 9 op de schaal van Richter. Minder dan een halfuur later raasden de eerste golven over Japan. Ze bereikten hoogtes van 10, 15, soms wel 20 meter. In een paar uur tijd werd maar liefst 400 vierkante kilometer land bedolven onder water, modder en gruis. Bijna 20.000 mensen kwamen om in het natuurgeweld.

'JAPANSE ECONOMIE IN VRIJE VAL', kopte de Britse krant *The Guardian* kort na de ramp.[1] Een paar maanden later becijferde de Wereldbank de schade op 235 miljard dollar, een bedrag zo groot als het bbp van Griekenland. De zeebeving van Sendai, op 11 maart 2011, ging de geschiedenis in als de duurste ramp ooit.

En toch is dat niet het hele verhaal. Al op de dag van de ramp voorspelde de Amerikaanse econoom Larry Summers dat de Japanse economie er, ironisch genoeg, van zou opknappen. Natuurlijk, op korte termijn zou de productie inzakken. Maar na een paar maanden zou de wederopbouw leiden tot meer vraag, werkgelegenheid en consumptie.

Larry Summers kreeg gelijk.

Na een kleine krimp in 2011 groeide de Japanse economie in 2012 met 2 procent. Een jaar later ging het nog beter. Japan was onderhevig aan een oude economische wet: rampen zijn zo gek nog niet, voor het bbp althans. Zo kwamen de Verenigde Staten pas echt uit de crisis van de jaren dertig toen de grootste ramp van de vorige eeuw aanving: de Tweede Wereldoorlog.

Of neem de Nederlandse watersnoodramp van 1953, toen bijna tweeduizend mensen verdronken. Het betekende een geweldige impuls voor de economie. Aan het begin van de jaren vijftig zat de Nederlandse industrie nog in het slop, maar nadat grote delen van Zeeland waren overspoeld, steeg de groei van 2 naar 8 procent per jaar. 'We trokken ons aan de eigen haren uit de overstroomde Zeeuwse klei', merkt een historicus op.[2]

Wat gezien wordt

Moeten we dan niet dagelijks een dijk doorsteken? Een wijk in puin schieten? Een fabriek opblazen?

Hartstikke goed voor de werkgelegenheid. Geweldig voor de economie.

Toch zou de filosoof Frédéric Bastiat het er niet mee eens zijn geweest. In 1850 schreef hij een essay met de titel *Ce qu'on voit et ce qu'on ne voit pas*, oftewel: wat je ziet en wat je niet ziet.[3] Op het eerste gezicht lijkt het een prima idee om een ruitje in te trappen. 'Stel dat het zes franc kost om de schade te repareren', redeneerde Bastiat. 'En stel dat het de handel bevordert met zes franc – ik geef het toe; ik heb er geen woord tegen in te brengen, je redeneert correct. De glazenmaker komt, doet zijn werk, ontvangt zes franc, wrijft in zijn handen...' *Ce qu'on voit.*

Maar die theorie houdt geen rekening met wat we niet zien, realiseerde Bastiat zich. Stel dat de minister van Justitie rapporteert: 'Dames en heren, er is 15 procent extra activiteit op straat geregistreerd.' Dan zou je toch willen weten waar het over gaat. Wildplassen of buurtbarbecues? Kermisacts of straatovervallen? Wat is de *aard* van al die activiteiten?

Dat is nu precies wat onze heilige maatstaf van de vooruitgang, het bbp, niet meet. *Ce qu'on ne voit pas.*

Wat niet gezien wordt

Want wat is het eigenlijk?

Simpel: het bbp is de optelsom van alle goederen en diensten die in een land worden geproduceerd, gecorrigeerd voor seizoensverschillen, inflatie en soms ook koopkracht.

Dan zie je een boel over het hoofd, zou Bastiat zeggen. Vrijwilligerswerk, schone lucht, het gratis plakje worst bij de slager – het bbp wordt er niet groter van. Als een zakenvrouw met haar schoonmaker trouwt, krimpt het bbp – haar vent doet zijn werk voortaan als huisman. Of neem Wikipedia, waar mensen niet in geld, maar in tijd voor betalen. Het heeft de oude *Encyclopædia Britannica* weggevaagd, met alle gevolgen voor het bbp.

Sommige landen nemen wel een schatting mee van hun schaduweconomie. Zo groeide het Griekse bbp in 2006 ineens met 25 procent, toen statistici de zwarte markt hadden ontdekt. Het stelde het land in staat om nog een paar flinke leningen af te sluiten, net voor de financiële crisis uitbrak. Italië rekende de zwarte markt al langer mee, sinds 1987, toen de economie in één klap met 20 procent groeide. 'Een golf van euforie kwam over de Italianen nadat economen hun statistieken hadden herzien', schreef *The New York Times*, 'waarmee voor het eerst de grote ondergrondse economie van belastingontwijkers en illegale arbeiders werd meegeteld.'[4]

En dan is er nog alle arbeid die zelfs niet binnen de zwarte economie valt: vrijwilligerswerk, opvoeding, koken – opgeteld is dat meer dan de helft van al ons werk. We kunnen het uitbesteden aan een schoonmaker of oppas, en dan zou het bijdragen aan het bbp, maar veel ervan doen we zelf. De economie zou anderhalf tot twee keer zo groot zijn als we al het onbetaalde werk meerekenden.[5] 'Over het algemeen hebben officiële statistiekbureaus hier nooit moeite voor gedaan', schrijft de econome Diane Coyle. 'Misschien omdat onbetaald werk vooral werd uitgevoerd door vrouwen.'[6]

In dat kader: alleen de Denen hebben ooit een poging gedaan om de waarde van borstvoeding op te nemen in het bbp. En dat is geen kattenpis: in de vs wordt de potentiële bijdrage van moedermelk op maar liefst 110 miljard dollar per jaar geschat.[7] Dat is evenveel als het militaire budget van China.[8]

Ondertussen wordt ook de groei van onze kennis slecht meegerekend in het bbp. Computers, camera's en telefoons zijn slimmer, sneller en mooier dan ooit. Maar ook goedkoper – en dus tellen ze nauwelijks mee.[9] Dertig jaar geleden kostte een gigabyte dataopslag nog 300.000 dollar, nu minder dan tien cent.[10] Het zal het bbp worst wezen. De ontwikkeling van gratis producten kan de economie zelfs doen krimpen (denk aan de beldienst Skype, die telefoonbedrijven een fortuin heeft gekost). Iemand met een mobieltje in Afrika heeft nu toegang tot meer informatie dan president Clinton in de jaren negentig. Toch maakt de informatiesector nog een even groot deel uit van de economie als vijfentwintig jaar geleden, toen het internet er nog niet was.[11]

Het bbp is niet alleen blind voor veel goede dingen, het rekent ook ellende mee alsof het de wereld verbetert. Files, drugsmisbruik, vreemdgaan – het zijn goudmijntjes voor tankstations, afkickklinieken en echtscheidingsadvocaten. De grootste held van het bbp is een gokverslaafde kankerpatiënt die net is beroofd, door een dure scheiding gaat, zich iedere dag volpropt met ritalin en prozac en volledig op hol slaat tijdens de uitverkoop. Milieuvervuiling draagt zelfs dubbel bij: als de troep wordt achtergelaten en als hij weer moet worden opgeruimd. Een eeuwenoude boom telt pas mee als je hem omhakt, in stukjes zaagt en verkoopt.[12]

Zo is het land met het grootste bbp per hoofd van de bevolking, de Verenigde Staten, topscorer als het om sociale ellende gaat. Geestesziektes, obesitas, vervuiling en misdaad: het bbp vindt het allemaal prachtig. 'Volgens het bbp zijn de gezinnen die daadwerkelijk als gezinnen functioneren de slechtste gezinnen', merkt de schrijver Jonathan Rowe op.[13] 'Zij koken hun eigen maaltijden, maken een wandelingetje na het eten en praten met elkaar in plaats van dat ze hun kinderen overgeven aan de commercie.'

Het bbp is ook blind voor ongelijkheid, die in de meeste rijke landen groeit, en blind voor schulden, wat leven op de pof wel heel verleidelijk maakt. In het laatste kwartaal van 2008, toen het mondiale financiële systeem bijna implodeerde, groeiden de Britse banken sneller dan ooit. Volgens het bbp waren ze op het hoogtepunt van de crisis goed voor 9 procent van de Engelse economie – bijna evenveel als de hele maaksector. En dat terwijl in de jaren vijftig hun bijdrage nog vrijwel nihil was.

De groei van het bankwezen

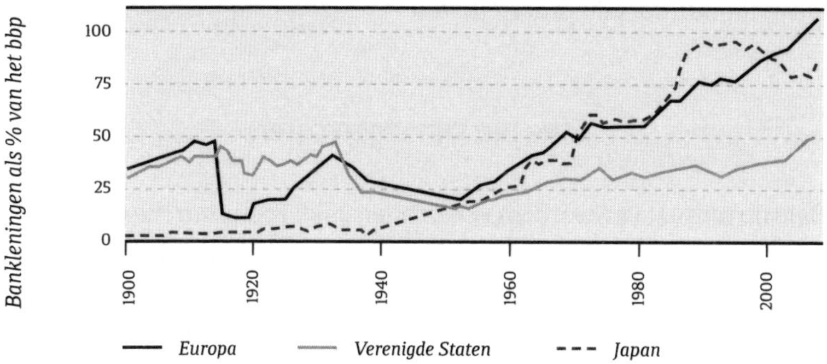

Het gaat hier om leningen aan huishoudens en bedrijven buiten de financiële sector. 'Europa' is een gemiddelde van Denemarken, Duitsland, Spanje, Frankrijk, Nederland, Italië, Zweden en Engeland.

Bron: Schularick en Taylor (2012)

Statistici hadden begin jaren zeventig besloten om de 'productiviteit' van banken te meten in termen van de hoeveelheid risico die ze nemen. Hoe meer risico, hoe groter de bijdrage aan het bbp.[14] Niet zo gek dus, dat banken steeds meer zijn gaan lenen, daarbij aangemoedigd door politici die ervan overtuigd waren geraakt dat de financiële sector evenveel bijdraagt als de hele industrie. 'Als het bankwezen van het bbp was afgetrokken in plaats van erbij opgeteld', schreef *The Financial Times* recent, 'dan zou de financiële crisis misschien nooit hebben plaatsgevonden.'[15]

De CEO die roekeloos hypotheken en derivaten verpatst om miljoenen aan bonussen op te strijken, draagt nu meer bij aan het bbp dan een klas vol geschiedenisleraren of een fabriek vol automonteurs. We leven in een wereld waarin het de regel lijkt dat hoe belangrijker je werk is (schoonmaken, verplegen, lesgeven), hoe minder je bijdraagt aan het bbp. Nobelprijswinnaar James Tobin schreef het al in 1984: 'We stoppen steeds meer van onze rijkdom, inclusief de crème de la crème van onze jeugd, in financiële activiteiten die ver verwijderd staan van de productie van goederen en diensten.' Het zijn activiteiten die 'hoge private opbrengsten genereren', maar 'niet in verhouding staan tot hun sociale productiviteit'.[16]

Elke tijd zijn eigen cijfers

Begrijp me niet verkeerd: in veel landen gaan economische groei, welzijn en gezondheid nog hand in hand – daar zijn nog magen te vullen en huizen te bouwen. Het is het voorrecht van de rijken om te denken dat geld niet zo belangrijk is. Voor de meeste wereldbewoners is er weinig van groter belang. 'Er is maar één klasse die nog meer aan geld denkt dan de rijken', schreef Oscar Wilde al. 'En dat zijn de armen.'[17]

Maar wij behoren tot de eerste categorie. De inwoners van Luilekkerland zijn aan het einde van een lange, historische reis gekomen: de economische groei, als motor van vooruitgang, is opgebrand. Al dertig jaar levert groei nauwelijks extra welzijn op. Soms doet het er zelfs aan af. Wij zijn de eerste generatie die andere manieren, en andere cijfers, moet zoeken om de kwaliteit van ons leven te verbeteren.

Het bbp is een van de grootste mythes van onze tijd. Waar politici ook over ruziën, over één ding zijn ze het eens: het bbp moet groeien. Groei is goed. Het is goed voor de werkgelegenheid, goed voor de koopkracht en goed voor de overheid, die dan nog meer uit kan geven.

De moderne journalistiek is bijna ondenkbaar zonder het bbp. Om de zoveel tijd publiceren de statistici ons groeicijfer: het ultieme rapport voor iedere regering. Een bbp dat krimpt betekent recessie, een bbp dat blijft krimpen mondt uit in depressie, of erger nog: crisis.

Eigenlijk biedt het alles wat journalisten willen: een hard cijfer, regelmaat, de mogelijkheid experts aan het woord te laten. En het belangrijkste: het bbp biedt een moraal. Hoe presteert de regering? Hoe gaat het met ons land? Wordt het leven er nog een beetje beter op? Wees gerust, er zijn weer nieuwe cijfers. Het bbp geeft het antwoord.

En dan te bedenken dat het tachtig jaar geleden nog niet eens bestond.

Natuurlijk, de fascinatie voor het meten van rijkdom is oud. Die gaat terug tot de pruikentijd. De economen van toen, de zogenoemde 'fysiocraten', geloofden dat al het goede van het land kwam. En dus hielden ze zich vooral bezig met de opbrengst van de oogst. De Engelsman William Petty presenteerde in 1665 als eerste een schatting van wat hij het 'nationaal inkomen' noemde. Hij wilde weten hoeveel belasting Engeland maximaal zou kunnen opbrengen – en hoelang de oorlog met Holland nog betaalbaar was. In tegenstelling tot de fysiocraten dacht Petty dat ware rijkdom niet van het land, maar van de lonen kwam. Hij vond dan ook dat die zwaarder belast moesten worden (niet toevallig was Petty zelf een rijke landeigenaar).

Een andere schatting kwam van de Britse politicus Charles Davenant, die al in de titel van zijn artikel uit 1695 duidelijk maakte waar het hem om ging: 'De manieren en middelen om voor de oorlog te betalen.' Dit soort berekeningen gaven Engeland een flink voordeel in de strijd tegen Frankrijk. Pas aan het einde van de achttiende eeuw kreeg ook de Franse koning toegang tot fatsoenlijke economische statistiek (het woord 'statistiek' komt niet toevallig van het woord 'staat'). In 1781 gaf de minister van Financiën Jacques Necker zijn *'Compte rendu au roi'*, de financiële samenvatting voor de koning, aan Lodewijk XVI, die toen al bijna failliet was. Het document stelde de koning in staat nog een paar nieuwe leningen af te sluiten, maar het was te laat om de revolutie van 1789 te voorkomen.

De betekenis van het woord 'nationaal inkomen' heeft nooit vastgestaan. Ze hangt altijd van de laatste intellectuele mode af, en van de behoeften van het moment. Iedere tijd heeft zijn eigen eigenaardige ideeën over wat een land echt rijk maakt. Neem Adam Smith, de vader van de moderne economie, die geloofde dat niet alleen de landbouw, maar ook de maakindustrie bijdroeg aan de welvaart van een land. De hele diensteneconomie – van entertainers tot masseurs en van advocaten tot consultants (ongeveer twee derde van de moderne economie dus) – vond Smith nog 'van geen enkele waarde'.[18]

Maar terwijl de geldstromen verschoven van boerderij naar fabriek en van lopende band naar kantoor, veranderden de cijfers mee. Alfred Marshall (1842-1924) was de eerste econoom die vond dat het niet om de *aard*, maar om de *prijs* van een product gaat. Films met Jan Smit in de hoofdrol, Lidl-bier of een avondje Veldhuis en Kemper kunnen volgens de theorie van Marshall allemaal bijdragen aan de welvaart van een land. Als er maar een prijskaartje aan hangt.

Toch stond Herbert Hoover, president van de Verenigde Staten, tachtig jaar geleden nog voor een onmogelijke opgave. Hij moest de Grote Depressie bestrijden met behulp van een ratjetoe aan cijfers: de beurskoersen, de prijs van ijzer en het volume van het vrachtwagenvervoer. Zijn belangrijkste cijfer was de 'hoogovenindex' – een rommelig ding dat aan moest geven hoe groot de productie van de staalindustrie was.

Als je president Hoover had gevraagd hoe het met 'de economie' ging, dan zou hij je vreemd hebben aangekeken. Niet alleen omdat hij de cijfers miste, maar ook omdat hij geen idee had wat wij nu met 'economie' bedoelen. 'Economie' is geen ding, het is een idee. En dus moest het worden uitgevonden.

In 1931 riep het Amerikaanse Congres de belangrijkste statistici van het land bijeen. Ze bleken niet eens de meest basale vragen over de toestand van het land te kunnen beantwoorden. De laatste betrouwbare cijfers dateerden van 1929. Dat er iets grondig mis was, daar waren de meeste wetenschappers het wel over eens. Er verschenen steeds meer daklozen op straat en aan de lopende band gingen er bedrijven failliet. Maar hoe groot het probleem werkelijk was? Niemand die het wist.

President Hoover had een paar maanden eerder nog wat ambtenaren van het ministerie van Handel eropuit gestuurd om het land door te trekken en rapporten te schrijven. Zij kwamen terug met voornamelijk anekdotisch bewijsmateriaal dat onderschreef wat Hoover toch al dacht: het economisch herstel kon ieder moment beginnen. Maar het Congres was niet gerustgesteld. In 1932 zette het een briljante Russische professor aan het werk. De jonge Simon Kuznets moest een antwoord geven op een simpele vraag: hoeveel spullen kunnen we produceren?

In de jaren die volgden legde Kuznets het fundament voor wat later het bbp werd. Zijn eerste berekeningen veroorzaakten een golf van opwinding. Het rapport dat hij aan het Congres presenteerde werd – met een bijdrage aan het bbp van twintig cent per stuk – een nationale bestseller. Al snel kon je de radio niet aanzetten of iemand had het over het 'nationaal inkomen' of 'de economie'.

Het belang van het bbp valt moeilijk te overschatten. Volgens sommige historici was de uitvinding van de economie nog belangrijker dan de uitvinding van de atoombom. Het bbp bleek een geweldige maatstaf voor de kracht van een land in oorlog. 'Alleen zij die een persoonlijk aandeel hadden in de mobilisatie voor de Eerste Wereldoorlog zullen zich realiseren hoezeer de schattingen van het nationaal inkomen hielpen bij de krachtinspanning van de Tweede Wereldoorlog', schreef Wesley C. Mitchell, directeur van het Amerikaanse Bureau voor Economisch Onderzoek, kort na de oorlog.[19]

Cijfers kunnen het verschil maken tussen leven en dood. In zijn essay 'Hoe de oorlog te bekostigen' uit 1940 beklaagde de econoom John Maynard Keynes zich nog over de gebrekkige Britse statistieken. Ook Hitler miste de cijfers om de Duitse economie helemaal op stoom te krijgen. Pas in 1944, toen de Russen oprukten in het oosten en de geallieerden landden in het westen, bereikte de Duitse economie haar hoogste productiekracht.[20]

Het Amerikaanse bbp had toen al gezegevierd. Kuznets kreeg er in 1971 de Nobelprijs voor.

De ultieme maatstaf

Vanuit de ruïnes van depressie en oorlog rees het bbp op als de ultieme maatstaf van de vooruitgang. De glazen bol van de natie, het cijfer dat afrekende met alle andere cijfers. En dit keer niet om een oorlog te winnen, maar om de consumptiemaatschappij te grondvesten. 'Zoals een satelliet in de ruimte het weer van een heel continent kan laten zien, zo geeft het bbp een beeld van de totale staat van de economie', schreef de econoom Paul Samuelson in het handboek *Economics* (het bestverkochte economische leerboek ooit). 'Zonder het bbp zouden beleidsmakers dobberen in een zee van ongeorganiseerde data', vervolgde hij. 'Het bbp is als een baken dat helpt de economie naar de belangrijkste economische doelen te leiden.'[21]

Aan het begin van de twintigste eeuw had de Amerikaanse overheid maar één econoom in dienst. Dat was een 'economisch ornitholoog' – iemand die vogels bestudeerde. Maar nog geen veertig jaar later had het Nationale Bureau van Economisch Onderzoek wel vijfduizend 'economen' op de loonlijst staan, onder wie Simon Kuznets en Milton Friedman. Zij zouden twee van de invloedrijkste denkers van de twintigste eeuw worden.[22] Over de hele wereld gingen economen een dominante rol spelen in de politiek. Meestal werden ze opgeleid in het land waar het bbp was geboren: de Verenigde Staten. Daar werd een nieuwe, wetenschappelijke vorm van economie beoefend, met modellen, sommen en cijfers. Heel veel cijfers.

Het was een totaal andere vorm van economie dan denkers als John Maynard Keynes en Friedrich Hayek hadden geleerd toen zij jong waren. Wie het rond 1900 over 'de economie' had, bedoelde meestal gewoon 'de samenleving'. Maar in de jaren vijftig kwam er een nieuwe generatie van technocraten die zei te weten hoe je 'de economie' kon laten 'groeien'. Dat was een doelstelling die ze zelf hadden uitgevonden.

Vóór de uitvinding van het bbp werden economen nauwelijks door journalisten geciteerd. Maar na de oorlog waren ze niet meer weg te slaan uit de krantenkolommen. Zij konden wat niemand anders kon: de werkelijkheid beheersen, de toekomst voorspellen.

De opmars van het bnp en het bbp in Engelse boeken, 1930-2008

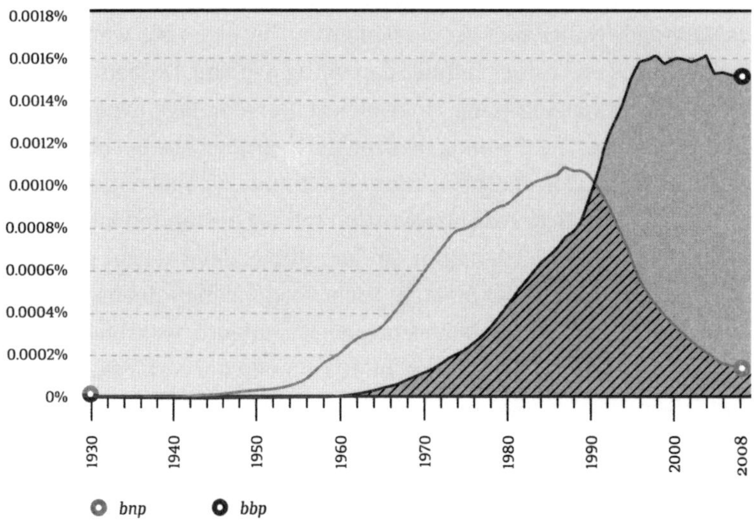

Aanvankelijk werd het bruto nationaal product (bnp) als maatstaf gebruikt. Pas in de loop van de jaren zeventig werd dat het bbp. Het bnp telt alle economische activiteit van een land (ook in het buitenland); het bbp telt alle activiteit binnen een land (ook die van buitenlandse ondernemingen). Voor een land als de VS is er hoogstens een paar procent verschil tussen het bbp en het bnp. Maar in een belastingparadijs ligt dat anders. Neem Ierland: in 1980 waren het bbp en het bnp hier nog ongeveer hetzelfde, maar in 2009 was het bnp een vijfde kleiner dan het bbp. De verklaring: in het bbp worden nu miljarden aan buitenlandse geldstromen opgenomen.

Bron: Google Ngram

De economie werd steeds meer als een machine gezien, met hendels waaraan politici konden trekken om de 'groei' te bevorderen. De uitvinder en econoom Bill Phillips bouwde in 1949 zelfs een echte machine van plastic tanks en pijpen, die de economie moest voorstellen. Er stroomde water doorheen, waarmee Phillips de inkomstenstroom van de overheid wilde simuleren.

'Het eerste wat je doet in de jaren vijftig of zestig als je een nieuw land bent', schrijft een historicus, 'is een nationale vliegmaatschappij oprichten, een nationaal leger in het leven roepen en je bbp berekenen.'[23] Dat laatste werd steeds ingewikkelder. De eerste handleiding van de Verenigde Naties voor het berekenen van het eigen bbp werd in 1953 gepubliceerd en besloeg minder dan vijftig pagina's. De laatste versie, uit 2008, is 722 pagina's lang. Hoewel het cijfer alomtegenwoordig is in de media, zijn er maar weinig mensen die begrijpen hoe het bbp wordt geconstrueerd. Ook veel professionele economen hebben geen idee.[24]

Om het bbp te berekenen worden talloze bestanden aan elkaar gekoppeld en honderden door en door subjectieve keuzes gemaakt over wat wel en wat niet meetelt. Toch wordt het bbp steeds weer als een product van harde wetenschap gepresenteerd, waarbij een procentje meer of minder het verschil tussen een herverkiezing of een politieke nederlaag kan betekenen. Maar die schijnbare precisie is een illusie. Het bbp is geen ding dat erop wacht 'gemeten' te worden. Wie het bbp meet, meet een idee.

Een groot idee – dat moet worden gezegd. Niemand kan ontkennen dat het bbp geweldig was tijdens de oorlog. Toen de vijand voor de poort stond, draaide alles om productie: zo veel mogelijk tanks, vliegtuigen, bommen en granaten. In oorlogstijd is het prima om van de toekomst te lenen. In oorlogstijd is het verstandig om het milieu te vervuilen en schulden te maken. In oorlogstijd is het een goed idee om je gezin te verwaarlozen, kinderen achter de lopende band te zetten, je vrije tijd op te offeren en alles wat het leven de moeite waard maakt te vergeten.

En het bbp helpt daar als niets anders bij.

Alternatieven

Maar het punt is: de oorlog is voorbij. Onze maatstaf van vooruitgang is bedacht voor een andere tijd, met andere problemen. Onze statistiek omvat de vorm van onze economie niet meer. En dat is geen kleinigheidje. Iedere tijd heeft zijn eigen cijfers nodig. In de achttiende eeuw ging het nog om de omvang van de oogst. In de negentiende eeuw was het de lengte van het spoor, het aantal fabrieken en de kolenexport. In de twintigste eeuw ging het om de industriële massaproductie, met de natiestaat als belangrijkste eenheid.

Maar nu valt onze welvaart niet meer in simpele dollars of euro's te vatten. Van zorg tot onderwijs, van de journalistiek tot de financiële sector – nog altijd zijn we op 'efficiency' en 'rendement' gefixeerd, alsof de samenleving één grote lopende band is. Maar juist in een diensteneconomie werken simpele, kwantitatieve targets niet meer. 'Het bbp meet alles, behalve wat het leven de moeite waard maakt', zei Robert F. Kennedy ooit.[25]

We zijn toe aan nieuwe cijfers.

Al in 1972 opperde de vierde Drakenkoning van Bhutan om voortaan het 'bruto nationaal geluk' te meten. Het bbp hield volgens hem geen rekening met cruciale culturele aspecten ('Kent u de traditionele dansen?'). Toch lijkt het becijferen van geluk even kortzichtig en arbitrair als het bbp. Je kunt immers ook gelukkig zijn als je onder de drugs zit – *ce qu'on ne voit pas*. En horen tegenslag, rouw en verdriet niet ook bij een goed leven? 'Liever een ongelukkige Socrates dan een gelukkig zwijn', schreef de filosoof John Stuart Mill eens.

Sterker nog: zonder een fikse dosis chagrijn, frustratie en onbehagen komen we niet eens vooruit. In Luilekkerland wordt iedereen geacht gelukkig te zijn, maar dat leidt vooral tot apathie. Als vrouwen nooit in opstand waren gekomen, dan hadden ze ook nooit het stemrecht verworven. Als Afro-Amerikanen nooit in opstand waren gekomen, dan leefden ze nog steeds in slavernij. Als we ons onbehagen willen sussen met een fixatie op het bruto nationaal geluk, dan betekent dat het einde van de vooruitgang. 'Onbehagen is de eerste stap in de vooruitgang van een mens of een natie', schreef Oscar Wilde.

Twee andere opties dan: de Genuine Progress Indicator (GPI) of de Index of Sustainable Economic Welfare (ISEW), die ook vervuiling, misdaad, ongelijkheid en vrijwilligerswerk meerekenen. In West-Europa groeide de GPI veel minder snel dan het bbp; in de VS is de GPI er sinds de jaren zeventig zelfs op achteruitgegaan. Of neem de Happy

Planet Index, die de ecologische voetafdruk meeneemt. In dit ranglijstje staan de rijkste landen in de middenmoot en bungelt de VS ergens onderaan.

Maar toch, ook over deze cijfers ben ik sceptisch.

Bhutan doet het geweldig in zijn eigen index, die de dictatuur van de Drakenkoning en de etnische zuivering van de Lhotshampa niet meerekent. Het communistische Oost-Duitsland had een 'bruto sociaal product' dat jaar na jaar bleef stijgen ondanks de immense sociale, ecologische en economische schade die werd aangericht. En bedenk dat de GPI en ISEW wel de negatieve aspecten van het bbp corrigeren, maar de enorme technologische vooruitgang van de afgelopen decennia straal negeren. Beide maatstaven laten zien dat het niet zo best gaat met de wereld. Maar dat is ook de bedoeling – dat is precies de manier waarop ze geconstrueerd zijn.

Steeds blijkt dat simpele ranglijstjes meer verhullen dan ze laten zien. Misschien is het een goede zaak als een land hoog scoort op de Human Development Index van de Verenigde Naties of de Better Life Index van de Organisatie voor Economische Samenwerking en Ontwikkeling (OESO). *Maar niet zolang we niet weten wat er gemeten wordt.* Eén ding is zeker: terwijl we rijker worden, wordt het moeilijker onze rijkdom te meten. Het is de paradox van dit informatietijdperk: we geven steeds meer geld uit aan activiteiten waarvan de kwaliteit niet of nauwelijks in cijfers te vatten is.

Waarom de overheid blijft groeien

Het heeft alles met Mozart te maken.

Toen de beste man in 1782 zijn veertiende strijkkwartet in G-majeur (KV 387) componeerde, waren er vier mensen nodig om het uit te voeren. En nu, 250 jaar later, zijn het er nog steeds vier.[26] Wie de productiviteit van zijn viool wil opvoeren, kan hoogstens ieder jaar iets sneller gaan spelen. Of anders gezegd: sommige zaken, zoals muziek, zijn niet zomaar efficiënter te maken. Terwijl we een koffiezetapparaat steeds sneller en goedkoper kunnen produceren, kun je een ober hoogstens harder laten rennen.

Sinds Mozart is dit dilemma alleen maar groter geworden. Want hoewel de productiviteit van een strijkkwartet nog even hoog is als in 1782, zijn de lonen voor musici toch enorm gestegen. Dat moest wel: niemand zou nog aan het conservatorium beginnen als hij hetzelfde loon zou krijgen als twee eeuwen terug. Concerten zijn dan ook een stuk duurder geworden ten opzichte van andere producten.

Zo is het ook niet meer dan logisch dat we, in de race met de machine, steeds meer zijn gaan uitgeven aan arbeidsintensieve diensten als kunst, zorg, onderwijs en veiligheid. Juist landen als Denemarken, Zweden en Finland – landen die hoog scoren op de welzijnsranglijstjes – hebben een grote publieke sector. De overheid betaalt hier voor veel van de diensten waarvan de productiviteit moeilijk kan stijgen. In tegenstelling tot de productie van een koelkast of een auto kan een geschiedenisles of een ziekenhuisbezoek niet zomaar 'efficiënter' worden gemaakt.[27]

En dus slokt de overheid een steeds groter deel van de economische koek op. Het is een fenomeen dat al in de jaren zestig van de vorige eeuw werd ontdekt door William Baumol, een Amerikaanse econoom. Inmiddels spreken we van 'de ziekte van Baumol'. Dat wil zeggen: de prijzen binnen arbeidsintensieve sectoren als zorg en onderwijs stijgen een stuk sneller dan de prijzen in die sectoren waar machines het meeste werk doen, en dus veel meer geautomatiseerd kan worden.

Maar wacht even.

Misschien kunnen we beter van een zegen spreken, in plaats van een ziekte. Want naarmate fabrieken en computers sneller en efficiënter worden, kunnen we het ons permitteren onze zorg en ons onderwijs steeds mínder efficiënt in te richten. Dat wil zeggen: om onze zieken en ouderen meer aandacht te geven en ons onderwijs kleinschaliger te organiseren. Mooi toch? De grootste bedreiging voor dit toekomstbeeld is, aldus Baumol, 'de illusie dat de samenleving er niet voor kan betalen'.

Het is een hardnekkige illusie. Wie geobsedeerd is door efficiëntie en productiviteit, zal het altijd moeilijk vinden om onderwijs en zorg op waarde te schatten. Veel politici, en belastingbetalers, zien daarin slechts kostenposten. Ze realiseren zich niet dat een rijk land per definitie steeds méér zou moeten besteden aan dokters, onderwijzers, politieagenten en schoonmakers. Ze beschouwen die stijging niet als een zegen, maar als een ziekte.

Toch kunnen we er, in de race met de machine, op rekenen dat zorg en onderwijs nog duurder worden, tenzij we onze scholen en ziekenhuizen ook als fabrieken willen runnen. Producten als koelkasten en auto's worden daarentegen juist *te goedkoop*. Want wie alleen naar de prijs van een product kijkt, rekent lang niet alle kosten mee. Zo schat een Britse denktank dat een reclameman zeven pond aan waarde vernietigt (in termen van stress, overconsumptie, vervuiling en schulden) voor iedere pond die hij verdient. Voor hetzelfde geld creëert een vuilnisman twaalf pond aan waarde (in termen van gezondheid en duurzaamheid).[28]

Juist de overheid levert veel diensten met verborgen baten, terwijl de private sector vol zit met verborgen kosten. 'We kunnen het ons veroorloven om voor de diensten te betalen die we nodig hebben – met name zorg en onderwijs', schrijft Baumol. 'Maar waar we wellicht niet voor kunnen betalen zijn de gevolgen van de dalende kosten.'

Je kunt zeggen: ach, externaliteiten kun je niet zomaar becijferen, die berekeningen zitten vol met subjectieve aannames. Maar dat is het punt ook. 'Waarde' en 'productiviteit' zijn niet zomaar in objectieve cijfers te vatten, ook al doen we net alsof. 'We delen veel diploma's uit, dus we geven goed onderwijs' – 'onze dokters zijn doelmatig en efficiënt, dus we leveren goede zorg' – 'we publiceren veel, dus we zijn een excellente universiteit' – 'we hebben hoge kijkcijfers, dus we maken geweldige televisie' – 'de economie groeit, dus het gaat goed met ons land'.

De targets van onze prestatiesamenleving zijn vaak even absurd als de vijfjarenplannen van de vroegere Sovjet-Unie. Als politiek wordt uitbesteed aan productiecijfers, dan verwordt het goede leven tot een spreadsheet. 'Productiviteit is iets voor robots', merkt de schrijver Kevin Kelly op. 'Mensen excelleren in het verspillen van tijd, het experimenteren, spelen, creëren en ontdekken.'[29] Maar sturen op getallen is het enige wat rest in een land dat niet weet waar het naartoe wil.

Het is het enige wat rest in een land zonder utopie.

Een dashboard van vooruitgang

'Leugens, grove leugens en statistiek', schamperde een Britse premier eens. Toch wil ik vasthouden aan dat oude principe van de Verlichting: we moeten onze beslissingen nemen op basis van zo betrouwbaar mogelijke informatie en cijfers.

Het bbp kwam tot stand in een periode van diepe crisis en gaf een antwoord op de grote uitdagingen van de jaren dertig. Zo zal ook onze crisis, die van werkloosheid, depressie en klimaatverandering, aanleiding moeten zijn om naar nieuwe cijfers te zoeken. We hebben een *dashboard* nodig met allerlei indicatoren die meten wat het leven de moeite waard maakt: geld en groei, natuurlijk, maar ook vrijwilligerswerk, werkgelegenheid, kennis en solidariteit. Vooral het meten van tijd – hét schaarse goed van deze eeuw – is cruciaal.

'Zo'n dashboard kan nooit objectief zijn', klinkt het dan. En zo is het. Neutrale cijfers bestaan niet. Achter iedere statistiek zitten aannames en oordelen. En belangrijker nog: cijfers sturen ons handelen. Dat geldt voor het bbp, maar evengoed voor de Human Development of de Happy Planet Index. We hebben nieuwe cijfers nodig – juist omdat we anders moeten gaan handelen.

Tachtig jaar geleden waarschuwde Simon Kuznets er nog voor. 'De welvaart van een natie kan nauwelijks worden begrepen aan de hand van een meting van het nationaal inkomen', schreef hij aan het Amerikaanse Congres. 'Zulke metingen zijn onderhevig aan illusies en misbruik, omdat ze over dingen gaan die centraal staan in de conflicten tussen sociale groepen, waarbij de effectiviteit van een argument afhankelijk is van oversimplificatie.'[30]

De uitvinder van het bbp pleitte ervoor om de uitgaven voor het leger, de reclame en de financiële industrie niet mee te rekenen.[31] Maar hij trok aan het kortste eind. Na de oorlog begon Kuznets zich steeds meer zorgen te maken over het monster dat hij had geschapen. 'We moeten onderscheid maken tussen de kwantiteit en de kwaliteit van de groei', schreef hij in 1962. 'Tussen kosten en baten, tussen de korte en de lange termijn. Ieder streven naar "meer groei" zou moeten specificeren wat voor groei, en waarvoor.'[32]

Nu is het aan ons, inwoners van Luilekkerland, om deze oude vragen opnieuw te stellen. Wat is groei? Wat is vooruitgang? Of nog fundamenteler: wat maakt het leven echt de moeite waard?

De kunst om je vrije tijd intelligent te besteden
is het toppunt van beschaving.

— **Bertrand Russell** (1872-1970)

6

Een werkweek van vijftien uur

Als je de grootste econoom van de twintigste eeuw had gevraagd wat de grootste uitdaging van de eenentwintigste eeuw zou worden, dan had hij niet lang getwijfeld.

Vrije tijd.

In de zomer van 1930, aan het begin van de Grote Depressie, gaf de Britse econoom John Maynard Keynes een lezing in Madrid. Hij had zijn ideeën al een paar keer uitgeprobeerd op zijn studenten in Cambridge en besloot ze nu samen te vatten in een betoog van zeven kantjes. Titel: *Economische mogelijkheden voor onze kleinkinderen.*[1]

In andere woorden: voor ons.

Madrid was een zootje aan het begin van de jaren dertig. De werkloosheid liep snel op, het fascisme kreeg voet aan de grond en ook de Sovjet-Unie probeerde zieltjes te winnen in de Spaanse hoofdstad. Een paar jaar later zou een verwoestende burgeroorlog uitbreken. Vrije tijd als grootste uitdaging? In die zomer leek het alsof Keynes van een andere planeet kwam. 'We zuchten nu onder een vlaag van economisch pessimisme', schreef hij. 'Je hoort mensen voortdurend zeggen dat het tijdperk van de enorme economische vooruitgang, die de negentiende eeuw karakteriseerde, voorbij is...' En niet zonder reden. Massawerkloosheid en verpaupering grepen om zich heen, de spanningen tussen de naties liepen op en uiteindelijk was er een Tweede Wereldoorlog nodig om de industrie weer op de rails te krijgen.

Toch waagde de Britse econoom zich nu, in een stad aan de rand van de afgrond, aan een blik vooruit. In 2030, voorspelde Keynes, zou de mens worden geconfronteerd met zijn grootste uitdaging ooit. Wat te doen met de zeeën van vrije tijd? Met een flinke slag om de arm voor nog meer 'desastreuze fouten' van politici (bezuinigen in crisistijd bijvoorbeeld), zou de westerse levensstandaard in 2030 minstens vier keer zo hoog moeten zijn als in 1930.

Conclusie: in 2030 werken we nog maar vijftien uur per week.

Een toekomst vol vrije tijd

Keynes was niet de eerste, en ook niet de laatste, die vooruitkeek naar een wereld vol vrije tijd. Een van de Founding Fathers van de Verenigde Staten, Benjamin Franklin, had anderhalve eeuw eerder al voorspeld dat vier uur per dag eens genoeg zou zijn. Dan zou het leven verder uit '*leisure and pleasure*' bestaan. Of neem Karl Marx, de vader van het communisme, die hoopte dat iedereen ooit de tijd zou hebben om "s ochtends te jagen, 's middags te vissen, 's avonds het vee te verzorgen en na het eten kritieken te schrijven, zonder ooit jager, boer of schrijver te zijn'.

John Stuart Mill, de vader van het liberalisme, schreef al meer dan een halve eeuw vóór Keynes dat meer rijkdom het best in meer vrije tijd kon worden omgezet. Mill verzette zich tegen het 'evangelie van het werk' van zijn grote tegenstander, de schrijver Thomas Carlyle (die trouwens ook een groot voorstander van de slavernij was). Hij zette er zijn 'evangelie van de vrije tijd' tegenover. Technologie moest volgens de Britse liberaal worden gebruikt om de werkweek zo veel mogelijk in te korten. 'Dan zal er meer ruimte zijn dan ooit voor allerlei vormen van geestelijke cultuur en morele en sociale vooruitgang', schreef hij, 'en evenveel ruimte voor het verbeteren van de Kunst van het Leven.'[2]

Maar juist de industriële revolutie, de motor van de vooruitgang in de negentiende eeuw, had voor het tegendeel gezorgd. Moest een Engelse boer rond 1300 nog zo'n 1.500 uur per jaar werken om in zijn levensonderhoud te voorzien, in de tijd van Mill zwoegde een fabrieksarbeider twee keer zo lang om te overleven. In steden als

Manchester was de zeventigurige werkweek – zonder vakantie, zonder weekend – de norm. Ook voor kinderen. 'Wat willen de armen toch met vakantie? Ze moeten werken!' kon een gravin eind negentiende eeuw nog uitroepen.[3] Te veel vrije tijd zou de verloedering slechts in de hand werken.

Toch begon de welvaart vanaf 1850 langzaam door te sijpelen naar de lagere klassen. En geld is tijd. In 1855 waren het de metselaars van Melbourne die als eerste de achturige werkdag realiseerden. Aan het einde van die eeuw dook de werkweek in sommige landen al onder de zestig uur. De latere Nobelprijswinnaar George Bernard Shaw voorspelde in 1900 dat, in dit tempo, de werkdag in 2000 nog maar twee uur zou duren.

De meeste werkgevers stribbelden tegen. In 1926 werd aan 32 prominente Amerikaanse zakenlui gevraagd wat ze van de kortere werkweek vonden. Slechts twee zagen er wat in. Volgens de andere dertig zou meer vrije tijd slechts criminaliteit, schulden en verloedering opleveren.[4] Toch was het niemand minder dan Henry Ford die, ook in 1926, als eerste de vijfdaagse werkweek invoerde. Hij werd voor gek verklaard, en even later nageaapt.

Henry Ford, de raskapitalist, de man van de lopende band, had ontdekt dat zijn werknemers alleen maar productiever werden van een kortere werkweek. Hij zag vrije tijd als een '*cold business fact*'.[5] Een werknemer zonder vrije tijd zou nooit een van zijn auto's kopen als hij van 's ochtends vroeg tot 's avonds laat in de fabriek moest zwoegen. 'Het is de hoogste tijd dat we korte metten maken met het idee dat vrije tijd voor arbeiders ofwel verloren tijd ofwel een klasseprivilege is', vertrouwde Ford een journalist toe.[6]

Tien jaar later was ook de concurrentie om. De Amerikaanse lobbyclub van fabrikanten, die in de jaren twintig nog had voorspeld dat een kortere werkweek de economie zou ruïneren, adverteerde nu trots op billboards dat de vs de kortste werkweek ter wereld had. '*There is no way like the American way*', stond erbij.[7]

Een ras van machineverzorgers

Alles wees erop dat de grote denkers gelijk zouden krijgen.

In 1933 nam de Amerikaanse Senaat een wet aan voor een dertigurige werkweek. Hoewel de wet strandde in het Huis van Afgevaardigden, bleven de vakbonden de kortere werkweek als hun grootste prioriteit zien. In 1938 werd de vijfdaagse veertigurige werkweek officieel vastgelegd. Het jaar erop stond '*Big Rock Candy Mountain*' op nummer 1 in de hitlijsten – een volksliedje over een utopie waar de kippen zachtgekookte eieren leggen, sigaretten aan de bomen hangen en 'de klojo die werk heeft uitgevonden' aan de hoogste boom is opgeknoopt.

Ook na de Tweede Wereldoorlog zette de opmars van de vrije tijd gestaag door. In 1956 beloofde de Amerikaanse vicepresident Richard Nixon zijn landgenoten dat ze 'op niet al te lange termijn' nog maar vier dagen hoefden te werken. Volgens Nixon was er een welvaarts-'plateau' bereikt.[8] Hij zag een kortere werkweek als onvermijdelijk; nog even en machines zouden al het werk doen. 'Dan zullen er overvloedige mogelijkheden voor recreatie zijn', jubelde een Engelse professor, 'we zullen ons onderdompelen in kunst, toneel, dans en honderd andere manieren om de beperkingen van het dagelijks leven te overstijgen.'[9]

Keynes' voorspelling werd een cliché. Een commissie van de Amerikaanse Senaat schreef halverwege de jaren zestig dat de werkweek in 2000 nog maar veertien uur zou duren, met minstens zeven weken vakantie per jaar. RAND Corporation, een invloedrijke denktank, voorspelde een toekomst waarin slechts 2 procent van de bevolking alles zou produceren wat de samenleving nodig heeft.[10] Werken zou iets voor de elite worden.

In de zomer van 1964 werd Isaac Asimov, de grote sciencefictionschrijver, door *The New York Times* gevraagd zijn licht te laten schijnen op de toekomst.[11] Hoe zou de wereld er over vijftig jaar uitzien? Aan de ene kant was Asimov voorzichtig: de robots van 2014 zouden 'noch alledaags, noch erg goed' zijn. Maar aan de andere kant had hij hoge verwachtingen. Zo zouden er in 2014 al auto's door de lucht zweven en zouden er steden onder water zijn gebouwd.

Maar uiteindelijk maakte Asimov zich maar over één ding echt zorgen: de opmars van de verveling. De mensheid zou 'een ras van machineverzorgers' worden, schreef hij, met verstrekkende 'mentale, emotionele en sociologische gevolgen'. De psychiatrie zou in 2014 de grootste medische beroepsgroep zijn, omdat miljoenen mensen kopje-onder zouden gaan in een zee van gedwongen vrije tijd. 'Werk' zou in 2014 het 'meest glorieuze woord in het woordenboek' zijn.

Steeds meer wetenschappers begonnen zich aan het einde van de jaren zestig zorgen te maken. Sebastian de Grazia, een vooraanstaand politicoloog, vertelde persbureau AP: 'Er is reden om te vrezen dat vrije tijd – gedwongen vrije tijd – slechts verveling, luiheid, immoraliteit en geweld teweeg zal brengen.' In 1974 deed het Amerikaanse ministerie van Binnenlandse Zaken een waarschuwing de deur uit. 'Vrije tijd, door velen beschouwd als de belichaming van het paradijs, zou weleens het meest verbijsterende probleem van de toekomst kunnen worden.'[12]

Maar over de richting van de geschiedenis werd niet getwijfeld. Rond 1970 was het onder sociologen niet ongebruikelijk om over het aanstaande 'einde van het werk' te spreken. Een vrijetijdsrevolutie zou op het punt van uitbreken staan.

George en Jane

Maak kennis met George en Jane Jetson. Een degelijk stel dat samen met hun twee kinderen in een ruim appartement in Orbit City woont. Hij werkt als '*digital index operator*' bij een groot bedrijf, zij is een traditionele Amerikaanse huisvrouw. George heeft last van nachtmerries over zijn baas, Mr. Spacely. Zijn werk valt dan ook niet mee: om de zoveel tijd moet George op een en dezelfde knop drukken. En Mr. Spacely, een korte, ronde man met een indrukwekkende snor, is een tiran.

'Gisteren heb ik *twee volle uren* gewerkt!' klaagt George na de zoveelste nachtmerrie. Zijn vrouw Jane reageert ontzet. 'Oh George! Wat denkt Spacely wel niet dat hij runt? Een *sweatshop*?'

De gemiddelde werkweek in Orbit City duurt negen uur. Helaas bestaat de stad alleen in een van de meest invloedrijke tv-shows van de twintigste eeuw: *The Jetsons*.[13] De serie ging in 1962 in première en speelt zich af in het jaar 2062. Het is net *The Flintstones*, maar dan in de toekomst. *The Jetsons* is uitentreuren herhaald – een hele generatie groeide ermee op.

Vijftig jaar later blijkt dat veel van de voorspellingen die de makers deden over het jaar 2062 al zijn uitgekomen. Een huishoudrobot? Hebben we. Zonnebank? Bestaat allang. Touchscreens? Check. Videochat? Geregeld. Maar in andere opzichten leven we nog lang niet in Orbit City. Met de vliegende auto's wil het maar niet opschieten. Ook de bewegende stoep laat op zich wachten.

Maar de grootste misser? Geen twijfel over mogelijk: de opmars van de vrije tijd.

De vergeten droom

In de jaren tachtig kwam de krimp van de werkweek knarsend tot stilstand. Economische groei werd niet meer in vrije tijd, maar in spullen omgezet. In landen als Australië, Oostenrijk, Noorwegen, Spanje en Engeland stopte de werkweek helemaal met krimpen.[14] In de VS gingen mensen zelfs weer langer werken.

Maar dat is nog niet alles. In de landen waar de *individuele* werkweek nog wel kromp, hebben gezinnen het toch drukker gekregen. Dat heeft alles te maken met de belangrijkste ontwikkeling van de afgelopen decennia: de feministische revolutie.

Geen futurist die het voorspeld had. De Jane Jetson van 2062 is gewoon nog een gehoorzame huisvrouw. In 1967 voorzag de *Wall Street Journal* dat de eenentwintigste-eeuwse man, door de opkomst van robots, uren zou doorbrengen bij zijn vrouw op de bank.[15]

We zijn steeds minder gaan werken

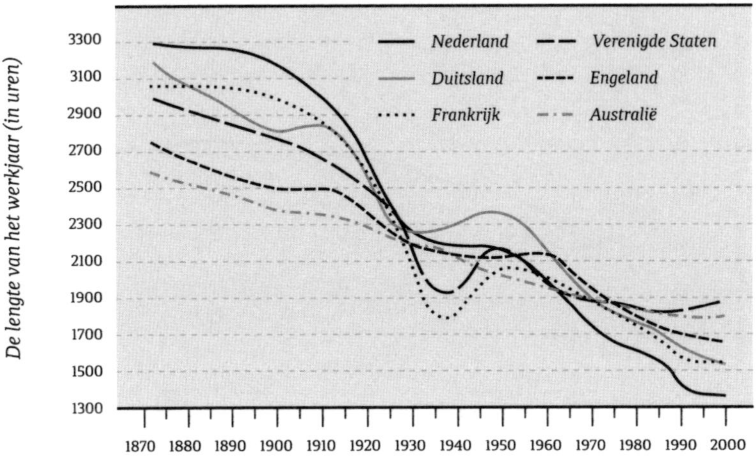

Per werknemer is het jaarlijks aantal arbeidsuren enorm gedaald sinds de negentiende eeuw. Maar vanaf de jaren zeventig van de vorige eeuw worden de cijfers misleidend, omdat vanaf dat moment steeds meer vrouwen een betaalde baan kregen. Gezinnen hebben het daardoor drukker gekregen, zelfs in Nederland, ook al daalde het aantal arbeidsuren per werknemer.

Bron: Internationale Arbeidsorganisatie

Niemand kon vermoeden dat in januari 2010, voor het eerst sinds mannen aan het front van de Tweede Wereldoorlog hadden gevochten, de meerderheid van de Amerikaanse beroepsbevolking uit vrouwen zou bestaan. In 1970 verdienden ze nog 2 tot 6 procent van het gezinsinkomen. Nu is dat al meer dan 40 procent.[16]

Het is een duizelingwekkend snelle revolutie. Als je naar de totale werkweek kijkt, inclusief al het onbetaalde werk, werken vrouwen in Europa en Noord-Amerika zelfs meer dan mannen.[17] 'Mijn oma had geen stemrecht, mijn moeder geen pil en ik geen tijd', verzucht een cabaretière terecht.[18]

De Grote Vrouwelijke Revolutie

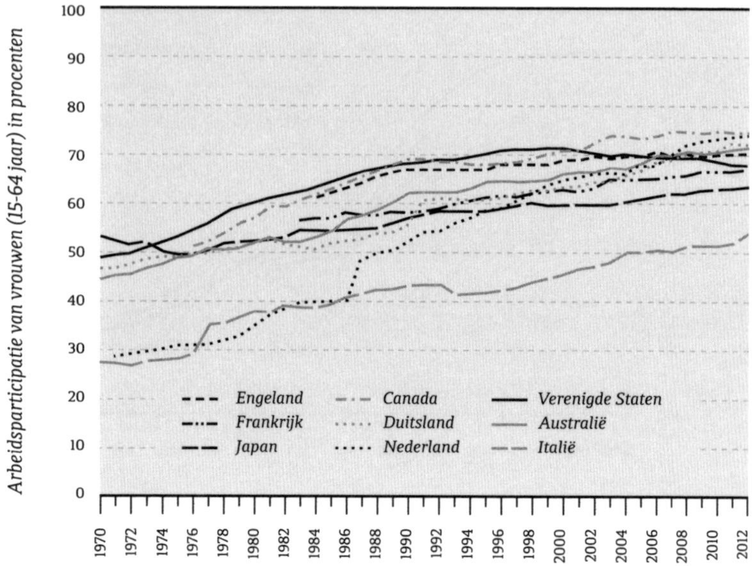

In 1970 behoorde nog geen 30 procent van de Nederlandse vrouwen tot de beroepsbevolking. Dat was de laagste 'score' na Italië. Maar in 2012 stond de arbeidsparticipatie van vrouwen al op bijna 75 procent, een van de hoogste scores in Europa. De meeste Nederlandse vrouwen werken in deeltijd, wat het aantal arbeidsuren per individu enorm drukt.

Bron: OESO

Terwijl vrouwen de arbeidsmarkt bestormden, hadden mannen minder moeten gaan werken (en meer moeten gaan koken, zorgen en poetsen). Maar dat gebeurde nauwelijks. Werkte een echtpaar in de jaren vijftig samen nog vijf tot zes dagen per week, nu is dat eerder zeven tot acht dagen. Ondertussen is de opvoeding veel intensiever geworden. In landen waar grondig onderzoek naar de tijdsbesteding wordt gedaan, is een enorme toename geconstateerd van de tijd die ouders aan hun kinderen besteden.[19] In Nederland gaat het om een verdubbeling sinds de jaren tachtig.[20] In de VS brengen werkende moeders nu zelfs meer tijd door met hun kroost dan thuisblijfmoeders in de jaren zeventig.[21]

Zelfs het land dat op papier de kortste individuele werkweek ter wereld heeft, Nederland, is sinds de jaren tachtig een stuk drukker geworden met werk en overwerk, zorg en opleiding. Besteedden Nederlanders hier in 1985 nog 43,6 uur per week aan, in 2005 was dat al 48,6 uur.[22] Driekwart van alle Nederlandse werknemers gaat gebukt onder hoge tijdsdruk, een kwart werkt structureel over, en één op de acht kampt met burn-outklachten.[23]

Werk en vrije tijd zijn bovendien steeds moeilijker van elkaar te scheiden. Uit onderzoek van de Harvard Business School blijkt dat managers en professionals in Europa, Azië en Noord-Amerika, dankzij de moderne technologie, maar liefst tachtig tot negentig uur per week met hun werk bezig zijn.[24] De gemiddelde werknemer zou, volgens Britse onderzoekers, 460 uur per jaar extra werken door de introductie van de smartphone. Dat is bijna drie weken.[25]

Kort samengevat: de grote denkers zaten ernaast.

En niet zo'n beetje ook. Asimov voorspelde dat in 2014 'werk' het meest glorieuze woord in ons woordenboek zou zijn, maar om precies de verkeerde reden. We vervelen ons niet een ongeluk, we werken ons een ongeluk. Het leger van psychologen en psychiaters houdt zich niet bezig met de opmars van de verveling, maar met een epidemie van de stress.

Eigenlijk had Keynes' voorspelling al uit moeten komen. Rond het jaar 2000 waren landen als Frankrijk, Nederland en de Verenigde Staten al vier tot vijf keer zo rijk als in 1930.[26] Maar aan het begin van de eenentwintigste eeuw zijn niet vrije tijd of verveling onze grootste uitdagingen, maar stress en onzekerheid.

Het cornflakeskapitalisme

'Geld is daar ingeruild voor het goede leven', jubelde een middeleeuwse dichter nog over Luilekkerland. 'Wie het langst slaapt, verdient het meest.'[27] En er zijn talloze feestdagen in Cocagne: viermaal Pasen, viermaal Pinksteren, viermaal Sint-Jansfeest en viermaal Kerstmis.

Iedereen die wil werken wordt opgesloten in onderaardse kerkers. Zelfs het uitspreken van het woord 'arbeid' geldt als een zwaar vergrijp.

De ironie is dat de middeleeuwers waarschijnlijk dichter bij de eerste lettergreep van Luilekkerland zaten dan wij. Rond 1300 barstte de kalender nog van de feestdagen. De historica en econome Juliet Schor van de Universiteit van Harvard schat dat in Engeland maar liefst een derde van het jaar aan feestdagen opging. In Spanje zouden het vijf maanden zijn geweest en in Frankrijk bijna zes. De meeste boeren werkten niet harder dan nodig was voor hun levensonderhoud. 'Het tempo van het leven was traag', schrijft Schor. 'Onze voorouders mogen dan niet rijk zijn geweest, ze hadden een overvloed aan vrije tijd.'[28]

Waar is al die tijd gebleven?

Eigenlijk is het simpel: tijd is geld. Economische groei kun je omzetten in meer vrije tijd of meer consumptie. Van 1850 tot 1980 deden we het allebei nog, maar sindsdien is vooral de consumptie gegroeid. Zelfs waar de reële inkomens gelijk bleven en de ongelijkheid explodeerde, ging het consumptiefeest door. Op krediet.

Dit is dan ook het belangrijkste argument dat tegen de kortere werkweek wordt aangevoerd: we zouden haar niet kunnen betalen. Meer vrije tijd is een mooi ideaal, maar gewoonweg te duur. Als we minder zouden gaan werken, zou onze levensstandaard instorten en de verzorgingsstaat afbrokkelen.

Maar is dat ook zo?

Al aan het begin van de twintigste eeuw liet Henry Ford een reeks van experimenten uitvoeren waaruit bleek dat zijn fabrieksarbeiders het productiefst waren bij een veertigurige werkweek. Nog twintig uur extra leverde vier weken lang wat op, maar deed de productiviteit vervolgens *dalen*.

Anderen gingen nog verder dan Ford. Op 1 december 1930, midden in de Grote Depressie, besloot de cornflakesmagnaat W.K. Kellogg een zesurige werkdag in te stellen in zijn fabriek bij de stad Battle Creek (Michigan). Het werd een daverend succes: Kellogg kon driehonderd extra mensen in dienst nemen en het aantal ongelukken nam met

41 procent af. Zijn werknemers waren bovendien een stuk productiever geworden. 'Dit is bij ons niet slechts een theorie', vertelde Kellogg trots aan een lokale krant. 'De stukprijs is zo ver gedaald dat we het ons nu kunnen veroorloven om evenveel te betalen voor zes uur werk als vroeger voor acht.'[29]

Net als Ford zag Kellogg de kortere werkweek als een kwestie van slim ondernemerschap.[30] Maar voor de inwoners van Battle Creek betekende die veel meer. Zij hadden voor het eerst 'echte vrije tijd', schreef een lokale krant.[31] Ouders hadden meer tijd voor hun kinderen. Er werd meer gelezen, getuinierd en gesport. Kerken en buurthuizen zaten voller dan ooit.[32]

Bijna een halve eeuw later maakte de Engelse premier Edward Heath ongewild kennis met het cornflakeskapitalisme. Aan het einde van 1973 zat hij nog met zijn handen in het haar. De inflatie bereikte recordhoogtes, de overheidsuitgaven rezen de pan uit en de vakbonden waren voor geen enkel compromis te porren. En alsof dat nog niet genoeg was, begonnen de mijnwerkers te staken. Omdat de energie daardoor steeds schaarser werd, hulden de Britten zich in dikke truien. In december was zelfs de kerstboom op Trafalgar Square in duisternis gehuld.

Heath nam een radicaal besluit. Op 1 januari 1974 werd de driedaagse werkweek ingevoerd. Bedrijven mochten niet langer dan drie dagen per week stroom verbruiken, totdat de energievoorraden weer groot genoeg waren. Staalmagnaten voorspelden dat de industriële productie zou inzakken met maar liefst 50 procent. James Prior, leider van de Conservatieven in het parlement, vreesde een catastrofe.

Maar begin maart 1974 kon de vijfdaagse werkweek weer worden hervat. Toen ambtenaren berekenden hoe groot het productieverlies was geweest, konden ze hun ogen niet geloven: slechts 6 procent.[33]

Ford, Kellogg en Heath ontdekten alle drie dat productiviteit en lang werken slecht samengaan. Op de T-shirts van Apple-techneuten stond in de jaren tachtig: *'Working 90 hours a week and loving it!'* Productiviteitsexperts berekenden later dat we de Mac een jaar eerder hadden gehad als ze half zulke lange dagen hadden gemaakt.[34]

Het verband tussen het aantal werkuren en de productiviteit in rijke landen, 1990-2012

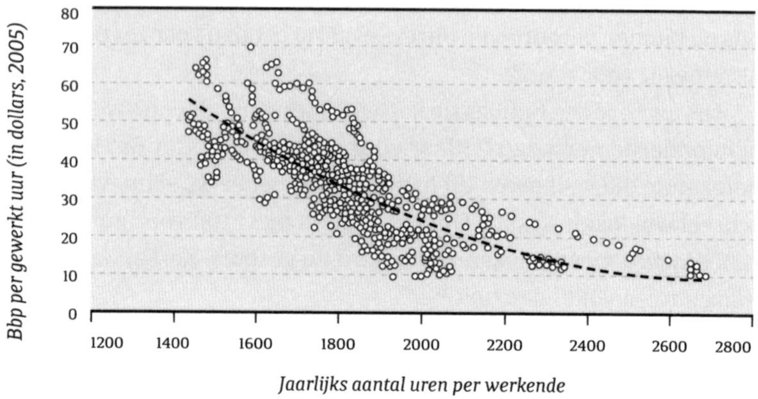

Bron: OESO

De oplossing voor (bijna) alles

Iemand vroeg het me onlangs nog: minder werken, voor welk probleem is dat eigenlijk een oplossing?

Ik zou een andere vraag willen stellen. Minder werken, voor welk probleem is dat niet de oplossing?

Stress? Uit tal van onderzoeken blijkt dat mensen die minder werken tevredener zijn over hun leven.[35] Onlangs berekenden Duitse onderzoekers, op basis van een peiling onder werkende vrouwen, hoe de perfecte dag eruitziet. De meeste minuten (106) zouden gaan naar 'intieme relaties'. Ook 'socializen' (82), 'relaxen' (78) en 'eten' (75) scoren hoog. De minste tijd zou er zijn voor 'opvoeden' (46 minuten), 'werk' (36) en 'reizen naar het werk' (33). De wetenschappers merkten droogjes op: 'Bij het maximaliseren van het welzijn spelen werken en consumeren (die het bbp doen groeien) een veel kleinere rol dan ze nu doen.'[36]

Klimaatverandering? Een wereldwijde verschuiving in de richting van een kortere werkweek zou de CO_2-uitstoot deze eeuw nog kunnen halveren.[37] Landen met een kortere werkweek hebben een kleinere ecologische voetafdruk.[38] Minder consumeren begint bij minder werken, of beter gezegd, bij het consumeren van onze welvaart als vrije tijd.

Ongelukken? Overwerk is dodelijk.[39] Er worden meer fouten gemaakt tijdens lange werkdagen. Chirurgen die te hard werken schieten vaker uit, militairen die te weinig slapen schieten vaker mis. Van Tsjernobyl tot de Challenger Spaceshuttle – bij rampen blijken overwerkte leidinggevenden vaak een fatale rol te spelen. De sector die de grootste ramp van het afgelopen decennium veroorzaakte (de financiële), verzuipt in overwerk.

Het verband tussen het aantal werkuren en een vroegtijdige dood, in rijke landen, 1970-2011

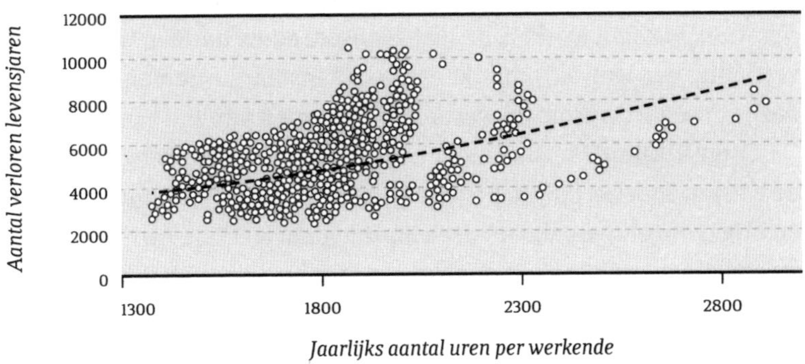

Bron: OESO

Werkloosheid? Maak je geen illusies: je kunt niet zomaar een baan in stukjes hakken. De arbeidsmarkt is geen stoelendans waarbij we alleen maar de plaatsen eerlijk hoeven te verdelen. Toch concluderen onderzoekers van de Internationale Arbeidsorganisatie dat het delen van werk behoorlijk goed heeft geholpen tijdens de laatste crisis.[40] Vooral in tijden van recessie, als de werkloosheid snel oploopt en de productie groter is dan de vraag, kan het delen van werk de pijn verzachten.[41]

Emancipatie van vrouwen? Landen met korte werkweken scoren steevast het hoogst op de emancipatieranglijstjes. Het gaat hier vooral om een betere verdeling van het werk. Vrouwen kunnen niet méér betaald gaan werken zolang mannen niet méér gaan zorgen, koken en poetsen. Emancipatie is, kortom, een mannenkwestie geworden. In Zweden, waar de kinderopvang en het vaderschapsverlof fatsoenlijk zijn geregeld, is de tijdskloof tussen mannen en vrouwen het kleinst.

Vergrijzing? Steeds meer ouderen willen en kunnen na hun vijfenzestigste doorwerken. Maar waar dertigers verdrinken in werk, gezin en hypotheek, komen zij nauwelijks aan de bak. En dat terwijl werken uitstekend is voor hun gezondheid. We zouden het werk dan ook niet alleen beter moeten verdelen tussen de seksen, maar ook tussen de generaties. De jongeren die nu de arbeidsmarkt opstromen, kunnen misschien wel doorwerken tot hun tachtigste. In ruil daarvoor zouden ze niet veertig, maar dertig of misschien zelfs twintig uur per week kunnen werken. 'In de twintigste eeuw hadden we een herverdeling van welvaart', merkt een vooraanstaande demograaf op. 'In deze eeuw zal de grote herverdeling in termen van tijd zijn.'[42]

Ongelijkheid? Juist in landen met grote welvaartsverschillen zijn de werkweken het langst. En juist waar de ongelijkheid sinds de jaren tachtig is opgelopen, zijn mensen harder gaan werken. Armen moeten steeds meer uren maken om rond te komen, terwijl het voor rijken steeds 'duurder' wordt om vrij te nemen naarmate hun uurloon oploopt.

In de negentiende eeuw vertikten veel rijke mensen het nog om de handen uit de mouwen te steken. Werk was voor paupers. Hoe langer iemand werkte, hoe armer hij was. Maar inmiddels zijn de sociale mores op hun kop gezet: werk en drukte zijn statussymbolen geworden. Iemand die klaagt: 'O, ik ben zo druk, ik trek het niet meer', bedoelt maar al te vaak: 'Kijk mij belangrijk en interessant zijn.' Vrije tijd wordt nu eerder met werkloosheid en luiheid geassocieerd, vooral in landen waar de ongelijkheid is gegroeid.

Groeipijnen

Bijna een eeuw geleden deed een groot econoom een waanzinnige voorspelling. John Maynard Keynes begreep dat de wereld niet op slag arm was geworden na de beurskrach van 1929. Er kon nog evenveel worden geproduceerd als het jaar ervoor, de vraag naar veel producten was alleen weggevallen. ‘We lijden niet aan de nabijheid van de ouderdom’, schreef Keynes, ‘maar aan de groeipijnen van te snelle veranderingen.’

Meer dan tachtig jaar later worden we met hetzelfde probleem geconfronteerd. Het is niet dat we arm zijn – er is gewoon niet genoeg betaald werk voor iedereen. En eigenlijk is dat goed nieuws.

Het betekent dat we ons klaar moeten maken voor misschien wel onze grootste uitdaging: het vullen van een zee aan vrije tijd. Natuurlijk, nu is de vijftienurige werkweek nog een utopie. Economen zullen in 2030 nog maar een kleine rol spelen, schreef Keynes, ‘net als tandartsen’. Maar die droom lijkt verder weg dan ooit. Economen domineren de wereld van media en politiek. Ook de droom van een kortere werkweek is uiteengespat. Er is bijna geen politicus te vinden die er nog voor pleit, zelfs nu de stress en de werkloosheid recordhoogtes bereiken.

Toch was Keynes niet gek: in zijn tijd was de werkweek snel aan het krimpen. Hij trok slechts de lijn, die rond 1850 was begonnen, door naar de toekomst. ‘Natuurlijk, het zal allemaal geleidelijk gebeuren’, nuanceerde hij. ‘Niet als een catastrofe.’ Stel dat de vrijetijdsrevolutie zich deze eeuw weer doorzet. Zelfs als de economie traag groeit zou een inwoner van Luilekkerland in 2050 minder dan vijftien uur hoeven werken voor hetzelfde inkomen als in 2000.[43]

Als dat lukt, dan wordt het hoog tijd ons voor te bereiden.

Nationale aanpak

De eerste vraag: willen we dat?

Eigenlijk laten de peilingen geen ruimte voor twijfel. Ja, heel graag. We willen er zelfs koopkracht voor inleveren. Let wel: voor veel mensen is de grens tussen werk en vrije tijd vager geworden. Werk is nu vaak een soort hobby, of sterker nog, het is de kern van onze identiteit. In zijn klassieker *The Theory of the Leisure Class* (1899) beschreef de socioloog Thorstein Veblen vrije tijd nog als 'het ereteken' van de elite. Maar dingen die vroeger nog in de vrije tijd werden gedaan (kunst, sport, wetenschap, zorg, filantropie), zijn nu vaak werk geworden.

Natuurlijk, in het moderne Luilekkerland bestaan nog talloze slechtbetaalde rotbanen. En van banen die wel goed betalen, zien mensen het nut vaak niet in. Toch gaat het er niet om de werkweek af te schaffen. Een stabiele en zinvolle baan is een cruciaal onderdeel van ieder goed leven,[44] net zoals gedwongen vrije tijd – ontslag – een ramp is. Psychologen hebben laten zien dat langdurige werkloosheid een grotere impact heeft op het welzijn dan een echtscheiding of het verlies van een dierbare.[45] Tijd heelt alle wonden, behalve werkloosheid. Want hoe langer je aan de kant staat, hoe dieper je wegzakt.

En toch: hoe belangrijk we werk ook vinden, over de hele wereld, van Japan tot de VS, heerst het verlangen naar een kortere werkweek.[46] Amerikaanse wetenschappers onderzochten of werknemers liever twee weken extra salaris of vakantie willen. Twee keer zo veel mensen kozen voor vakantie. Britse onderzoekers vroegen of werknemers liever de loterij wilden winnen of minder gaan werken. Twee keer zo veel wilden het laatste.[47]

Keer op keer blijkt dat we niet zonder een fikse dosis dagelijkse werkloosheid kunnen. Minder werken schept ruimte voor dingen die we ook belangrijk vinden: familie, vereniging, sport. De landen met de kortste werkweken hebben, niet toevallig, de meeste vrijwilligers en het grootste sociale kapitaal.

De tweede vraag luidt dan ook: hoe doen we het?

Je kunt niet zomaar op een dertig- of twintigurige werkweek overstappen. Minder werken moet eerst weer een politiek ideaal worden. We zouden stap voor stap de werkweek kunnen inkorten, geld inruilen voor tijd, extra investeren in onderwijs, het pensioenstelsel flexibiliseren en het vaderschapsverlof en de kinderopvang goed regelen.

Het begint met het omdraaien van de prikkels. Voor werkgevers is het nu goedkoper om één persoon te laten overwerken dan twee parttimers in dienst te nemen.[48] Veel arbeidskosten moeten immers per persoon worden betaald, niet per uur.[49] Als individu kunnen we ook niet zomaar beslissen om minder te gaan werken. Dan lopen we het risico op statusverlies, kunnen we minder makkelijk carrière maken, wat ons uiteindelijk zelfs onze baan kan kosten. Werknemers houden elkaar in de gaten. Wie blijft het langst zitten? Wie maakt de meeste uren? In bijna ieder kantoor zitten er aan het einde van de dag nog vermoeide mensen achter hun bureau, doelloos surfend langs Facebookprofielen van mensen die ze niet kennen, wachtend totdat de eerste collega naar huis is gegaan.

Deze vicieuze cirkel kan alleen collectief worden doorbroken. Door een bedrijf, of beter nog, door een land.

Het goede leven

Als ik in de afgelopen tijd vertelde dat ik over de grootste uitdaging van onze eeuw schreef, was de interesse snel gewekt. Terrorisme? Klimaatverandering? De Derde Wereldoorlog?

Zichtbare teleurstelling volgde als ik over vrije tijd begon. 'Maar dan gaan we toch nog meer televisiekijken?'

Het deed me denken aan de strenge dominees en koopmannen van de negentiende eeuw. Zij dachten dat het plebs geen stemrecht, geen fatsoenlijk loon en al helemaal geen vrije tijd aankon. De zeventigurige werkweek werd als een probaat middel in de strijd tegen drankmisbruik gezien. Maar de ironie is: juist in overwerkte, geïndustrialiseerde steden werd steeds vaker naar de fles gegrepen.

Zo rijmt de geschiedenis: in overwerkte landen als Japan, Turkije en de Verenigde Staten wordt nu absurd veel televisiegekeken. In de vs hebben we het over maar liefst vijf uur per dag. Dat is negen jaar per leven.[50]

Echte vrije tijd daarentegen is geen luxe of ondeugd. Het is net zo belangrijk voor ons brein als vitamine c voor ons lichaam. Niemand denkt op zijn sterfbed: 'Had ik maar wat langer op kantoor gezeten of wat vaker voor de buis gehangen.' Toegegeven, zwemmen in een zee van vrije tijd zal niet gemakkelijk zijn. Het onderwijs van deze eeuw zou niet alleen op de arbeidsmarkt moeten voorbereiden, maar vooral ook op het leven. 'Als mensen niet moe zijn in hun vrije tijd', schreef Bertrand Russell in 1932, 'zullen ze ook niet naar passief en platvloers vermaak verlangen.'[51]

We kunnen het goede leven best aan, als we er maar de tijd voor hebben.

Werk is de toevlucht van mensen die niets beters te doen hebben.

— **Oscar Wilde** **(1854-1900)**

7

Waarom vuilnismannen meer verdienen dan bankiers

Het is de vroege ochtend van 2 februari 1968.[1] Een dikke mist hangt over het City Hall Park, waar de zevenduizend vuilnismannen van New York zich hebben verzameld. Ze verkeren in rebelse stemming. Op het dak van een vrachtwagen staat vakbondsman John DeLury. Als hij vertelt dat de burgemeester geen verdere concessies wil doen, bereikt de woede van de massa het kookpunt. Het duurt niet lang of het eerste rotte ei vliegt door de lucht.

DeLury realiseert zich dat er geen tijd meer is voor compromissen. Het is tijd voor de illegale route, voor wat vuilnismannen niet is toegestaan – simpelweg omdat ze te belangrijk zijn.

Het is tijd om te staken.

De volgende dag wordt het afval niet opgehaald in The Big Apple. Bijna alle vuilnismannen zijn thuisgebleven. 'We hadden nooit prestige, en dat maakte me nooit wat uit', vertelt een van hen in de krant. 'Maar nu wel. Mensen behandelen ons als vuil.'

Als de burgemeester twee dagen later een toer maakt door de stad, heeft het afval zich al metershoog opgestapeld. Iedere dag komt er nog eens 10.000 ton bij. Een smerige stank begint door de straten te waaien en een rattenplaag rukt op tot in de deftigste wijken. In slechts een paar dagen tijd verandert een van de machtigste steden ter wereld in een sloppenwijk. Voor het eerst sinds 1931, toen een polio-epidemie door de stad raasde, moet de noodtoestand worden uitgeroepen.

Maar de burgemeester blijft onvermurwbaar. Hij wordt gesteund door de lokale pers, die de stakers wegzet als gierig en egoïstisch. Pas na een week begint het besef door te dringen dat de vuilnismannen gaan winnen. 'New York is hulpeloos tegenover hen', verzucht de hoofdredactie van *The New York Times*. 'De grootste onder alle steden moet zich overgeven of ten onder gaan in het vuil.' Op de negende dag – de afvalberg heeft inmiddels een omvang van 100.000 ton bereikt – krijgen de vuilnismannen hun zin.

'De moraal van het verhaal', schrijft *Time Magazine* achteraf, 'is dat het loont om te staken.'[2]

Rijk worden zonder bij te dragen

Dat geldt voor lang niet alle beroepen.

Stel je voor dat morgen alle 100.000 lobbyisten in Washington gaan staken.[3] Of alle accountants op de Amsterdamse Zuidas. Dan zal de burgemeester de noodtoestand waarschijnlijk niet uitroepen. Het is maar de vraag of zo'n staking überhaupt veel schade aanricht. Misschien dat je daarom nooit iets leest over een staking van, noem eens wat, socialmediaconsultants, telemarketeers of flitshandelaren.

Voor vuilnismannen ligt dat heel anders. Hoe je het ook wendt of keert – ze doen werk waar we niet zonder kunnen. En de ongemakkelijke waarheid is dat steeds meer mensen werk doen waar we eigenlijk prima zonder kunnen. Voor deze mensen geldt dat ze de wereld niet armer, lelijker of leger achterlaten als ze plotseling stoppen met hun werk. Denk aan de handige beurshandelaar die rijk wordt ten koste van een of ander pensioenfonds. Denk aan de slimme advocaat die eindeloos procedeert tegen een ander bedrijf. Of denk aan de briljante copywriter die de slogan van het jaar verzint, waardoor een concurrent failliet gaat.

Het zijn stuk voor stuk mensen die geen welvaart creëren, maar vooral verplaatsen.

Natuurlijk is de scheiding tussen creëren en verplaatsen niet absoluut. In veel banen gebeurt het allebei. Zo is er geen twijfel aan dat de financiële sector kan bijdragen aan onze welvaart (en andere sectoren beter kan laten functioneren). Banken kunnen helpen om risico's te spreiden en mensen met goede ideeën te voorzien van krediet. Maar inmiddels zijn de banken zo groot geworden dat veel van hun activiteit puur verplaatsend is, of zelfs vernietigend. De explosieve groei van het bankwezen heeft de koek niet groter gemaakt, maar grotendeels opgeslokt.[4]

Of neem de advocatuur: natuurlijk is een goed functionerende rechtsstaat cruciaal voor het welvaren van een land. Maar Nederland heeft inmiddels vijf keer zo veel advocaten per hoofd van de bevolking als Japan. Is onze rechtsstaat dan ook vijf keer zo goed?[5] Of ons land vijf keer zo veilig? Dat lijkt niet zo waarschijnlijk. Sommige advocatenkantoren kopen zelfs patenten en octrooien op, niet om er ook maar één product mee te fabriceren, maar puur om schadevergoedingen mee af te dwingen.

En het bizarre is: juist zulke verplaatsende banen, waar nauwelijks iets van waarde wordt gecreëerd, betalen vaak het beste. Het is een fascinerende paradox: hoe is het toch mogelijk dat al die scheppers van welvaart waar we overduidelijk niet zonder kunnen – schoonmakers, politieagenten, verplegers – zo slecht verdienen, terwijl onbelangrijke, overbodige of zelfs schadelijke verplaatsers veel beter boeren?

Toen het recht op luieren nog erfelijk was

Misschien dat de geschiedenis wat licht kan werpen op de zaak.

Een paar eeuwen geleden werkte bijna iedereen nog in de landbouw. Dat stelde een rijke bovenklasse in staat om te luieren, te rentenieren en oorlog te voeren – hobby's die geen welvaart creëerden, maar louter verplaatsten of vernietigden. Een beetje edelman was er nog trots op ook: hij had het erfelijke recht te teren op andermans zak. Werken? Dat was iets voor de paupers. (Het was precies deze mentaliteit waar de liberalen van de negentiende eeuw zich tegen keerden.)

In die tijd, voor de industriële revolutie, zou een boerenstaking de hele economie hebben platgelegd. Maar wie anno 2015 naar de grafieken, staafjes en tabellen kijkt, zou zeggen dat nu alles anders is. De landbouw lijkt van marginaal belang. Vergelijk het maar met de financiële sector: die vertegenwoordigt ongeveer 8 procent van de Nederlandse economie. Dat is vier keer zo veel als de landbouw.

Maar even los van de cijfers: doet een boerenstaking dan ook minder pijn dan een staking van bankiers? (Nee, integendeel zelfs.) Is de landbouw niet juist veel productiever geworden in de afgelopen decennia? (Jazeker.) Zouden die boeren dan niet meer moeten verdienen dan ooit tevoren? (Jammer, maar helaas.)

In een markteconomie werkt het precies andersom. Hoe groter het aanbod, hoe lager de prijs. En dat is het 'm nu juist: in de afgelopen decennia is het voedselaanbod geëxplodeerd. In 2010 gaf de Nederlandse koe al twee keer zo veel melk als in 1960. In diezelfde tijd is de productiviteit van tarwe verdubbeld en die van tomaten verdrievoudigd.[6] Naarmate de landbouw beter werd, ging er steeds minder geld naartoe. Ons voedsel is spotgoedkoop geworden.

Dat is de essentie van economische vooruitgang: terwijl onze boerderijen en fabrieken efficiënter werden, gingen ze een steeds kleiner deel uitmaken van de economie. Hoe productiever de landbouw en de maakindustrie werden, hoe minder mensen er een baan in vonden. Maar dat betekende ook dat er meer ruimte kwam voor banen in de dienstensector. Om werk te vinden in deze wereld van consultants, koks, accountants, programmeurs, artsen en advocaten moesten we steeds hoger opgeleid zijn. Dat heeft immens veel welvaart opgeleverd.

Maar ironisch genoeg heeft het er ook voor gezorgd dat steeds meer mensen hun geld kunnen verdienen zonder iets bij te dragen. Noem het de paradox van vooruitgang: terwijl we rijker en slimmer worden, groeit het risico op overbodigheid.

Toen de bankiers gingen staken

‘DE BANKEN GAAN DICHT.’ Het stond er echt, in de *Irish Independent* van 4 mei 1970. Er was lang onderhandeld, maar zonder resultaat. De bankmedewerkers vonden dat hun lonen te ver achterbleven bij de inflatie. En dus besloten ze te staken.

Van de ene op de andere dag zat maar liefst 85 procent van de geldvoorraad achter slot en grendel. De staking kon weleens lang gaan duren, zo was de verwachting. In heel Ierland begonnen bedrijven geld te hamsteren. Na twee weken schreef *The Irish Times* dat maar liefst de helft van de zevenduizend bankiers al het vliegtuig naar Londen had gepakt, op zoek naar ander werk.

Deskundigen vreesden dat Ierland tot stilstand zou komen. De geldtoevoer zou opdrogen, waarna de handel zou stagneren en de werkloosheid zou exploderen. ‘Stel je voor dat alle aderen in je lichaam plotseling krimpen en uiteenvallen’, vat een econoom de angst van toen samen, ‘dan begin je te begrijpen hoe economen kijken naar het sluiten van banken.’[7] Het was de zomer van 1970, en heel Ierland zette zich schrap.

Maar toen gebeurde er iets vreemds.

Of beter gezegd: er gebeurde niet zo veel. Al in juli schreef de Engelse krant *The Times* dat de ‘beschikbare grafieken en cijfers uitwijzen dat de staking tot dusver geen negatief effect heeft gehad op de economie’. Een paar maanden later maakte de Centrale Bank van Ierland de definitieve balans op. ‘De Ierse economie bleef functioneren gedurende een lange periode waarin de grote banken waren gesloten’, stond er in het rapport. Sterker nog, de economie groeide gewoon door.

Uiteindelijk duurde de staking maar liefst zes maanden – twintig keer zo lang als de staking van de vuilnismannen in New York. Maar terwijl de burgemeester aan de overkant van de oceaan al na zes dagen de noodtoestand had moeten uitroepen, was er in Ierland na zes maanden zonder bankiers nog niet veel aan de hand. ‘De belangrijkste reden dat ik me er niet veel van kan herinneren’, schreef een Ierse journaliste recent, 'is dat het geen grote impact had op het dagelijks leven.'[8]

Maar wat gebeurde er dan? Simpel eigenlijk: de Ieren gingen zelf geld uitgeven. Na de sluiting van de banken bleven ze gewoon cheques uitschrijven aan elkaar. Het enige verschil was dat de cheques niet meer konden worden ingewisseld bij de bank. De rol van de bank werd overgenomen door die andere handelaar in liquide middelen: de Ierse pub. Want wie drie keer per week doorzakt in de lokale kroeg, weet wel wie hij kan vertrouwen. En dat geldt al helemaal voor de barman. 'De managers van de pubs hadden veel informatie over hun klanten', schrijft de econoom Antoin Murphy, 'men serveert immers geen drank zonder iets te weten te komen over iemands liquide middelen.'[9]

In korte tijd ontstond er een radicaal gedecentraliseerd geldsysteem met de elfduizend pubs als belangrijkste knooppunten en menselijk vertrouwen als belangrijkste smeermiddel. Toen in november de banken weer opengingen, hadden de Ieren maar liefst 5 miljard pond aan eigen geld geprint. Sommige cheques waren verstrekt door bedrijven, andere waren op de achterkant van een sigarendoosje geschreven, of zelfs op toiletpapier. Historici denken dat het vooral de grote sociale cohesie was die ervoor zorgde dat de Ieren het zonder banken konden rooien.

Ging alles dan goed?

Nee, dat niet. Neem de man die een racepaard kocht met geld dat hij eigenlijk niet had, om vervolgens zijn schuld af te betalen met het geld dat zijn paard in een race had gewonnen. Dit leek verdacht veel op wat banken nu op grote schaal doen: gokken met andermans geld.[10] Bovendien was het voor Ierse bedrijven minder eenvoudig om geld aan te trekken voor grote investeringen. Sterker nog, het feit dat de Ieren meteen zélf bankiertje gingen spelen, maakt duidelijk dat ze niet zonder financiële sector konden.

Maar waar ze wel prima zonder konden, is alle poeha eromheen: de risicovolle speculatie, de glimmende wolkenkrabbers en de torenhoge bonussen die van belastinggeld worden betaald. 'Misschien', verzucht de schrijver Umair Haque, 'hebben banken mensen wel veel meer nodig dan mensen banken.'[11]

Niet alleen de overheid heft belasting

Het contrast met die andere staking, twee jaar eerder en 5.000 kilometer verderop, kon bijna niet groter zijn. Waar de New Yorkers gefrustreerd toekeken hoe hun stad veranderde in een vuilnisbelt, sloegen de Ieren zelf aan het bankieren. Waar New York al na zes dagen op de rand van de afgrond stond, ging het Ierland na zes maanden nog steeds voor de wind.

Voor alle duidelijkheid: geld verdienen zonder bij te dragen is niet makkelijk. Je moet er getalenteerd, ambitieus en intelligent voor zijn. De bankenwereld barst van de slimme mensen. 'Het genie van de grote speculatieve investeerders is dat ze zien wat anderen niet zien', schrijft de econoom Roger Bootle. 'Dat is een vaardigheid. Maar het is ook een vaardigheid om op één teen te balanceren met een theepot op je hoofd, zonder te morsen.'[12]

Dat iets moeilijk is, kortom, wil niet zeggen dat het ook van waarde is.

In de afgelopen decennia zijn er allerlei ingewikkelde financiële producten bedacht die geen welvaart scheppen, maar vernietigen. Ze functioneren eigenlijk als een belasting op de rest van de bevolking. Al die maatpakken, villa's en luxe jachten moeten immers ergens van worden betaald. En als de bankiers de achterliggende waarde niet zelf creëren, dan komt die uiteindelijk bij anderen vandaan. Niet alleen de overheid doet dus aan herverdeling, de financiële sector doet het evengoed. Alleen dan zonder democratisch mandaat.

Neem de Nederlandse bankensector. In 1990 betaalden huishoudens nog zo'n 10 miljard euro aan rente, waar de banken bijna 1 miljard euro van overhielden. Twintig jaar later betaalden we – ondanks een gedaalde rentestand – 36 miljard euro aan rente. De financiële sector kreeg hier 23 miljard van. Simpele vraag: is de service die de banken verlenen 23 keer beter geworden, of is het banken gelukt om meer welvaart af te romen?

Het antwoord laat zich raden. De explosief gestegen winst van de financiële sector is vooral te danken aan de vloedgolf van krediet die de woningmarkt op is gestroomd. Mensen kochten met steeds hogere leningen steeds duurdere huizen. Zo steeg de hypotheekschuld van een kleine 100 miljard euro in 1990 naar 653 miljard in 2013. Zijn we daar uiteindelijk rijker van geworden? Zijn er meer nieuwe huizen door gebouwd? Is de kwaliteit van woningen ervan verbeterd? Nauwelijks.

Maar ondertussen is er wel een hele industrie vol met verplaatsende banen gecreëerd: makelaars die voor een vette courtage de koper een huis in praten, financieel adviseurs die de klant door het oerwoud aan hypotheekvormen begeleiden, bankverkopers die zo veel mogelijk hypotheekleningen produceren, wiskundige genieën die de resulterende hypotheekleningen in talloze kleine pakketjes verpakken om bij een pensioenfonds over de schutting te werpen, Jan Mulder die in een blauw leeuwenpak in reclames rondwandelt, enzovoort.

Uiteindelijk komt het hierop neer: dat rijkdom ergens is geconcentreerd, wil niet zeggen dat die daar ook wordt gecreëerd. Dat geldt nu net zo goed voor de topman van ING als vroeger voor de graaf van Holland. Het enige verschil is dat de bankier nog weleens denkt dat hij de ware schepper van welvaart is, terwijl de graaf van weleer, die teerde op het gezwoeg van zijn boerenslaven en daar nog trots op was ook, geen last had van deze illusie.

Bullshit jobs

En dan te bedenken dat het zo anders had kunnen lopen.

Je zult je herinneren dat de econoom John Maynard Keynes voorspelde dat we in 2030 maar vijftien uur zouden werken.[13] Onze welvaart zou explosief groeien en een groot deel van die rijkdom zouden we omzetten in vrije tijd. Maar in werkelijkheid gebeurde er iets heel anders. Met die welvaart is het wel goed gekomen, daar niet van, maar met de vrije tijd niet bepaald. We zijn juist steeds harder gaan werken. In het voorgaande hoofdstuk beschreef ik hoe we onze vrije tijd hebben geofferd op het altaar van het consumentisme. Dat had Keynes niet voorzien.

Toch klopt hier iets niet. De meeste mensen hebben namelijk niets te maken met de productie van iPhonehoesjes in duizend kleuren, exotische shampoos met botanische extracten of Mocha Cookie Crumble Frappuccino's. Onze consumptieverslaving wordt juist grotendeels door robots en Aziatische loonslaven bevredigd. In de afgelopen decennia zijn de landbouw en de maakindustrie enorm gegroeid in termen van productiviteit, maar flink gekrompen in termen van werkgelegenheid. Kan onze consumptieverslaving dan nog wel de oorzaak zijn van onze drukke werkweken?

De antropoloog David Graeber, van de London School of Economics, denkt dat er iets heel anders aan de hand is. In 2013 schreef hij een geruchtmakend essay waarin hij de verklaring niet zoekt bij de spullen die we kopen, maar bij het werk dat we doen. Titel: '*On the Phenomenon of Bullshit Jobs*'.[14]

Talloze mensen, schrijft Graeber, besteden hun hele werkende leven aan taken waarvan ze eigenlijk geloven dat deze overbodig zijn. Denk aan telemarketeers, *human resource managers*, socialmediastrategen, *public relations advisors* en veel administratieve banen binnen ziekenhuizen, universiteiten en ministeries. *Bullshit jobs*, noemt Graeber ze. Het zijn banen waarvan degenen die ze vervullen – en dit is cruciaal – zelf zeggen dat ze eigenlijk overbodig zijn.

Toen ik voor het eerst een artikel schreef over dit fenomeen, kwam er een kleine biechtindustrie op gang. 'Ik werk in de financiële sector en kan dit (helaas) volledig bevestigen', reageerde een belastingadvocaat. 'Ik weet oprecht niet of we de wereld mooier maken met marketing, of dat we alleen maar de spotlights verplaatsen van het ene bedrijf naar het andere', schreef een pr-adviseur. 'Ik zou zelf liever iets doen dat echt iets toevoegt', reageerde een effectenhandelaar, 'maar (...) de stap terug in salaris die je moet nemen is te groot.' De man vertelde over zijn 'supergetalenteerde ex-studiegenoot met PhD natuurkunde' die technieken ontwikkelt om kankergezwellen beter te kunnen detecteren. '[Hij] verdient zo aanzienlijk veel minder dan ik dat ik er verdrietig van word', aldus de effectenhandelaar. Maar ja, dat je werk een groot maatschappelijk belang dient en veel talent, intelligentie en doorzettingsvermogen vereist, wil nu eenmaal niet zeggen dat je er ook veel geld mee verdient.

Andersom geldt hetzelfde. Kan het toeval zijn dat de opkomst van de goedbetaalde bullshit jobs samenviel met de explosieve groei van het hoger onderwijs en het ontstaan van de kenniseconomie? Bedenk: geld verdienen zonder bij te dragen is ook niet makkelijk. Je moet er bijvoorbeeld heel wat gewichtig klinkend maar betekenisloos jargon voor onder de knie krijgen. (Denk aan clusteroverstijgende vraagstukken die worden besproken op strategische intervisiebijeenkomsten om bij te dragen aan de cocreatie in de netwerksamenleving.) Bijna iedereen kan vuilnisman worden, maar een carrière als bankier is lang niet voor iedereen weggelegd.

In een wereld die rijker wordt – waar koeien meer melk geven en robots meer spullen maken – ontstaat meer ruimte voor vrienden, familie, zorg, wetenschap, kunst, sport en al het andere wat het leven de moeite waard maakt. Maar er ontstaat ook meer ruimte voor onzin. En zolang we van links tot rechts geobsedeerd blijven door werk, werk en nog eens werk (terwijl het nuttige werk steeds verder wordt geautomatiseerd en steeds meer geoutsourcet), zal het aantal overbodige banen blijven groeien. Zo verdrievoudigde in Nederland het aantal managers tussen 1971 en 1998 van 2 naar 6 procent van de beroepsbevolking, zonder dat we daar ook maar iets rijker van zijn geworden. Integendeel, uit onderzoek van de TU Delft blijkt dat landen met meer managers juist minder productief en innovatief zijn.[15] In een recent onderzoek van *Harvard Business Review* onder twaalfduizend professionals gaf de helft aan geen 'betekenis of zin' in zijn of haar werk te vinden. Eenzelfde aantal zei zich niet in de missie van zijn of haar bedrijf te herkennen.[16]

Let wel: lang niet alle nieuwe banen in de dienstensector zijn overbodig. Verre van. Vooral in de zorg en het onderwijs, bij de brandweer en de politie werken veel mensen die iedere dag naar huis gaan met het gevoel dat ze de wereld een beetje beter hebben gemaakt. 'Het lijkt wel', schrijft Graeber, 'alsof hun wordt verteld: "Jullie hebben de echte banen! En dan hebben jullie ook nog het lef om een fatsoenlijk pensioen en een goede zorgverzekering op te eisen?"'

Het kan anders

Het meest verontrustend is misschien dat dit alles plaatsvindt binnen het kapitalisme.

Juist binnen het kapitalisme. Terwijl politici niet ophouden over het belang van een slanke overheid, groeit het aantal bullshit jobs gewoon door. Zo kan het gebeuren dat een regering aan de ene kant flink bezuinigt op nuttige banen in bijvoorbeeld de zorg, het onderwijs en de infrastructuur – waardoor de werkloosheid oploopt – terwijl ze aan de andere kant honderden miljoenen investeert in een werklozenindustrie (sollicitatietrainingen, inspiratiedagen, *elevator pitches* en zo meer) waarvan de ineffectiviteit al vaak genoeg is aangetoond.[17] Sommige trainingen van het UWV verlengen de werkloosheid zelfs.

Maar ook de markt heeft geen voorkeur voor nut, kwaliteit of innovatie. Die is slechts geïnteresseerd in het maken van winst. Soms wordt daarmee een geweldige bijdrage geleverd – en soms ook niet. Van telemarketeers tot belastingadviseurs: het kan heel rationeel zijn om de ene na de andere bullshit job te creëren. Je kunt schatrijk worden zonder ook maar iets bij te dragen.

Ongelijkheid gooit hier nog meer roet in het eten. Naarmate meer welvaart aan de top is geconcentreerd, groeit de vraag naar bedrijfsadvocaten, lobbyisten en flitshandelaren. 'De vraag' is immers geen natuurlijk gegeven, maar het product van een machtsspel. Ze wordt bepaald door de wetten en instituties van een land – en natuurlijk door de mensen die het geld in handen hebben.

Misschien dat de innovatie van de afgelopen dertig jaar, een tijdperk van groeiende ongelijkheid, daarom ook wat tegenvalt. 'We wilden vliegende auto's, maar kregen 140 tekens', schampert Peter Thiel, de huisintellectueel van Silicon Valley.[18] Kregen we na de oorlog nog geweldige uitvindingen als de wasmachine, de koelkast, de spaceshuttle en de pil, de afgelopen jaren stonden vooral in het teken van nog meer telefoons met nog meer overbodige functies die nog sneller stuk gaan, zodat na een paar jaar nog meer – min of meer dezelfde – telefoons kunnen worden aangeschaft.

Het is steeds winstgevender geworden om juist niet te innoveren. Stel je voor hoeveel vooruitgang we hebben gemist doordat duizenden genieën hun tijd hebben verdaan met het ontwikkelen van een hypercomplex financieel product dat uiteindelijk vooral schade aanricht, of met het uitvinden van een medicijn dat eigenlijk al bestaat, maar dat toch net een ietsepietsie verschilt van het origineel, waardoor er weer een nieuw patent kan worden aangevraagd door een slimme jurist en de overbodige pil door de briljante pr-afdeling in een nieuw jasje kan worden gestoken.

Stel je voor dat al dit talent niet was ingezet om welvaart te verplaatsen, maar om die te scheppen. Misschien hadden we dan al jetpacks gehad, onderwatersteden gebouwd of kanker genezen. Wie zal het zeggen?

Friedrich Engels schreef ooit over het 'valse bewustzijn' waar het proletariaat, de arbeidende klasse, onder leed. Het wereldbeeld van de fabrieksarbeider werd in de negentiende eeuw vertroebeld door religie en nationalisme, dacht Engels, en dat was precies de reden waarom de arbeiders niet in opstand kwamen tegen de bezittende klasse. Misschien speelt er nu iets vergelijkbaars, maar dan aan de top van de piramide. Misschien worden sommige mensen misleid door hun indrukwekkende salarisstrookje, hun stevige bonus en hun riante pensioenregeling. Misschien leidt een dikke portemonnee wel tot een vals bewustzijn: de gedachte dat je veel waarde toevoegt omdat je veel geld verdient.

Hoe het ook zij: het kan anders. We kunnen onze economie, ons belastingstelsel en onze universiteiten anders inrichten, zodat wezenlijke innovatie en creativiteit meer gaan lonen. 'We hoeven niet geduldig te wachten op een langzame culturele verandering', schreef de econoom William Baumol twintig jaar geleden al.[19] We hoeven niet te wachten totdat we evenveel advocaten per hoofd van de bevolking hebben als Japan, totdat gokken met andermans geld niet meer winstgevend is, totdat vuilnismannen, agenten en verplegers een fatsoenlijk loon verdienen en totdat onze wiskundige genieën weer dromen van een kolonie op Mars in plaats van een eigen hedgefonds.

We kunnen zelf, vandaag nog, een stap in de richting van een andere wereld zetten. Zo begint een betere wereld maar al te vaak bij de belastingdienst (geen enkele utopie kan zonder een fiscale paragraaf). Neem de transactietaks, die de financiële industrie zou kunnen temmen. In 1970 werd een Amerikaans aandeel nog gemiddeld vijf jaar vastgehouden. Veertig jaar later was dat nog maar vijf dagen.[20] Flitshandelaren, die vrijwel niets bijdragen aan de samenleving, zouden met een transactietaks geen geld meer kunnen verdienen aan het razendsnelle kopen en verkopen van geld en aandelen. Er zouden ook minder nutteloze investeringen worden gedaan. Zo werd er in 2012 voor 300 miljoen dollar een glasvezelkabel aangelegd tussen Londen en New York. Tijdswinst: 5,2 milliseconden.

Maar het belangrijkste is dit: zulke belastingen maken ons allemaal rijker. Ze verdelen de taart niet alleen beter, ze maken hem ook groter. Zo zouden de rekenwonders die nu nog naar Wall Street gaan gewoon weer leraar, uitvinder of ingenieur worden. In de afgelopen decennia gebeurde het tegenovergestelde: onderzoekers van de Universiteit van Harvard ontdekten dat door de belastingverlagingen van Reagan een groot aantal slimme mensen een carrièreswitch heeft gemaakt van docent of ingenieur naar bankier of accountant. Rond 1970 begonnen twee keer zo veel mannelijke Harvard-alumni hun loopbaan als onderzoeker dan als bankier. Twintig jaar later stroomde juist anderhalf keer zo veel talent de financiële wereld in.

De samenleving is daar armer van geworden. Iedere dollar die door een bank wordt verdiend vernietigt naar schatting zestig cent aan waarde ergens anders in de economie. Voor iedere dollar die een onderzoeker verdient, zijn er juist positieve neveneffecten van minstens vijf dollar, en vaak nog veel meer.[21] Hogere belastingen voor topverdieners zorgen ervoor dat – in het wetenschappelijke jargon van de onderzoekers van Harvard – 'getalenteerde individuen worden gerealloceerd van beroepen die negatieve externaliteiten veroorzaken naar beroepen die positieve externaliteiten veroorzaken'.

Of in gewonemensentaal: ze zorgen ervoor dat meer mensen iets nuttigs gaan doen.

Trendwatchers

Als er één plek is waar die andere wereld zou moeten beginnen, dan is het binnen de muren van het klaslokaal. De groei van het (hoger) onderwijs heeft namelijk niet alleen de opkomst van de bullshit jobs in gang gezet, het is ook de bron van nieuwe en wezenlijke welvaart. Als je een top tien van meest invloedrijke beroepen zou maken, dan zou 'leraar' sowieso hoog scoren. Niet qua macht, geld, status of iets dergelijks, maar omdat het om iets veel groters gaat: invloed op het verloop van de wereldgeschiedenis.

Oké, dat klinkt misschien een beetje overdreven. Maar neem een leraar op de basisschool: veertig jaar onderwijs aan vijfentwintig kinderen per jaar betekent dat hij over zijn hele carrière invloed uitoefent op de levens van maar liefst duizend mensen. En zo'n leraar kneedt zijn leerlingen op het moment dat ze nog het meest kneedbaar zijn – ze zijn immers nog kind. Hij bereidt zijn klassen niet alleen voor op de toekomst, hij schept die toekomst evengoed zelf.

Conclusie: als er *ergens* moet worden nagedacht over wat voor wereld we willen in pakweg 2030, dan is het binnen het onderwijs.

Maar dat gebeurt nauwelijks. De grote onderwijsdebatten van onze tijd gaan steevast over de vorm. Over de beste methode. Over het juiste lesprogramma. 'Wel of geen iPad?' is daarbij de grootste vraag. Het onderwijs wordt keer op keer gepresenteerd als een manier om je aan te passen – als een glijmiddel om het leven mee door te glibberen. Op de vele onderwijscongressen orakelt de ene na de andere trendwatcher over de arbeidsmarkt van de toekomst en de bijbehorende *21st century skills* (doorgaans iets met 'creatief', 'adaptief' en 'flexibel').

Het gaat altijd over vaardigheden, nooit over waarden. Het gaat altijd over didactiek, nooit over idealen. Het gaat altijd over 'probleemoplossend vermogen', nooit over wat die problemen dan precies zijn. De centrale vraag luidt steeds: welke kennis en vaardigheden heeft een leerling die nu naar school gaat straks nodig, in 2030, als hij voor het eerst solliciteert?

Het is precies de verkeerde vraag.

Zo zal er straks vast veel behoefte zijn aan slimme accountants die geen last hebben van hun geweten. Als de huidige trends zich voortzetten, zal Nederland in 2030 een nóg groter belastingparadijs zijn, waardoor multinationals nóg minder belasting hoeven af te dragen en ontwikkelingslanden nóg meer de pineut zijn. Als het onderwijs wil meebewegen met dit soort trends – in plaats van ermee af te rekenen – dan is egoïsme zonder enige twijfel een 21st century skill. Niet omdat de wetten van de markt of de technologie dat dicteren, maar gewoon, omdat we ons geld blijkbaar zo willen verdienen.

Eigenlijk zouden we een heel andere vraag moeten stellen: welke kennis en vaardigheden willen we dat onze kinderen hebben in 2030?

Wie die vraag stelt, heeft het niet meer over aanpassen en meebewegen, maar over sturen en creëren. Dan gaat het niet meer over hoe we ons geld moeten verdienen, in wat voor bullshit job dan ook, maar over hoe we het wíllen verdienen. Op deze vraag hebben de trendwatchers geen antwoord. Zij zijn immers de volgers van de trends, niet de scheppers. Als wij dat laatste wel willen zijn, dan zullen we eerst bij onszelf te rade moeten gaan – bij onze eigen idealen.

Willen we bijvoorbeeld meer tijd voor, laten we zeggen, vrienden, familie, vrijwilligerswerk, kunst en sport? Dan zou het onderwijs van de toekomst niet alleen moeten voorbereiden op de arbeidsmarkt, maar ook op het leven. Willen we de financiële sector temmen? Dan is het misschien een goed idee om jonge economen wat meer (moraal)filosofie bij te brengen. En willen we meer gemeenschapszin? Begin maar met de geschiedenisles.

Als je het onderwijs inricht volgens zulke nieuwe idealen, dan verandert de arbeidsmarkt vrolijk mee. Stel, je neemt meer kunst, geschiedenis en filosofie op in het curriculum. Reken maar dat er vervolgens meer vraag ontstaat naar kunstenaars, historici en filosofen. Ook dit doet denken aan die oude droom van John Maynard Keynes, die al in 1930 nadacht over de wereld van 2030. Juist omdat we dan veel rijker zouden zijn – en omdat steeds meer werk zou worden overgenomen door robots – zouden we ons eindelijk kunnen permitteren om 'waarde te hechten aan doel boven middel en aan het goede boven het nuttige'.

Dat lijkt mij nog altijd een prima doelstelling voor het onderwijs van de eenentwintigste eeuw. Of de iPad daarin een grote rol zal spelen? Geen idee. Maar het is ook de minst interessante vraag die je kunt stellen. Uiteindelijk is het niet de markt of de technologie, maar de samenleving die bepaalt wat echt van waarde is. Willen we nog rijker worden in deze eeuw – waarbij de definitie van rijkdom door en door subjectief blijft – dan doen we er goed aan vaarwel te zeggen tegen het dogma dat al het werk de moeite waard is. Laten we dan ook afscheid nemen van de fabel dat verdienen ('als winst of loon verkrijgen') hetzelfde is als verdienen ('aanspraak mogen maken, recht hebben op').

Dan komen we er misschien ook wel achter dat vuilnismannen meer verdienen dan bankiers.

New York, een halve eeuw later

The Big Apple lijkt haar lesje inmiddels te hebben geleerd. 'Iedereen in New York wil vuilnisman worden', stond niet lang geleden in de krant. De vuilnismannen van de miljoenenstad verdienen tegenwoordig een riant salaris. Na vijf jaar werken kunnen ze al op 70.000 dollar per jaar rekenen – overwerk en andere toeslagen niet meegerekend. 'Zij houden de stad draaiende', legt het hoofd van het Department of

Sanitation uit. 'Als ze hun werk ook maar even niet zouden doen, komt New York volledig lam te liggen.'[22]

Een van de vuilnismannen die aan het woord komt in het nieuwsbericht is Joseph Lernan. In 2006 kreeg hij het verlossende telefoontje van de gemeente: hij mocht aan de slag als vuilnisman. 'Het was echt net alsof ik de loterij had gewonnen', vertelt de 30-jarige man. Tegenwoordig staat Lernan iedere ochtend om 04.00 uur op om vervolgens in diensten van soms wel twaalf uur vuilniszakken te tillen. Dat hij daar een goed loon voor krijgt, vinden de New Yorkers niet meer dan vanzelfsprekend. 'Heus', glimlacht het hoofd van de vuilnisophaaldienst, 'deze mannen en vrouwen staan niet voor niets bekend als de helden van New York City.'

Ons streven is volledige werkloosheid,
zodat we kunnen spelen.

— **Arthur C. Clarke** (1917-2008)

8

De race tegen de machine

We zouden niet de eersten zijn. Aan het begin van de twintigste eeuw was er al een werknemer die door de machine werd ingehaald. Het was een arbeidskracht waar in het Engeland van 1901 nog meer dan 3 miljoen banen voor waren, maar twintig jaar later minder dan 2 miljoen.[1] Door de opkomst van de tractor werd zijn loon steeds lager, totdat hij zijn voedsel niet meer kon terugverdienen.

Ik heb het over het paard.

Met de razendsnelle opmars van rijdende, lezende, pratende, schrijvende en bovenal rekenende robots moeten ook de inwoners van Luilekkerland vrezen voor hun baan. 'De rol van mensen als de belangrijkste productiefactor is gedoemd kleiner te worden', schreef de Nobelprijswinnaar Wassily Leontief al in 1983, 'net zoals de rol van paarden in de landbouw eerst kleiner werd en daarna verdween door de komst van tractors.'[2]

Het is een van de sterkste argumenten voor een kortere werkweek en een basisinkomen geworden: robotisering. Want als de huidige trends doorzetten, is er maar één alternatief: structurele werkloosheid en oplopende ongelijkheid. 'Machinerie is een dief die duizenden berooft', zei William Leadbeater, een Engelse handwerker, al in 1830 tijdens een bijeenkomst in Huddersfield.[3] 'We zullen er nog wel achter komen dat ze ons land zal vernietigen.'

Het is begonnen op het salarisstrookje. In de Verenigde Staten is het loon van de mediane, mannelijke kostwinner sinds 1969 met 28 procent *gedaald*.[4] Voor mannen zonder diploma was dat, en dit is geen tikfout, 66 procent. Maar ook in andere rijke landen, van Duitsland tot

Japan, stokt de loongroei voor de meeste werknemers al jaren, terwijl de productiviteit gewoon doorgroeit. De belangrijkste verklaring: arbeid wordt steeds minder schaars. De opmars van de technologie zorgt ervoor dat de inwoners van Luilekkerland moeten concurreren met miljarden werknemers over de hele wereld. En belangrijker nog: met de machines.

Natuurlijk, mensen zijn geen paarden. Het lot van de ongediplomeerde viervoeter suggereert dat alleen arbeiders zonder opleiding bang hoeven te zijn. En dus zeggen we: meer geld naar onderwijs, leve de kenniseconomie!

Maar er is één probleem. Ook mensen met een papiertje moeten vrezen voor hun baan. William Leadbeater was een goed opgeleide handwerker toen zijn werk in 1830 werd overgenomen door een weefmachine. Het punt is niet dat hij geen onderwijs had genoten, het punt is dat zijn vaardigheden ineens overbodig waren geworden. Dat zal steeds meer mensen overkomen. 'Uiteindelijk', brieste Leadbeater, 'durf ik te zeggen dat het de vernietiging van het universum zal betekenen.'

Welkom in de race tegen de machine.

De chip en de doos

In het voorjaar van 1965 kreeg Gordon Moore, een computertechnicus bij IBM, bericht van *Electronics Magazine*. Of hij voor de 35ste verjaardag van het blad zijn licht wilde laten schijnen op de toekomst van de chip. De beste prototypes hadden in dat jaar nog maar dertig transistors, de elementaire bouwstenen van iedere computer. Transistors waren groot, computers waren traag.

Maar Moore begon wat cijfers te verzamelen. Hij ontdekte dat sinds 1959 het aantal transistors per chip was verdubbeld – ieder jaar weer. De vraag drong zich op: wat als deze trend zich voortzet? Met een schok realiseerde Moore zich dat het er in 1975 maar liefst 60.000 zouden zijn. Dan zou het niet lang meer duren of computers konden beter rekenen dan de slimste wiskundigen van alle universiteiten samen.[5] De titel van Moores essay liet in ieder geval weinig aan de verbeelding over: '*Cramming More Components onto Integrated Circuits*'. Volgepropte chips zouden ons 'wonderen als thuiscomputers' brengen, 'automatische besturing voor auto's' en misschien ook wel 'draagbare communicatieapparatuur'.

Het was maar een gok, wist Moore. Maar veertig jaar later bood Intel, een van de grootste chipproducenten ter wereld, tienduizend dollar aan degene die nog een kopie van het originele *Electronics Magazine* op zolder had liggen. De gok was de geschiedenis ingegaan als wet – de Wet van Moore om precies te zijn.

'Een paar keer heb ik gedacht dat we het einde van de lijn hadden bereikt', vertelde de bedenker in 2005. 'Dat de boel zou vertragen.'[6] Maar nee. Voor hoelang nog weet niemand, maar tot op de dag van vandaag raast de Wet van Moore voort.[7] In de Xbox One-spelcomputer, die in 2013 uitkwam, zat al een chip met maar liefst 5 *miljard* transistors.

Enter: de doos. Zoals de transistor aan het einde van de jaren vijftig de standaardeenheid van informatie werd, zo werd de container de standaardeenheid van transport.[8] Een rechthoekige stalen doos klinkt misschien niet zo revolutionair als de chip en de computer. Maar bedenk: voor de komst van de container werd alle waar afzonderlijk op een schip, trein of vrachtwagen geladen. Dat kon dagen in beslag nemen.

Een doos daarentegen hoeft maar één keer te worden in- en uitgepakt: op de plaats van vertrek en op de plaats van bestemming. In april 1956 vertrok het eerste containerschip van New York naar Houston, Texas. 58 stalen dozen werden in slechts een paar uur uitgeladen; een dag later was het schip weer volgeladen op de terugweg. Vóór de uitvinding van de stalen doos lagen schepen vier tot zes dagen in de haven: maar liefst 50 procent van hun tijd. Een paar jaar later was dat nog maar 10 procent.

De Wet van Moore in het aantal transistors in processors, 1970-2008

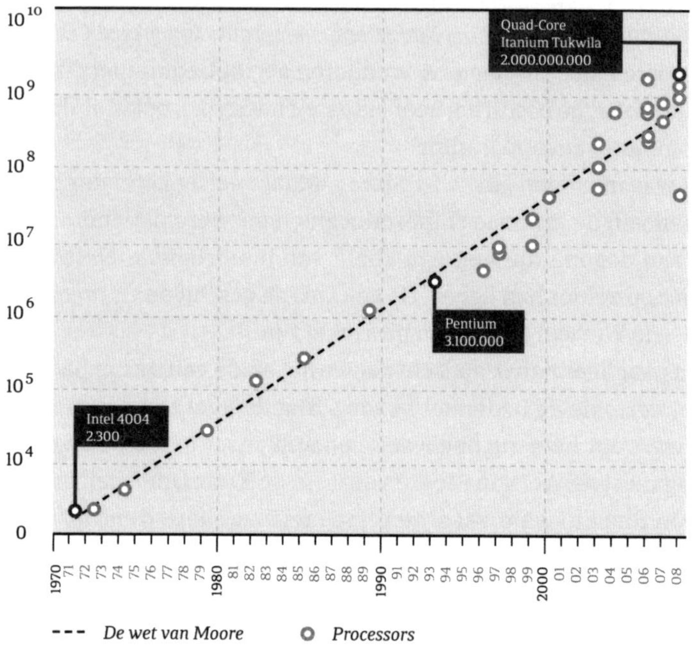

Bron: Wereldgezondheidsorganisatie

Met de opmars van de chip en de doos begon de wereld razendsnel te krimpen.[9] Goederen, diensten en kapitaal vlogen sneller en sneller de wereld over. En toen gebeurde er iets wat niemand voor mogelijk had gehouden.

Arbeid versus kapitaal

Iets wat, volgens de leerboeken, niet kón gebeuren. Zo had de econoom Nicholas Kaldor in 1957 nog zijn zes beroemde 'feiten' over economische groei genoteerd. Eerste feit: 'De delen van het nationaal inkomen die naar arbeid en kapitaal gaan, zijn constant over lange tijdsperiodes.' Twee derde van alles wat een land verdient, gaat naar de salarissen van werknemers. Een derde gaat naar de bezitters van het kapitaal – de mensen die de aandelen en de machines bezitten. Generaties jonge economen hebben het in hun oren geknoopt: de verhouding tussen kapitaal en arbeid is constant. Punt uit.

Maar het klopt niet.

Dertig jaar geleden begon er al iets te schuiven en inmiddels gaat nog maar 58 procent van de welvaart in rijke landen naar werknemers. Het lijkt een kleine daling, maar het is een aardverschuiving. Verschillende factoren spelen een rol: de teloorgang van de vakbonden, de groei van de financiële industrie, de lagere belastingen op kapitaal, en de opkomst van de Aziatische reuzen. Maar de belangrijkste oorzaak? Dat is de opmars van de technologie.[10]

Neem de iPhone. Het is een wonder van techniek, ondenkbaar zonder de chip en de doos. De telefoon is opgebouwd uit onderdelen uit de VS, Italië, Taiwan en Japan, wordt in elkaar geschroefd in China en gaat vervolgens de hele wereld over. Of neem een simpele pot Nutella-chocoladepasta. De cacao komt uit Nigeria, de palmolie uit Maleisië, de vanilline uit China, de suiker uit Brazilië; de fabrieken staan in Brazilië, Argentinië, Europa, Australië en Rusland en het hoofdkantoor vind je in Italië.

Waar een pot Nutella vandaan komt

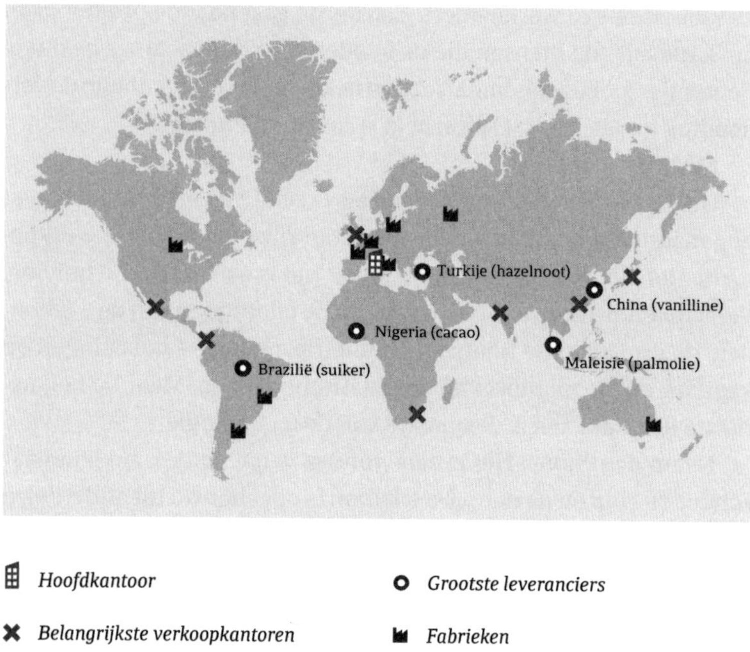

Bron: OESO

We mogen dan in een tijdperk van individualisering leven; we zijn nog nooit zo afhankelijk geweest van elkaar.

De vraag is alleen: wie profiteert? Innovatie in Silicon Valley betekent vaak massaontslag elders. Denk aan webshops als Amazon: met de opkomst van online winkels zijn miljoenen banen in de detailhandel verdwenen. De Britse econoom Alfred Marshall beschreef deze dynamiek al aan het einde van de negentiende eeuw: hoe kleiner de wereld wordt, hoe minder winnaars er zijn. Marshall constateerde dat de productie van vleugelpiano's door steeds minder bouwers werd gedomineerd. Met iedere nieuw aangelegde weg en met ieder nieuw gegraven kanaal werd het transport goedkoper, waardoor de beste pianobouwers hun product steeds makkelijker konden exporteren. De kleine, lokale leveranciers konden al snel niet meer op tegen de marketingkracht en schaalvoordelen van de grote jongens. Terwijl de wereld kleiner werd, gingen de kleine handelaren ten onder.

Hetzelfde proces heeft zich in de topsport, de muziekindustrie en de boekenwereld voltrokken, die nu ook door een handjevol supersterren worden gedomineerd. In het tijdperk van de chip, de doos en het internet win je niet alleen de slag als je nét iets beter bent dan de rest. Je wint de oorlog. Economen spreken ook wel van de '*winner-take-all*'-samenleving.[11] Van kleine accountants die worden verslagen door belastingsoftware tot boekhandels die het afleggen tegen internetshops – keer op keer blijkt dat de reuzen groeien terwijl de wereld krimpt.

Inmiddels groeit de ongelijkheid in bijna alle rijke landen. De kloof tussen arm en rijk in de VS is al groter dan die in het oude Rome – en dat was een op slavernij gebaseerde economie.[12] Maar ook in Europa groeit het verschil tussen boven- en onderkant.[13] Zelfs het World Economic Forum, de club van zakenlui, toppolitici en popsterren, noemt de groeiende ongelijkheid het grootste gevaar voor de wereldeconomie.

Het is dan ook snel gegaan. In het jaar 1964 hadden de vier grootste Amerikaanse bedrijven nog gemiddeld 430.000 werknemers in dienst. Bijna vijftig jaar later, in 2011, was dat nog maar een kwart, terwijl die grote vier inmiddels twee keer zo veel waard waren.[14] Of neem het tragische lot van Kodak, de uitvinder van de digitale camera en het bedrijf dat eind jaren tachtig nog 145.000 mensen op de loonlijst had staan. In 2012 vroeg het zijn faillissement aan, terwijl Instagram (de gratis mobiele fotoapplicatie met toen dertien werknemers) voor 1 miljard dollar aan Facebook werd verkocht.

Automatisering van kenniswerk

'De mensheid zal een ras van machineverzorgers worden', voorspelde Isaac Asimov al in 1964. Maar misschien is het nog erger. Robots bedreigen nu zelfs de banen van de verzorgers.[15] Om een bekende mop onder economen te citeren: voor een beetje fabriek heb je straks twee werknemers nodig, een mens en een hond. De mens geeft de hond te eten, en de hond houdt de mens weg bij de machines.

Het zijn allang niet meer alleen de trendwachters en technoprofeten uit Silicon Valley die zich grote zorgen maken. 'Terwijl de technologie voortraast, blijven steeds meer mensen achter', concluderen twee onderzoekers van het Massachusetts Institute of Technology. Wetenschappers van de Universiteit van Oxford schatten dat maar liefst 47 procent van alle Amerikaanse banen en 54 procent van alle Europese banen een groot risico loopt om te worden ingepikt door machines.[16] En dan niet over honderd, maar binnen twintig jaar. 'Het enige verschil tussen enthousiastelingen en sceptici is het tijdsframe', merkt een professor van de Universiteit van New York op. 'Over een eeuw maakt het niemand uit hoelang het precies duurde, alleen wat er gebeurde.'[17]

Ik moet toegeven: dit is een oud verhaal. Al tweehonderd jaar lang maken werknemers zich zorgen over de opmars van de technologie. En al tweehonderd jaar verzekeren werkgevers hun dat er vanzelf weer nieuwe banen komen. In het jaar 1800 was 74 procent van alle Amerikanen boer, in 1900 was dat nog maar 31 procent, en in 2000 minder dan 3 procent.[18] Het heeft niet tot massawerkloosheid geleid. Keynes schreef in de jaren dertig nog over die 'nieuwe ziekte' waar we volgens hem nog veel over zouden horen: 'technologische werkloosheid'. Maar toen hij stierf, in 1946, was er geen vuiltje aan de lucht.

Zo onderging de Amerikaanse auto-industrie in de jaren vijftig en zestig de ene na de andere automatiseringsgolf. Maar de lonen bleven gewoon stijgen en de werkgelegenheid groeide. Een studie uit 1963 wees uit dat nieuwe technologieën 13 miljoen banen hadden vernietigd in de jaren vijftig, maar ook 20 miljoen banen hadden gecreëerd. 'In plaats van bang te zijn voor groeiende automatisering, zouden we het moeten aanmoedigen', merkte de onderzoeker op.[19]

Maar dat was 1963. In de twintigste eeuw gingen de groei van de productiviteit en de groei van de werkgelegenheid meestal gelijk op. Mens en machine marcheerden zij aan zij. Maar nu, aan het begin van een nieuwe eeuw, snellen de robots vooruit. Rond het jaar 2000 begon 'De Grote Ontkoppeling', zoals de economen van het MIT het noemen. 'Het is de grote paradox van onze tijd', vertelt een van hen. 'De productiviteit is hoger dan ooit, de innovatie is nog nooit zo snel gegaan, maar toch dalen de mediane inkomens en zijn er minder banen.'[20]

Nieuwe banen verschijnen nu vooral aan de onderkant van de piramide, in supermarkten, fastfoodrestaurants en bejaardentehuizen. Die banen zijn nog veilig – voor dit moment.

Productiviteit en werkgelegenheid in de Verenigde Staten, 1947-2011

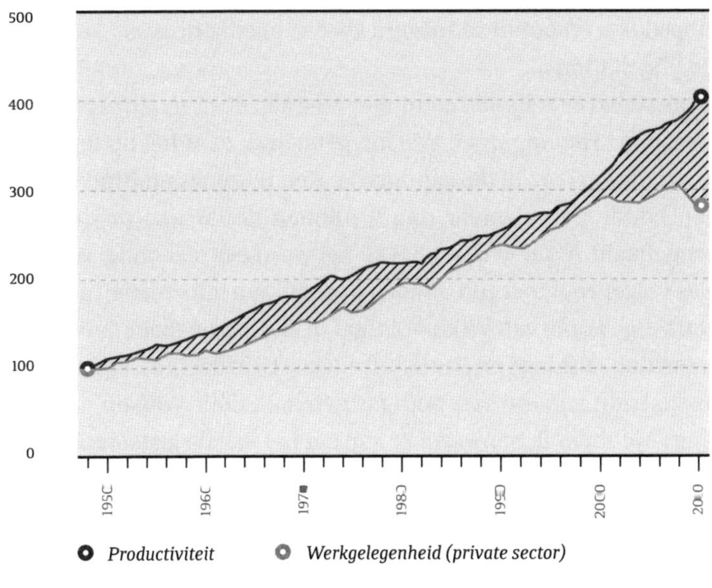

Bron: US Department of Labor, Bureau of Labor Statistics

Toen mensen er nog toe deden

Honderd jaar geleden waren computers gewoon nog mensen. Geen grap: het woord 'computer' was toen de naam van een baan. Computers waren de doorgaans vrouwelijke werknemers die de hele dag simpele sommetjes maakten. Maar het duurde niet lang of dit werk kon door rekenmachines worden overgenomen, en sindsdien heeft de computer de ene na de andere baan opgeslokt.

In 1990 voorspelde de technologieprofeet Ray Kurzweil dat in 1998 zelfs een schaakgrootmeester door een computer zou worden verslagen. Hij zat ernaast, want in 1997 was het al zover. Deep Blue versloeg de schaaklegende Garri Kasparov. De snelste rekenmachine van dat jaar was de ASCI Red-supercomputer van het Amerikaanse leger, die op zijn hoogtepunt één teraflop klokte. Dit bakbeest had de omvang van een tennisbaan en kostte 55 miljoen dollar. Maar vijftien jaar later, in 2013, kwam er een rekenmachine op de markt die met gemak twee teraflop klokte en honderdduizend keer zo goedkoop was.

De PlayStation 4.

In 2011 deed er zelfs een computer mee aan de populaire televisiequiz *Jeopardy!* Het apparaat, Watson genaamd, nam het op tegen de beste kenniswerkers in deze industrie: Ken Jennings en Brad Rutter. Beiden hadden ze al meer dan 3 miljoen dollar aan prijzengeld binnengehaald. Maar je raadt het al: het werd een slachting. Watson, die was volgepropt met 200 miljoen pagina's aan informatie, inclusief een volledige kopie van Wikipedia, gaf in zijn eentje meer goede antwoorden dan Jennings en Rutter bij elkaar. 'Quizdeelnemer mag dan de eerste baan zijn die overbodig is gemaakt door Watson', merkte Jennings op, 'maar ik ben er zeker van dat het niet de laatste zal zijn.'[21]

De nieuwe generatie robots wil niet alleen onze spierkracht, maar ook onze denkkracht vervangen. Het Tweede Tijdperk der Machines, zo wordt deze dappere nieuwe wereld van chips en algoritmes al genoemd. Het eerste tijdperk begon met de Schotse knutselaar James Watt, die tijdens een wandeling in 1765 bedacht hoe de stoommachine een stuk efficiënter kon worden gemaakt. De vrome Watt moest nog een dag wachten – het was zondag – om aan de uitvoering te beginnen. Maar in 1776 lukte het hem al om 20 meter water uit een mijn te pompen in slechts zestig minuten.[22]

Vanaf dat moment – toen bijna iedereen bijna overal nog arm, hongerig, bang, vies, dom, ziek en lelijk was – kwam de vooruitgang in een stroomversnelling. In 1800 haalden de Engelsen nog drie keer zo veel energie uit waterkracht als uit stoomkracht; zeventig jaar later genereerden Engelse stoommachines al de energie van 40 miljoen volwassen mannen. Spierkracht werd op grote schaal vervangen door machinekracht.[23]

En nu, twee eeuwen later, is onze denkkracht aan de beurt. Het werd tijd ook. 'We zien het computertijdperk overal', zei de econoom Bob Solow nog in 1987, 'behalve in de productiviteitsstatistieken'. Computers deden best aardige dingen, daar niet van, maar de economische impact was toen nog beperkt. Net als de stoommachine had de computer tijd nodig om, nou ja, op stoom te komen. Of vergelijk het met elektriciteit: de grote innovaties dateren van de jaren 1870, maar pas rond 1920 gingen de meeste fabrieken elektrische stroom gebruiken.[24]

Inmiddels doen chips wat we tien jaar geleden nog voor onmogelijk hadden gehouden. Zo schreven twee prominente wetenschappers in 2004 een hoofdstuk met de veelzeggende titel: 'Waarom mensen er nog toe doen'.[25] Hun stelling: autorijden kan nooit geautomatiseerd worden. Maar slechts zes jaar later was het al zover. De robotauto's van Google hebben al een miljoen kilometer afgelegd zonder brokken te maken. Hoewel, het ging één keer mis – toen een mens het stuur even had overgenomen.

Ray Kurzweil, de futuroloog, gelooft dat computers in 2029 even slim zullen zijn als mensen. In 2045 zouden ze zelfs een miljard keer intelligenter zijn dan alle menselijke breinen bij elkaar. Volgens de technologieprofeet is er geen grens aan de exponentiële groei van machinale rekenkracht. Belangrijk te vermelden: Kurzweil is even gek als geniaal. En bedenk: intelligentie is niet hetzelfde als rekenkracht. Maar toch, de computer die in 1969 nog gebruikt werd om mensen op de maan te zetten, hebben we nu in onze broekzak.

We hebben de kracht van exponentiële groei wel vaker onderschat.

This time is different

De grote vraag luidt: wat gaan mensen doen in de toekomst? Wat voor nieuwe banen komen erbij? En belangrijker nog: wat zal de kwaliteit van die nieuwe banen zijn?

Natuurlijk, de werknemers van een bedrijf als Google worden goed verzorgd, met zalig voedsel, dagelijkse massages en een vorstelijk salaris. Maar wie in Silicon Valley wil werken moet veel talent, ambitie en geluk hebben. Economen spreken van 'arbeidsmarktpolarisatie': de groeiende kloof tussen *lousy jobs* en *lovely jobs*. Terwijl de werkgelegenheid voor hoog- en laagopgeleiden nog enigszins stabiel blijft, zijn er steeds minder banen voor gemiddeld opgeleide mensen.[26] De middenklasse, de ruggengraat van de democratie, brokkelt langzaam af. De VS loopt voorop in dit proces, maar in andere rijke landen zien we hetzelfde gebeuren.[27]

Sommige inwoners van Luilekkerland komen zelfs helemaal aan de kant te staan, ook al zijn ze kerngezond en willen ze graag werken. Net als voor de Engelse werkpaarden zal er voor hen geen loon zijn waarvoor een werkgever hen in dienst wil nemen. Aziaten, Afrikanen of robots zijn dan sowieso goedkoper. In die volgorde: het kan eerst nog efficiënter zijn om werk uit te besteden aan goedkope arbeiders in Azië en Afrika.[28] Maar naarmate de lonen ook daar stijgen en de technologie beter wordt, winnen de robots altijd.

Outsourcing is uiteindelijk slechts een tussenstation. Op termijn worden zelfs de sweatshops in Vietnam en Bangladesh geautomatiseerd.[29] De loonslaven van Foxconn, het Chinese bedrijf dat onze iPhones in elkaar schroeft, moeten nu al vrezen voor hun baan. Foxconn maakte eind 2012 bekend dat het een miljoen robots in dienst wil nemen. Volgens de Internationale Federatie van Robotica is China hard op weg het grootste robotland ter wereld te worden.

Robots worden niet ziek, hoeven geen vakantiegeld en klagen nooit. Maar talloze mensen die in een slechtbetaalde rotbaan belanden? Dat is vragen om problemen. Guy Standing, een Britse econoom, voorziet de opkomst van een nieuwe, gevaarlijke klasse: het 'precariaat'. Het is de groeiende meute met lage lonen, tijdelijke contracten en zonder politieke stem. Hun frustraties lijken angstaanjagend veel op de frustraties van William Leadbeater. De Engelse handarbeider, die vreesde dat de machinerie zijn land, of zeg gerust het universum, zou vernietigen, maakte deel uit van de eerste gevaarlijke klasse die het kapitalisme ooit voortbracht.

Maak kennis met de Luddieten.

De slag bij Rawfolds Mill

Het is 11 april 1812. Honderd, misschien wel tweehonderd gemaskerde mannen komen bijeen op een donker veld bij Huddersfield, tussen Manchester en Leeds. Ze verzamelen zich bij een stenen obelisk, die de Dumb Steeple wordt genoemd. De meute is tot de tanden toe gewapend met hamers, bijlen en pistolen.

George Mellor, een jonge en charismatische arbeider, heeft de leiding in handen. Hij houdt zijn lange pistool, waarvan het verhaal gaat dat hij het uit Rusland heeft meegenomen, hoog in de lucht. Het doelwit die ochtend is Rawfolds Mill, de fabriek van William Cartwright. Deze rijke ondernemer heeft net een nieuw type weefmachine in gebruik genomen die in zijn eentje het werk van vier goed geschoolde katoenwerkers doet. De werkloosheid onder de Luddieten van Yorkshire, zoals de gemaskerde mannen worden genoemd, is sindsdien geëxplodeerd.

Maar Cartwright is getipt. Soldaten zijn opgeroepen en versterkingen zijn neergezet. Honderdveertig kogels, twee doden en twintig minuten later wordt Mellor gedwongen de aftocht te blazen. Afgaande op de bloedsporen die de volgende dag worden gevonden, tot wel 4 mijl verderop, zijn er tientallen mannen gewond geraakt.

Twee weken verstrijken totdat een andere fabrikant, William Horsfall, van Huddersfield naar het nabijgelegen dorpje Marsden rijdt. Horsfall heeft woest gereageerd op de aanval op Rawfolds Mill en gezworen dat het bloed van de Luddieten spoedig 'tot aan het zadel van zijn paard' zal rijzen. Wat hij niet weet is dat vier van hen, onder wie Mellor, langs de weg in een hinderlaag liggen. Nog voor het middaguur baadt Horsfall in zijn eigen bloed, getroffen door een kogel afkomstig uit de loop van een Russisch pistool.

In de maanden daarna is Yorkshire te klein. Een commissie onder leiding van de energieke magistraat Joseph Radcliffe krijgt de opdracht onderzoek te doen naar de Slag bij Rawfolds Mill en de dood van William Horsfall. Een klopjacht begint. Al snel geeft Benjamin Walker, een van de mannen die Horsfall in de hinderlaag lokten, zich aan bij Radcliffe. Hij hoopt zijn eigen leven te redden en een uitgeloofde beloning van tweeduizend pond op te strijken. Walker noemt de namen van zijn vrienden: William Thorpe, Thomas Smith en hun leider George Mellor.

Het duurt niet lang of ze bungelen alle drie aan een galg in York.

Het gelijk van de Luddieten

'Geen van de gevangenen liet een traan', schreef *The Leeds Mercury* een dag na de executie. Mellor bad en vroeg om vergeving van zijn zonden, maar verwees niet naar zijn daden als Luddiet. Walker, de verrader, werd gespaard, maar kon fluiten naar zijn beloning. Hij eindigde volgens de overlevering als bedelaar in Londen.

Tweehonderd jaar later bestaat Rawfolds Mill niet meer. In de buurt staat nog wel een touwfabriek, waar arbeiders elkaar verhalen vertellen over de geesten van de Luddieten, die 's nachts over de velden dwalen.[30] Want inderdaad: het spook van het Luddisme is nog altijd onder ons. Het was aan het begin van het Eerste Tijdperk der Machines toen textielwerkers in het midden en noorden van Engeland in opstand kwamen. Vakbonden waren verboden en daarom kozen de Luddieten ervoor om, in de woorden van de historicus Eric Hobsbawm, 'te onderhandelen door te rellen'. De mannen trokken van fabriek naar fabriek en lieten een spoor van vernieling achter. Ze werden vernoemd naar hun mythische leider, Ned Ludd, die al in 1779 in een vlaag van woede twee weefgetouwen in stukken zou hebben geslagen.

Natuurlijk, de handarbeider William Leadbeater overdreef ietwat toen hij met de opkomst van de machines de 'vernietiging van het universum' voorzag. Maar de zorgen van de Luddieten waren allesbehalve uit de lucht gegrepen. Hun lonen vlogen omlaag en hun banen verdwenen als sneeuw voor de zon. 'Hoe moeten mannen die hun baan hebben verloren zorgen voor hun familie?' vroegen de katoenwerkers van Leeds zich eind achttiende eeuw af. 'Sommigen zeggen: leer een ander vak. Stel dat we dat doen – wie zal dan onze gezinnen onderhouden...? En als we het geleerd hebben, hoe weten we dat we beter af zullen zijn? (...) Er zal een nieuwe machine komen, die ook deze handel zal wegnemen.'[31]

De opstand der Luddieten, die rond 1811 op zijn hoogtepunt was, werd op brute wijze neergeslagen. Meer dan honderd mannen eindigden aan de galg. De Luddieten verklaarden de oorlog aan de machine, maar de machine won. En dus wordt deze episode meestal als een ongelukje in de geschiedenis van de vooruitgang beschouwd. Uiteindelijk creëerden de machines immers zo veel nieuwe banen dat zelfs de bevolkingsexplosie van de twintigste eeuw ermee kon worden opgevangen. Thomas Paine, de radicale vrijdenker, schreef 'dat iedere machine die werk overbodig maakt een zegen is voor de grote familie waarvan we een onderdeel zijn'.[32]

En zo is het. Het woord robot komt van het Tsjechische '*robota*', wat 'gezwoeg' betekent. Robots zijn er om de dingen te doen die mensen liever niet doen. 'Machines moeten voor ons werken in kolenmijnen', schreef Oscar Wilde in 1890. Ze moeten 'de stoker van stoomschepen zijn, en de straten schoonmaken, en de post bezorgen als het regent, en alles doen wat saai of een kwelling is'. De oude Grieken hadden gelijk, vond Wilde. Beschaving kan niet zonder slaven. 'Van mechanische slavernij, van de slavernij van de machine, daar hangt de toekomst van de wereld van af.'

Maar dan is er nog wel één ding nodig: een mechanisme van herverdeling. Er moet een systeem komen dat ervoor zorgt dat iedereen profiteert van het Tweede Tijdperk der Machines; een systeem dat de verliezers compenseert. Tweehonderd jaar lang was dat systeem de arbeidsmarkt, die steeds weer nieuwe banen creëerde en zo de vruchten van de vooruitgang verdeelde. Maar voor hoelang nog? Stel dat de Luddieten alsnog gelijk krijgen, maar dan op mondiale schaal. Stel dat de meesten van ons gedoemd zijn de race tegen de machine, op termijn, te verliezen.

Wat te doen?

Remedies

Heel wat economen zeggen: niet zo veel. De trends zijn duidelijk. De ongelijkheid zal verder toenemen en wie niet snel iets leert wat machines niet kunnen of zullen kunnen, zal aan de zijlijn komen te staan. 'Grootverdieners verwennen, in zowat elk onderdeel van hun bestaan, zal een grote banenmotor worden in de toekomst', schrijft de Amerikaanse econoom Tyler Cowen. Natuurlijk, de onderklasse zal wel toegang hebben tot goedkope zonne-energie en gratis wifi, maar het verschil met de top zal groter zijn dan ooit.

Verder kunnen we erop rekenen dat rijken en hoogopgeleiden nog meer naar elkaar toe trekken, terwijl dorpen en steden in de periferie verpauperen. We zien dat al in Europa: een Spaanse techneut kan beter aan de slag in Eindhoven dan in Madrid, zoals Griekse ingenieurs naar Stuttgart en München trekken. Mensen met diploma's gaan nog dichter bij andere mensen met diploma's wonen. Zo was het opleidingsniveau van de slimste Amerikaanse stad in de jaren zeventig 16 procentpunt hoger dan de laagst opgeleide stad. Nu is die kloof twee keer zo groot.[33] Zolang de machine ze nog niet heeft behaald, leveren diploma's een beter rendement dan ooit. Werd je leven vroeger door je afkomst bepaald, nu is het je opleiding.

Het standaardantwoord luidt dan ook: we moeten meer geld in het onderwijs pompen. We moeten niet racen tegen de machine, maar mét de machine. Ook de technologische golven van de negentiende en twintigste eeuw zijn immers opgevangen door massale investeringen in onze scholen en universiteiten. Maar aan de andere kant: het was niet zo moeilijk om de verdienkracht van een boerenbevolking op te krikken. Je hoefde ze alleen maar te leren lezen, schrijven en rekenen. Nu is het veel lastiger, en duurder, om onze kinderen klaar te stomen voor de nieuwe eeuw. Het laaghangende fruit is al geplukt.

Een tweede optie is om het advies van de Nederlandse schaakgrootmeester Johannes Hendrikus Donner op te volgen. Toen hem gevraagd werd welke strategie hij tegen een computer zou gebruiken, hoefde hij niet lang na te denken. 'Ik zou een hamer meenemen.' Dan zouden we in de voetsporen treden van de Oostenrijkse keizer Frans II (1768-1835), die de bouw van fabrieken en spoorwegen verbood. 'Nee, nee, ik wil er niets mee te maken hebben, anders komt er revolutie in dit land.'[34] Tot diep in de negentiende eeuw werden de Oostenrijkse treinen door paarden getrokken.[35]

Maar wie de vruchten van de vooruitgang wil blijven plukken, zal iets radicalers moeten bedenken. Zoals het Eerste Tijdperk der Machines is opgevangen met een revolutie in het onderwijs en de sociale zekerheid, zo vraagt ook het Tweede Tijdperk der Machines om grote stappen, zoals een kortere werkweek en een basisinkomen.

De toekomst van het kapitalisme

Nu is het nog moeilijk voor te stellen dat er een samenleving aankomt waarin loonarbeid niet de alfa en de omega van ons bestaan zal zijn. Maar wie zich geen andere wereld kan voorstellen, toont vooral zijn gebrek aan verbeeldingskracht – niet de onmogelijkheid van verandering. In de jaren vijftig konden we het ons ook niet voorstellen dat de komst van de koelkast, de stofzuiger en bovenal de wasmachine de feministische revolutie in beweging zou zetten. Maar het gebeurde.

Toch wordt de loop van de geschiedenis niet door de technologie bepaald. Uiteindelijk beslist de mens over hoe hij de technologische vooruitgang in banen wil leiden. Het scenario van radicale ongelijkheid, dat de VS volgt, is niet de enige optie. Het alternatief is dat we, ergens deze eeuw, afkomen van het dogma dat je moet werken voor je geld. Want naarmate we rijker worden, zal de arbeidsmarkt een steeds slechter middel worden om de welvaart te verdelen. Willen we vasthouden aan de zegeningen van de technologie, dan zit er uiteindelijk maar één ding op: herverdeling. Véél herverdeling.

Van geld (een basisinkomen), tijd (een kortere werkweek), belasting (van arbeid naar kapitaal) en, natuurlijk, van robots. Al in de negentiende eeuw schreef Oscar Wilde dat iedereen zou profiteren van intelligente machines als die 'het bezit van allen' zouden zijn. Technologische vooruitgang maakt een samenleving welvarender, maar er is geen economische wet die zegt dat iedereen ervan profiteert.

Even terug maakte de Franse econoom Thomas Piketty furore met zijn stelling dat als het zo doorgaat we teruggaan naar de renteniers-economie van de negentiende eeuw. Mensen met bezit (aandelen, huizen, machines) gingen er toen veel sneller op vooruit dan mensen met werklust. Het rendement op kapitaal lag eeuwenlang tussen de 4 en 5 procent, terwijl de jaarlijkse groei van de economie ver onder de 2 procent lag. Zonder de terugkeer van stevige, inclusieve groei (onwaarschijnlijk), hoge belastingen op kapitaal (onwaarschijnlijk) of een Derde Wereldoorlog (onwenselijk) zal de ongelijkheid tot een angstaanjagend niveau kunnen oplopen.

Alle standaardopties – een beetje scholen, een beetje reguleren, een beetje nivelleren – zullen dan niet genoeg uithalen. Uiteindelijk biedt alleen een wereldwijde, progressieve belasting op kapitaal uitkomst, denkt Piketty, waarbij de Franse professor ook wel begrijpt dat dit slechts een 'nuttige utopie' is. Maar toch: niets is onvermijdelijk. De geschiedenis van de ongelijkheid is altijd door en door politiek geweest. Als de wet van de gezamenlijke vooruitgang niet spontaan ontstaat door een onzichtbare hand, dan kunnen mensen hem zelf maken. Zonder zo'n wet kan de vrije markt misschien niet eens functioneren. 'We moeten het kapitalisme beschermen tegen de kapitalisten', concludeert Piketty.[36]

Het doet denken aan een verhaal uit de jaren zestig van de vorige eeuw. De kleinzoon van Henry Ford gaf een rondleiding aan de vakbondsleider Walter Reuther in een nieuwe, geautomatiseerde fabriek. Hij grapte: 'Walter, hoe ga je ervoor zorgen dat die robots hun contributie betalen?'

Reuther twijfelde geen moment.

'Henry, hoe ga je ervoor zorgen dat ze je auto's kopen?'

'De toekomst is er al – ze is alleen een beetje ongelijk verdeeld.'

— William Gibson (1948)

9

Achter de poorten van Luilekkerland

En dan knaagt het schuldgevoel.

Hoe kun je als inwoner van Luilekkerland bezig zijn met je decadente utopieën, van gratis geld tot een vijftienurige werkweek, als honderden miljoenen mensen nog altijd moeten overleven van een dollar per dag? Is het niet de grootste uitdaging van onze tijd om de geneugten van Luilekkerland open te stellen voor iedere aardbewoner?

We hebben het geprobeerd. 134,8 miljard dollar per jaar, 11,2 miljard dollar per maand, 4.274 dollar per seconde – dat is wat de westerse wereld uitgeeft aan ontwikkelingshulp.[1] In de afgelopen vijftig jaar was het opgeteld bijna 5 *biljoen* dollar.[2] Veel? Nou ja, de oorlogen in Irak en Afghanistan kostten ongeveer evenveel.[3] Rijke landen besteden bovendien twee keer zo veel aan het subsidiëren van hun eigen boeren als aan hulp.[4] Maar toch: natuurlijk is het veel. 5 biljoen euro is een astronomisch bedrag.

Vraagje: heeft het ook iets geholpen?

Nu wordt het pijnlijk. Want eigenlijk is er maar één antwoord: geen idee. Werkelijk geen idee. In de jaren zeventig gaven we relatief de meeste hulp, maar toen ging het verschrikkelijk slecht met Afrika en had nog niemand gehoord van de Aziatische Tijgers. Nu geven we steeds minder, maar gaat het steeds beter. Heeft dat iets met elkaar te maken? Geen idee. Misschien was het wel nog veel slechter gegaan zonder Band Aid en Bono. Misschien ook niet. Volgens een studie van de Wereldbank is 85 procent van alle westerse hulpgelden in de vorige eeuw aan iets anders besteed dan waar het voor bedoeld was.[5] Is het dan allemaal voor niets geweest?

Geen idee.

Natuurlijk, je hebt van die economische modellen die ervan uitgaan dat mensen rationele wezens zijn. Je hebt van die studies achteraf, die laten zien hoe scholen, dorpen of landen zijn veranderd nadat ze een zak met geld hebben gekregen. Je hebt van die *case studies*: vrolijke of droevige anekdotes over hulp die wel of niet heeft geholpen. En dan is er nog de intuïtie. Veel intuïtie.

Esther Duflo, een kleine professor met een zwaar Frans accent, vergelijkt het gebruikelijke onderzoek naar ontwikkelingshulp met middeleeuwse aderlatingen.[6] Dokters zetten vroeger bloedzuigers op de huid van hun patiënten om de lichamelijke vochten in balans te brengen. Werd de patiënt beter, dan kon de arts zich op de borst kloppen. Ging de patiënt dood, dan was dat vast de wil van God. Aan de intenties van de dokter lag het meestal niet, maar inmiddels weten we dat aderlaten miljoenen mensen het leven heeft gekost. In 1799 nog, het jaar dat Alessandro Volta de elektrische batterij uitvond, werd er bij president George Washington een paar liter bloed afgetapt in verband met wat keelklachten. Hij stierf twee dagen later.

Aderlaten was, kortom, erger dan nutteloos. Maar geldt dat ook voor ontwikkelingshulp? Volgens Esther Duflo speelt er in ieder geval iets vergelijkbaars: het structurele gebrek aan wetenschappelijk bewijs. In 2003 was Duflo een van de oprichters van het Poverty Action Lab aan het Massachusetts Institute of Technology. Inmiddels werken er 150 onderzoekers die al meer dan vijfhonderd studies hebben uitgevoerd in 56 landen.

Samen hebben ze de ontwikkelingshulp op zijn kop gezet.

Er was eens... een controlegroep

Het verhaal begint in Israël, ergens in de zevende eeuw voor Christus. Nebukadnezar, de koning van Babylonië, heeft net Jeruzalem ingenomen. Hij geeft het hoofd van zijn eunuchen (mannen die zijn gecastreerd om hun loyaliteit te garanderen) opdracht een paar Israëlieten van voorname afkomst naar zijn paleis in Babylon te brengen. Een van hen is Daniël, een buitengewoon vroom man.

Bij binnenkomst vraagt Daniël aan de oppereunuch of hij zich van 'de spijzen en de wijn van de tafel van de koning' mag onthouden. Hij en zijn mannen houden zich namelijk aan hun eigen, religieuze dieet. De eunuch schrikt. 'Ik ben bang voor mijn heer, de koning', antwoordt hij. 'Hij heeft bepaald wat jullie zullen eten en drinken, en als hij vindt dat jullie er slechter uitzien dan jullie leeftijdsgenoten, zal hij mij daarvoor verantwoordelijk stellen.'

Dan stelt Daniël zijn plannetje voor.

'Neem de proef op de som en laat uw dienaren tien dagen alleen groente eten en water drinken. Vergelijk ons uiterlijk daarna met dat van de jongemannen die de koninklijke spijzen eten, en beslis dan over uw dienaren op grond van wat u ziet.' De Babyloniër stemt toe. Na tien dagen zien Daniël en zijn vrienden er 'gezonder en beter doorvoed' uit dan de andere jongemannen aan het hof. Vanaf dat moment dient de kamerheer geen koninklijke spijzen en wijn meer op, maar krijgt iedereen 'alleen nog groente'. *Quod erat demonstrandum.*

Dit is het eerste geschreven verslag van een vergelijkend experiment waarin een hypothese wordt getest en gebruik wordt gemaakt van een controlegroep. Een paar eeuwen later werd het experiment opgenomen in de grootste bestseller aller tijden: de Bijbel (zie Daniël 1, vers 1-16). Toch zou het nog eeuwen duren voordat dergelijk vergelijkend onderzoek de gouden standaard werd binnen de wetenschap. Inmiddels spreken we van een *randomized controlled trial* (RCT). In de geneeskunde gaat dat als volgt: met behulp van het lot worden drie groepen met hetzelfde medische probleem samengesteld. De ene groep krijgt het te testen medicijn, de andere een placebo, en een derde niets.[7]

Wat aderlaten betreft: in 1836 publiceerde de Franse dokter Pierre Louis als eerste over een vergelijkend experiment waarbij hij bij een deel van zijn patiënten met longontsteking direct een paar liter bloed had afgenomen en een deel van hen pas later aan de bloedzuigers had onderworpen. Van de eerste groep legde 44 procent het loodje, van de tweede groep slechts 25 procent.[8] Dr. Louis had een van de eerste *clinical trials* ooit uitgevoerd – en het aderlaten was er niet goed van afgekomen.

Maar nu het bizarre: de eerste RCT van ontwikkelingshulp werd pas in 1998 gepubliceerd. Meer dan anderhalve eeuw nadat dr. Louis het aderlaten naar de vuilnisbelt van de geschiedenis had verwezen – pas tóén kwam Michael Kremer, een jonge Amerikaanse professor, op een lumineus idee. Hij begon een onderzoek naar het effect van gratis schoolboeken op Keniaanse basisschoolleerlingen. In theorie zouden de boeken moeten leiden tot minder spijbelen en hogere testscores. Daar bestond al een grote hoeveelheid academische literatuur over; de Wereldbank had het uitdelen van gratis boeken in 1991 nog warm aanbevolen.[9]

Enige probleem: geen van deze studies had voor andere variabelen gecontroleerd.

Kremer ging voortvarend te werk. In samenwerking met een hulporganisatie selecteerde hij twee keer zo veel scholen als waar geld voor was: vijftig in totaal. Vervolgens bepaalde het toeval welke vijfentwintig scholen gratis boeken kregen en welke vijfentwintig niet. Gemakkelijk was het allemaal niet, een RCT in een land met slechte communicatiemiddelen, deplorabele wegen en zo nu en dan een hongersnood. Maar na vier jaar bleek: de gratis boeken hadden niets geholpen. De testscores waren niet omhooggegaan.[10]

Kremers experiment betekende een mijlpaal. Inmiddels is er een hele randomisatie-industrie ontstaan binnen de ontwikkelingshulp, uitgevoerd door zogenoemde 'randomista's'. Dat zijn onderzoekers die genoeg hebben van de intuïtie, het fingerspitzengefühl en het ideologische geharrewar van mannen met baarden over de diepste drijfveren van de berooiden in Eritrea. Wat de randomista's willen, dat zijn cijfers. Spijkerharde data die laten zien welke hulp helpt, en welke niet.

De opperrandomista? Dat is een kleine professor met een Frans accent.

Een zak geld en een goed plan

Niet zo heel lang geleden zat ik nog in de collegebanken, voor een vak over ontwikkelingssamenwerking. We moesten de boeken van de grote denkers over ontwikkelingshulp bestuderen, zoals Jeffrey Sachs en William Easterly.

Sachs schreef in 2005 het boek *The End of Poverty* (met een voorwoord van Bono, de popster). De Amerikaanse professor betoogt daarin dat de extreme armoede nog vóór 2025 kan worden uitgeroeid. Enige benodigdheden: een grote zak geld en een goed plan. Dat wil zeggen: zíjn plan.

Easterly maakte gehakt van de ideeën van Sachs – hij verweet hem een koloniale 'verlosserstoon' te hebben en schreef dat arme landen alleen van onderop kunnen veranderen. De lokale democratie en, bovenal, de markt moeten hun werk doen. 'Het beste plan is geen plan', aldus Easterly.

Ik heb mijn collegeaantekeningen nog eens bestudeerd, maar wie niet tot de stof behoorde, was Esther Duflo. Erg verrassend is dat niet, want zij heeft een broertje dood aan de hoogdravende, intellectuele strijd die oude mannen als Sachs en Easterly uitvechten. Haar ambitie is snel samengevat: 'Het giswerk uit de beleidsvorming halen'.[11]

Neem malaria. Ieder jaar sterven er honderdduizenden kinderen aan deze ziekte, die eenvoudig te voorkomen is met een klamboe over een bed. Voor slechts tien dollar kunnen we zo'n net produceren, transporteren, distribueren en de gebruiker leren hoe het werkt. 'We zouden legers van Rode Kruis-vrijwilligers netten moeten laten uitdelen in tienduizenden Afrikaanse dorpen', schreef Sachs in 2007. Titel van zijn stuk: '*The 10$ Solution*'.

Easterly zag het al voor zich: Sachs die met zijn makker Bono een concert zou organiseren om een paar miljoen binnen te halen en vervolgens duizenden malarianetten boven Afrika te droppen. *In no time* zouden alle lokale netverkopers failliet zijn, terwijl de malarianetten als visnetten en bruidssluiers zouden worden gebruikt. Een paar jaar na de komst van Sachs de Verlosser zouden er nog meer kinderen aan malaria zijn gestorven.

Klinkt plausibel, nietwaar?

Het zal Esther Duflo worst wezen. Ze is niet geïnteresseerd in wat plausibel klínkt. Over de vraag of je malarianetten beter gratis kunt uitdelen of verkopen, kun je theoretiseren vanuit je leunstoel, maar je kunt er ook gewoon onderzoek naar doen. Twee wetenschappers van de Universiteit van Cambridge deden dat in Kenia. In een RCT kregen sommigen hun net gratis, terwijl anderen slechts korting kregen. De verkoop van netten bleek omlaag te schieten zodra er betaald moest worden. Bijna iedereen kwam zijn net ophalen als het gratis was, maar bij een prijskaartje van drie dollar kocht minder dan 20 procent een net. En belangrijker: voor het gebruik maakte het niets uit of een net was gekocht of gratis verkregen – in 90 procent van alle gevallen werd het gebruikt waarvoor het bedoeld was.[12]

Maar dat is nog niet alles. Een jaar later kregen de deelnemers de optie om zelf nog een net te kopen – voor twee dollar. Wie de boeken van Easterly heeft gelezen, zou zeggen dat de 'gratis' deelnemers niet tot koop overgaan; zij zijn immers gewend geraakt aan het gepamper. Het is een mooie theorie, die slechts één ding mist: bewijs. De mensen die hun net gratis kregen, kochten een jaar later namelijk twee keer vaker een nieuw net dan diegenen die er eerst drie dollar voor hadden betaald.

'Mensen raken niet gewend aan hulp, ze raken gewend aan netten', merkt Duflo droogjes op.

Een wondermethode?

Eigenlijk hebben we het hier over een geheel nieuwe manier van economie bedrijven. De randomista's denken niet in modellen. Ze geloven niet in de mens als rationele actor. Ze gaan ervan uit dat we rare wezens zijn – soms dom en soms slim, soms heldhaftig en soms bang, soms altruïstisch en soms egoïstisch. En die benadering blijkt veel betere resultaten op te leveren.

Waarom doen we dit dan nu pas?

Er is een aantal goede redenen voor. Een randomized controlled trial in een straatarm land is moeilijk, tijdrovend en duur. Lokale organisaties willen vaak niet meewerken, niet in de laatste plaats omdat de resultaten pijnlijk kunnen zijn. Zo wordt iedere paar jaar van ontwikkelingshulp weer door een andere hype gedomineerd – 'goed bestuur' bijvoorbeeld, 'onderwijs', of 'microkrediet' aan het begin van deze eeuw. Met die laatste hype is het slecht afgelopen. De boosdoener was, jawel, Esther Duflo, die een fatale RCT opzette in Haiderabad, in India. Ze toonde aan dat er, afgezien van mooie anekdotes, geen hard bewijs is voor de effectiviteit van microkrediet bij het bestrijden van armoede en ziekte.[13] Geld geven werkt veel beter. Sterker nog, gratis geld is misschien wel de beste onderzochte vorm van armoedebestrijding. Tal van RCT's van over de hele wereld laten zien dat het zowel op de lange als op de korte termijn en zowel op grote als op kleine schaal een zeer succesvol en efficiënt instrument is.[14]

En toch: RCT's zijn niet zaligmakend.

Je kunt niet ieder vraagstuk aan de randomista's overlaten, want niet alles is meetbaar. Je kunt de resultaten ook niet zomaar generaliseren. Wie zegt dat het uitdelen van gratis schoolboeken in het westen van Kenia hetzelfde effect heeft als in het noorden van Bangladesh? En dan is er nog de ethiek. Stel dat je na een natuurramp de helft van de slachtoffers wel helpt en een controlegroep niet – nogal dubieus. Toch gaat dit bezwaar niet op voor het structurele ontwikkelingswerk. Er is nooit genoeg geld om iedereen te helpen; je kunt dus maar beter naar de beste aanpak zoeken. Een nieuw medicijn laten we toch ook niet zomaar op de markt toe?

Neem schoolbezoek. Ieders intuïtie zegt iets anders over hoe we het moeten bevorderen: betaal de uniformen, schiet het schoolgeld voor, organiseer gratis maaltijden, bouw toiletten, geef voorlichting, huur extra leraren in, enzovoorts. Het klinkt allemaal logisch. Maar dankzij RCT's weten we dat honderd dollar aan gratis maaltijden 2,8 extra schooljaren oplevert – drie keer meer dan gratis uniformen. En o ja, het ontwormen van kinderen die last hebben van hun darmen levert per honderd dollar, opgeteld over het aantal geholpen kinderen, maar liefst 29 *jaar* aan extra scholing op. Geen leunstoelfilosoof die dat had kunnen voorspellen, maar sinds het is ontdekt, zijn tientallen miljoenen kinderen ontwormd.

Er zijn weinig intuïties die standhouden tegenover de RCT's. De traditionele econoom zou zeggen dat armen die ontwormingskuur zelf wel regelen. Het levert toch een goed rendement op? En mensen zijn toch rationeel? Niet dus. Duflo vertelde een paar jaar geleden een mop aan het tijdschrift *The New Yorker* over de econoom die een honderddollarbiljet op straat ziet liggen. Hij pakt het geld niet op, omdat hij – in al zijn rationaliteit – denkt dat het nep is.

Voor randomista's als Duflo ligt de stoep nog vol met honderddollarbiljetten.

De drie i's

Je kunt altijd nog betogen dat veel hulp niet helpt. Dat het onze taak niet is om de allerarmsten te helpen is ook een opvatting. Maar wat we niet meer kunnen zeggen, is dat niks helpt, dat we niets kunnen doen – zelfs al zouden we het willen.

Het is tijd om af te rekenen met wat Duflo de drie i's van de ontwikkelingshulp noemt: ideologie, ignorantie en inertie. 'Ik heb aanvankelijk nooit veel meningen', zei ze een paar jaar geleden. 'Ik heb één mening – dat we dingen moeten evalueren – en daar houd ik sterk aan vast. Ik ben nooit ongelukkig met de resultaten. Ik heb nog geen resultaat gezien waar ik niet tevreden mee was.'[15] Aan die mentaliteit kan menig wereldverbeteraar een voorbeeld nemen. Duflo laat zien hoe je grote idealen kunt combineren met een honger naar kennis; hoe je idealistisch kunt zijn zonder ideologisch te worden.

En toch.

Toch is ontwikkelingshulp, hoe effectief ook, een druppel op de gloeiende plaat. Grote vraagstukken, bijvoorbeeld hoe je de democratie moet inrichten, of hoe een land welvarend wordt, kun je niet met een RCT beantwoorden, laat staan oplossen met een beetje geld. Wie zich blindstaart op al die slimme onderzoekjes, vergeet dat de effectiefste maatregelen tegen armoede van heel andere aard zijn – denk alleen al aan het bestrijden van belastingparadijzen. De OESO schat dat arme landen drie keer zo veel verliezen aan belastingvlucht als ze ontvangen aan ontwikkelingshulp.[16]

Maar misschien moeten we nog groter denken. Want stel dat er één maatregel zou zijn die in één klap alle armoede zou uitroeien, iedereen in Afrika boven *onze* armoedegrens zou uittillen en ons op termijn ook nog een paar extra maandsalarissen zou opleveren – stel –, zouden we die maatregel dan ook nemen?

Het antwoord luidt: nee, natuurlijk niet. Want die maatregel bestaat al jaren: het beste idee dat nooit is uitgevoerd.

Open grenzen.

En dan niet alleen voor bananen, derivaten en iPhones, maar voor iedereen: kenniswerkers, vluchtelingen en ordinaire gelukszoekers. Natuurlijk, we weten inmiddels dat economen geen waarzeggers zijn (de econoom John Kenneth Galbraith zei ooit dat de enige functie van economische voorspellingen is de astrologie wat meer aanzien te geven). Maar op dit punt zijn ze het verrassend eens. Afhankelijk van hoe sterk de mondiale arbeidsmarkt in beweging komt, varieert de geschatte groei van het wereldwijde bbp – in zeven verschillende studies – van 67 tot 172 procent.[17] Open grenzen zouden de wereld *twee keer* zo rijk maken.

'Er liggen biljoenen voor het oprapen', concludeert een onderzoeker aan de Universiteit van New York.[18] Het inkomen van de gemiddelde Angolees zal met ongeveer 10.000 dollar per jaar stijgen, schat een econoom van de Universiteit van Wisconsin. De Nigeriaan zou er met maar liefst 22.000 dollar per jaar op vooruitgaan.[19]

Waarom zouden we moeilijk doen over dat beetje ontwikkelingshulp, die honderddollarbiljetten van Duflo, als we ook gewoon de poorten van Luilekkerland kunnen openzetten? Een kiertje zou al enorm helpen. Als de rijke landen slechts 3 procent meer immigranten zouden toelaten, zouden de mondiale armen – volgens onderzoekers van de Wereldbank – er met maar liefst 305 miljard dollar per jaar op vooruitgaan.[20]

Dat is drie keer zo veel als alle ontwikkelingshulp bij elkaar.

65.000.000.000.000 dollar

Het klinkt als een waanzinnig plan. Maar bedenk: honderd jaar geleden was de wereld gewoon nog plat. 'Paspoorten zijn er slechts om een fatsoenlijk man in zijn bewegingen te hinderen', merkt de consul van Suez op in Jules Vernes' roman *De reis om de wereld in 80 dagen* (1874). Als de hoofdpersoon Phileas Fogg de consul om een stempel vraagt, antwoordt deze: 'Je weet toch dat een visum nutteloos is en een paspoort nergens voor nodig?'

Aan de vooravond van de Eerste Wereldoorlog bestonden grenzen vooral op papier. Paspoorten waren een zeldzaamheid en landen die ze wel uitgaven (zoals Rusland en het Ottomaanse Rijk) werden als onderontwikkeld beschouwd. Een van de wonderen van de negentiende eeuw – de trein – zou grenzen overbodig maken.

Maar toen brak de oorlog uit. De grenzen gingen dicht om spionnen buiten te houden en iedereen die iets bij kon dragen aan de oorlogsmachine binnen. In 1920 werden op een conferentie in Parijs voor het eerst afspraken gemaakt over het gebruik van paspoorten. Wie de reis van Phileas Fogg tegenwoordig overdoet, moet tientallen visa verzamelen, door honderden detectiepoortjes gaan en talloze keren gefouilleerd worden. In deze tijden van 'globalisering' woont slechts 3 procent van de wereldbevolking buiten zijn geboorteland.

Let wel: voor alles behalve mensen is de wereld zo plat als een dubbeltje. Goederen, diensten en aandelen gaan de hele wereld over. Informatie stroomt vrijelijk rond, Wikipedia is er al in driehonderd talen en geheime diensten weten met een muisklik welk spelletje Albert uit Vlaanderen op zijn smartphone speelt.

Er zijn nog wel wat handelsbarrières – voor Europa bijvoorbeeld op olijfolie (1,24 euro per liter), kauwgom (1,20 euro per kilo) en levende eenden (32 euro per kilo)[21] – maar als we die zouden afschaffen, zou dat de wereldeconomie met slechts een paar procent doen groeien.[22] Het opheffen van de nog bestaande restricties voor kapitaal zou volgens het Internationaal Monetair Fonds maximaal 65 miljard dollar opleveren.[23] Allemaal wisselgeld, zo blijkt uit de berekeningen van de Harvard-econoom Lant Pritchett. Het openen van de grenzen voor arbeid creëert het *duizendvoudige* aan welvaart: 65.000.000.000.000 dollar.

Zegge: vijfenzestig biljoen.

Grenzen discrimineren

Natuurlijk, economische groei is niet alles. Maar achter de poorten van Luilekkerland is het nog dé motor van de vooruitgang. Daar zijn nog talloze magen te vullen, kinderen te onderwijzen en huizen te bouwen. En trouwens, ook de ethische onderbouwing voor open grenzen is niet zo moeilijk te leveren.

Stel, Albert uit Vlaanderen gaat bijna dood van de honger. Hij vraagt om voedsel, maar ik weiger het. Als Albert sterft, is dat dan mijn schuld? Je zou zeggen: ik heb hem slechts dood laten gaan. Dat is minder erg dan hem vermoorden.

Maar stel dat Albert niet om eten vraagt, maar naar de markt reist om proviand in te slaan. Daar zijn genoeg mensen die hun voedsel willen ruilen voor het werk dat Albert voor hen kan doen. Dit keer huur ik echter zwaarbewapende mannen in, die hem tegenhouden bij de ingang van de markt. Albert komt er niet in en sterft een paar dagen later.

Kan ik mijn handen dan nog in onschuld wassen?

Het verhaal van Albert is het verhaal van onze 'alles-behalve-arbeidglobalisering'.[24] Miljarden mensen zijn gedwongen hun werk te verkopen voor een fractie van de prijs die ze er in Luilekkerland voor zouden krijgen. Grenzen veroorzaken zonder enige twijfel de grootste discriminatie uit de hele wereldgeschiedenis. De ongelijkheid tussen landgenoten onderling verschrompelt ten opzichte van de ongelijkheid tussen de verschillende wereldbewoners. Zo verdient de rijkste

8 procent de helft van al het inkomen.[25] De rijkste 1 procent bezit bijna de helft van alle rijkdom.[26] Het armste miljard is verantwoordelijk voor slechts 1 procent van alle consumptie, terwijl het rijkste miljard garant staat voor 72 procent.[27]

In internationaal perspectief zijn de inwoners van Luilekkerland niet een beetje rijk, maar stinkend rijk. Met een modaal salaris in Nederland behoor je al tot de rijkste 5 procent van de wereldbevolking. Met een daklozenuitkering, inclusief vakantiegeld, behoor je tot de rijkste 18 procent.[28] Aan de top worden de vergelijkingen helemaal bizar: alleen al de bonussen die de bank Goldman Sachs in het crisisjaar 2009 uitkeerde aan zijn werknemers waren opgeteld even hoog als wat de 224 miljoen allerarmsten verdienden.[29] De rijkste 85 wereldbewoners bezitten samen meer dan de armste *helft* van de hele wereldbevolking.[30]

Inderdaad: 85 mensen zijn rijker dan 3.500.000.000 mensen bij elkaar.

Welke landen zijn het rijkst?

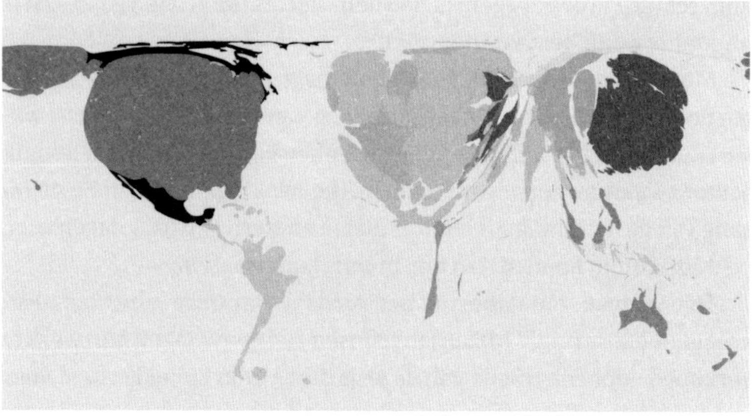

Deze kaart laat zien welke landen het grootste bbp per hoofd van de bevolking hebben. Hoe groter een land op de kaart wordt weergegeven, hoe rijker het is.

Bron: Sasi Group (Universiteit van Sheffield, 2012)

Onze locatiebonus

Niet zo gek dus, dat miljoenen staan te dringen voor de poorten van Luilekkerland. Van werknemers in rijke landen wordt verwacht dat ze flexibel zijn: ze moeten gaan waar het geld is. Maar als hyperflexibele werknemers uit arme landen onze kant op komen, dan zijn het opeens 'economische gelukszoekers'. Vluchtelingen mogen hier alleen blijven als ze thuis voor vervolging moeten vrezen, op grond van overtuiging of afkomst.

Eigenlijk is dat bizar.

Een Somalische peuter heeft in eigen land een kans van 20 procent dat hij voor het vijfde levensjaar sterft. Vergelijk dat met het sterftecijfer van Amerikaanse frontsoldaten tijdens de Burgeroorlog (6,7 procent), Tweede Wereldoorlog (1,8 procent) en de oorlog in Vietnam (0,5 procent).[31] Toch sturen we die Somalische peuter terug, zonder pardon, als blijkt dat de moeder geen 'echte' vluchteling is. Terug naar het Somalische front van de kindersterfte.

Waar sterven de meeste kinderen?

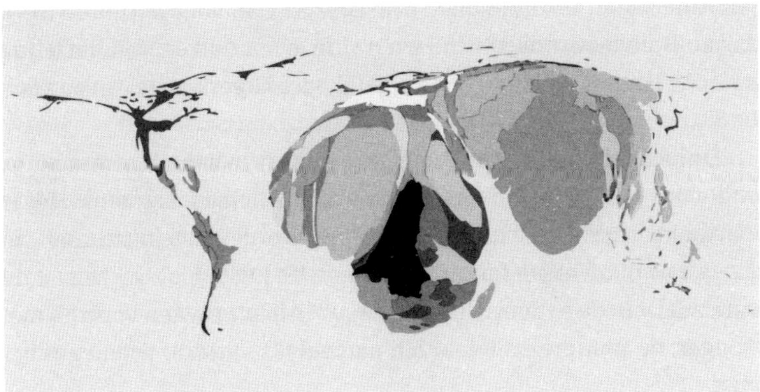

Deze kaart laat zien waar de kindersterfte (onder de vijf jaar) het hoogst is. Hoe groter een land, hoe hoger de kindersterfte.

Bron: Sasi Group (Universiteit van Sheffield) en Mark Newman (Universiteit van Michigan). De cijfers zijn uit 2012.

In de negentiende eeuw was ongelijkheid nog een kwestie van klasse; nu is het een kwestie van locatie. 'Proletariërs aller landen, verenigt u!' werd geroepen toen de armen overal ongeveer even arm waren. 'Proletarische solidariteit bestaat niet meer omdat er geen wereldwijd proletariaat meer bestaat', concludeert Branko Milanovic, een onderzoeker van de Wereldbank.[32] Sterker nog, de daklozen van Noord-Europa leven als koningen vergeleken met de armste mensen van de wereld. De armoedegrens van Luilekkerland ligt meer dan dertig keer zo hoog als de armoedegrens achter de poorten van Cocagne.[33]

Toch valt het onrecht waar we ons over opwinden bijna altijd binnen onze grenzen. Autochtonen krijgen een hoger salaris voor hetzelfde werk dan allochtonen. Mannen krijgen meer voor hetzelfde werk dan vrouwen. Wit verdiende in de Verenigde Staten van de jaren dertig (een tijdperk van gruwelijke discriminatie) meer dan anderhalf keer zo veel als zwart – voor hetzelfde werk.

Maar dergelijk racisme en seksisme vallen in het niet bij het onrecht dat onze grenzen veroorzaken. Een Mexicaan verdient in de VS meer dan twee keer zo veel als een vergelijkbare Mexicaan in Mexico. Een Amerikaan verdient bijna drie keer zo veel voor hetzelfde werk als een Boliviaan, ook al is hij even slim, even oud en van hetzelfde geslacht. Het verschil met een vergelijkbare Nigeriaan is van een factor 8,5, gecorrigeerd voor koopkracht.[34]

'De locatiebonus is groter dan de ergste vorm van discriminatie in welk land ook', concludeert de econoom Michael Clemens. Het is apartheid op globale schaal. Wie geboren wordt in het juiste land – in plaats van in de juiste familie of binnen de juiste klasse – vormt de ware adel van de eenentwintigste eeuw.[35] Maar er is één verschil met vroeger: de moderne adel is zich nauwelijks van zijn privileges bewust.

Drogredenen

Vergeleken met migratie zijn de ontwormingskuren van Esther Duflo slechts kinderspel. Het (gedeeltelijk) openen van onze grenzen is verreweg het krachtigste middel in de strijd tegen mondiale armoede. En het treurige is: *tegen* dat idee steken vooral veel slechte argumenten steeds weer de kop op:

1. *Het zijn allemaal terroristen*
   Dat zou je inderdaad denken als je het nieuws volgt. Omdat het nieuws gaat over wat er vandaag gebeurt ('BREKEND: terroristische aanval in Parijs') en niet over wat iedere dag gebeurt ('BREKEND: de wereldwijde temperatuur is 0,00005 °C gestegen'), denken veel mensen dat terrorisme onze grootste bedreiging is. In werkelijkheid is het aantal terroristische incidenten fors afgenomen sinds de jaren zeventig van de vorige eeuw.[36]
   Nieuw onderzoek van de Universiteit van Warwick naar immigratiestromen tussen 145 landen wijst zelfs uit dat meer immigratie samengaat met minder terroristische incidenten. 'Als migranten reizen van het ene naar het andere land nemen ze nieuwe vaardigheden, kennis en perspectieven mee', merkt de hoofdonderzoeker op. 'Als we ervan uitgaan dat economische ontwikkeling gepaard gaat met minder extremisme, dan kunnen we verwachten dat meer immigratie een positief effect heeft.'[37]

2. *Het zijn allemaal criminelen*
   Niet als je naar de cijfers kijkt. In de VS zijn immigranten gemiddeld zelfs *minder* crimineel dan de oorspronkelijke bevolking. Terwijl het aantal illegale immigranten tussen 1990 en 2013 verdrievoudigde tot 11 miljoen, nam het aantal misdaden alleen maar af.[38] Hetzelfde geldt voor het Verenigd Koninkrijk: een aantal jaar geleden rapporteerden onderzoekers van de Londen School of Economics dat de misdaad fors was afgenomen in regio's met veel immigranten uit Oost-Europa.[39]

Maar hoe zit het dan met de kinderen van migranten? In de VS zijn ook zij minder crimineel dan de oorspronkelijke bevolking, maar in Europa is dat een ander verhaal. In Nederland komen de kinderen van Marokkaanse migranten bijvoorbeeld vaker in aanraking met de politie.

De vraag is natuurlijk: waarom? Lange tijd was het taboe – politiek incorrect – om hier onderzoek naar te doen. Maar in 2004 begon de eerste langlopende studie naar het verband tussen etniciteit en jeugdcriminaliteit in de stad Rotterdam. Tien jaar later was de conclusie er: afkomst en criminaliteit hebben niets met elkaar te maken. Niks, nada, noppes. De jeugdcriminaliteit, zo schreven de onderzoekers, moet juist verklaard worden door te kijken naar de buurt waarin jongeren wonen. In achterstandswijken zijn autochtone jongeren even vaak crimineel als allochtone.[40]

Dit verhaal is sindsdien keer op keer bevestigd. Als je corrigeert voor geslacht, leeftijd en inkomen, dan blijken etniciteit en criminaliteit niets met elkaar te maken te hebben. 'Sterker nog', schreven Nederlandse onderzoekers even terug, '[dan is er] sprake van een ondervertegenwoordiging van asielmigranten ten opzichte van autochtonen.'[41]

Veel aandacht kreeg deze bevinding overigens niet. De nieuwe politieke correctheid is immers dat criminaliteit en etniciteit alles met elkaar te maken hebben.

3. *Ze tasten de sociale cohesie aan*

Het leek een ongemakkelijke waarheid. In 2000 deed de beroemde socioloog Robert Putnam een onderzoek waaruit bleek dat diversiteit de cohesie in een wijk aantast. Mensen zouden elkaar minder vertrouwen, minder vrienden maken en minder vrijwilligerswerk doen. Ze zouden zich, zo concludeerde Putnam op basis van maar liefst 30.000 interviews, 'terugtrekken als een schildpad'.[42]

Putnam schrok zo van zijn bevindingen dat hij ze jaren voor zich hield. En inderdaad, toen Putnam in 2007 zijn conclusies eindelijk op papier zette, sloegen ze in als een bom. Zijn onderzoek werd een van de meest invloedrijke sociologische studies van deze eeuw. Putnam werd in talloze kranten en rapporten aangehaald, en tot op de dag van vandaag wordt hij gretig geciteerd door politici die zich zorgen maken over de multiculturele samenleving.

Het enige probleem: Putnams onderzoek is allang gedebunkt. Een latere overzichtsstudie van negentig onderzoeken vond geen verband tussen diversiteit en saamhorigheid.[43] De sociologen Maria Abascal van de Universiteit van Princeton en Delia Baldassarri van de Universiteit van New York ontdekten zelfs dat Putnam een cruciale fout had gemaakt. Hij hield er geen rekening mee dat bijvoorbeeld Afro-Amerikanen en *Latinos* überhaupt minder vertrouwen rapporteren, waar ze ook wonen.[44] Als je daarvoor corrigeert, blijft er niets over van Putnams schokkende ontdekking.

Dus als diversiteit niet de oorzaak is van een gebrek aan cohesie, wat dan wel? Het antwoord is simpel: armoede, werkloosheid, discriminatie. 'Het is niet de diversiteit van een gemeenschap die de cohesie ondermijnt', schrijven Abascal en Baldassarri, 'maar de achterstelling die mensen in diverse gemeenschappen ondervinden.'

1. *Ze pakken onze banen af*

Dat hebben we eerder gehoord. Toen vrouwen in de jaren zeventig massaal de arbeidsmarkt op stroomden, stonden de kranten er vol mee. Zouden die goedkope vrouwen niet de banen van de mannelijke kostwinners inpikken? Het is een hardnekkige denkfout. De arbeidsmarkt is niet zomaar een stoelendans. Productieve vrouwen, ouderen of immigranten houden geen banen van mannen, jongeren of autochtonen bezet, ze creëren juist meer werkgelegenheid. Meer werknemers betekent meer consumptie, meer vraag en dus meer banen. De arbeidsmarkt is een stoelendans waarbij steeds meer feestbeesten steeds meer stoelen neerzetten.[45]

5. *Ze drukken onze lonen*

Nota bene een denktank *tegen* immigratie, het Center for Immigration Studies, heeft het onderzocht. Conclusie: immigratie heeft nauwelijks effect op onze lonen.[46] Uit andere onderzoeken blijkt zelfs dat nieuwkomers de lonen van binnenlandse werknemers iets doen stijgen.[47] Hardwerkende migranten maken bedrijven productiever, wat alle werknemers terugzien op hun loonstrookje. Het kan nog gekker. Onderzoekers van de Wereldbank concluderen dat tussen 1990 en 2000 juist *emigratie* een negatief effect heeft gehad op de lonen in Europa.[48] Vooral laagopgeleiden waren de klos. Immigranten waren in die periode productiever en beter opgeleid dan vaak gedacht, waardoor laagopgeleide autochtonen zich aan hen konden optrekken. Het alternatief voor immigratie is trouwens maar al te vaak het uitbesteden van werk aan andere landen. Ironisch genoeg drukt dat de lonen wel.[49]

6. *Ze zijn te lui om te werken*

Natuurlijk, in Luilekkerland betalen we meer voor luieren dan elders wordt betaald voor werk. Toch is er geen bewijs dat immigranten sneller een uitkering aanvragen dan autochtonen. Landen met een stevig sociaal vangnet trekken ook niet meer immigranten aan. Sterker nog, als je corrigeert voor inkomen en werkstatus, maken immigranten juist *minder* vaak gebruik van de sociale zekerheid.[50] Uiteindelijk is de nettobijdrage van immigranten bijna overal positief. In landen als Oostenrijk, Ierland, Spanje en Engeland betalen nieuwkomers zelfs meer belasting dan de oorspronkelijke bevolking.[51]

Nog niet gerustgesteld? Dan kun je besluiten immigranten geen recht op een uitkering te geven. Of dat recht pas na een paar jaar te geven. Of pas als ze, laten we zeggen, 50.000 euro aan belasting hebben betaald. Hetzelfde geldt voor de angst dat immigranten niet integreren, of politiek gevaarlijk zijn. Je kunt taal- en cultuurtests invoeren. Je kunt ze hun stemrecht ontnemen. Je kunt ze terugsturen als ze geen werk vinden.

De grootste voorstanders van dergelijke regels zijn de migranten zelf, zo ontdekte de Nederlandse sociologe Monique Kremer. 'Hier leven is niet genoeg, je moet iets hebben bijgedragen', vertelde een Poolse migrant haar. 'Als je naar Turkije gaat, krijg je ook niet automatisch alles', merkte een Turkse immigrant op. Kremers advies: verander de verzorgingsstaat voor immigranten in een 'contributiestaat'.[52] Sommige mensen vinden dat onrechtvaardig, en dat is misschien ook zo. Maar is het alternatief – het dichtgooien van de grenzen – niet nog veel onrechtvaardiger?

7. *Ze gaan nooit meer terug*
Hier komen we op een fascinerende paradox: *juist open grenzen bevorderen terugkeer.*[53] Neem de grens tussen Mexico en de VS. In de jaren zeventig kwamen daar miljoenen Mexicanen over. Maar na een tijdje keerde maar liefst 85 procent huiswaarts. Sinds de jaren tachtig, en vooral sinds 9/11, hebben de Amerikanen de grens zwaar gemilitariseerd. Een muur van 3.169 kilometer lengte wordt bewaakt door camera's, sensors, drones en 20.000 grenswachten. Het resultaat: nog maar 7 procent van de illegaal geïmmigreerde Mexicanen keert terug.
'Ieder jaar pompen we miljarden aan belastinggeld in grensbewaking die erger is dan nutteloos. Het is contraproductief', schrijft een hoogleraar sociologie van de Universiteit van Princeton. 'Migranten reageren vrij rationeel op de toegenomen kosten en risico's door het aantal keren dat ze de grens overgaan te minimaliseren.'[54] Met als gevolg: het aantal illegale Mexicanen in de VS is gestegen naar 7 miljoen. Dat is zeven keer zo veel als in 1980.

Geen gezeik, iedereen rijk(er)

Zelfs in een wereld zonder douane zullen veel armen blijven zitten waar ze zitten: de meeste mensen zijn gehecht aan hun land, woonplaats en familie. En reizen is duur, waardoor er maar weinig migranten uit de allerarmste landen komen. Toch willen volgens een recente peiling maar liefst 700 miljoen mensen naar een ander land verhuizen.[55]

Natuurlijk, je kunt niet van de ene op de andere dag de grenzen openzetten. Roekeloze immigratie zou de sociale cohesie van Luilekkerland aantasten. Maar we moeten één ding onthouden: in een wereld van krankzinnige ongelijkheid blijft migratie de beste armoedebestrijder. Het is een beproefd recept. Toen het leven dramatisch verslechterde in het Ierland van de jaren vijftig van de negentiende eeuw en het Italië van de jaren tachtig van die eeuw trokken de meeste arme boeren weg. Tussen 1830 en 1880 staken ook 100.000 Nederlanders de oceaan over, op naar het land van onbegrensde mogelijkheden. De Verenigde Staten, het rijkste land ter wereld, is bij uitstek een land van immigranten.

Maar anderhalve eeuw later leven honderden miljoenen wereldbewoners in een openluchtgevangenis. Driekwart van alle grensmuren is gebouwd na het jaar 2000. Tussen India en Bangladesh staan duizenden kilometers aan prikkeldraad. Saoedi-Arabië bouwt aan een muur rondom het hele land. De Europese Unie spendeert miljoenen om de hordes gammele bootjes in de Middellandse Zee tegen te houden – een beleid dat de migratiestroom niet vermindert, mensensmokkel zelfs in de hand werkt en duizenden slachtoffers maakt. Van Oezbekistan tot Thailand, van Israël tot Botswana – vijfentwintig jaar na de val van de Berlijnse muur zijn er meer muren dan ooit.[56]

Toch kruipt het bloed waar het niet gaan kan: de *Homo sapiens* is een reizende soort. Als je een paar generaties teruggaat, heeft bijna iedereen een immigrant als voorouder. Denk ook aan de honderden miljoenen die twintig jaar geleden aan de grootste migratie in de wereldgeschiedenis begonnen: van het Chinese platteland naar de Chinese stad. Keer op keer blijkt migratie, hoe ontwrichtend ook, een van de grootste motoren van de vooruitgang te zijn.

Dus ja: 134,8 miljard dollar per jaar, 11,2 miljard dollar per maand, 4.274 dollar per seconde. Het klinkt veel, maar het is weinig. Een landje als Nederland geeft bijna evenveel uit aan zijn gezondheidszorg als de gehele wereld aan ontwikkelingshulp. De gemiddelde Amerikaan denkt dat de federale overheid meer dan een kwart van haar budget aan ontwikkelingshulp besteedt, maar in werkelijkheid is het minder dan 1 procent.[57]

Ondertussen blijven de poorten van Luilekkerland potdicht. Honderden miljoenen staan te dringen voor onze *gated community*, zoals de paupers ooit rammelden aan de poorten van de middeleeuwse stad. Artikel 13 van de Universele Verklaring van de Rechten van de Mens geeft eenieder het recht zijn land te verlaten, maar niemand het recht om zich in Luilekkerland te vestigen. En wie asiel aanvraagt, komt er al snel achter dat een procedure zo mogelijk nóg bureaucratischer, gekmakender en kanslozer kan zijn dan het aanvragen van een uitkering. Wie Cocagne wil binnenkomen, moet zich niet door een berg rijstebrij vreten, maar door een berg papierwerk van drie mijl dik.

Misschien kijken we over een eeuw terug op onze grenzen zoals we nu terugkijken op de slavernij en de apartheid. Maar hoe het ook zij: wie de wereld een betere plek wil maken, kan niet om migratie heen. Joseph Carens, een van de belangrijkste pleitbezorgers van open grenzen, schreef in 1987: 'Vrije migratie mag dan niet direct te verwezenlijken zijn, het is een doel waar we naar zouden moeten streven.'[58]

De moeilijkheid is niet zozeer het ontwikkelen van nieuwe ideeën, maar het ontsnappen aan de oude.

— John Maynard Keynes (1883-1946)

10

Hoe ideeën de wereld veranderen

In de nazomer van het jaar 1954 zag een jonge, briljante psycholoog, een merkwaardig bericht op de achterpagina van zijn krant.

VOORSPELLING VANAF EEN PLANEET
NOODKREET VOOR ONZE STAD: VLUCHT VOOR DE WATERVLOED
DIE ZAL ONS WEGSPOELEN OP 21 DEC., MELDT HET BUITENAARDSE
AAN EEN BEWOONSTER

De psycholoog, Leon Festinger genaamd, las meteen verder. 'De stad zal vernietigd worden door een grote vloed vlak voor zonsopgang op 21 december.' Dat zou een huisvrouw uit een buitenwijk van Chicago hebben gezegd. De boodschap was haar gezonden door superieure wezens van een andere planeet. 'Deze wezens hebben de aarde bezocht in vliegende schotels', aldus het bericht.

Dat was waar Festinger op zat te wachten. Al jaren hield hij zich bezig met een simpele, maar moeilijk te onderzoeken vraag: wat gebeurt er als mensen een hevige crisis doormaken in hun denken? Hoe zou de vrouw reageren als de vliegende schotels haar niet zouden komen redden? Of erger nog: als die grote vloed nooit zou komen? Festinger ontdekte dat de vrouw, Dorothy Martin genaamd, niet de enige was die geloofde dat de wereld ten onder zou gaan op 21 december van dat jaar. Een stuk of tien van haar volgelingen – intelligente en hartelijke Amerikanen – hadden zelfs hun baan opgezegd, hun bezittingen verkocht of hun echtgenoot verlaten.

Festinger besloot de sekte te infiltreren. Het viel hem al snel op dat de gelovigen nauwelijks moeite deden andere mensen ervan te overtuigen dat het einde nabij was. Alleen zijzelf, de uitverkorenen, zouden worden gered. En op de ochtend van 20 december 1954 was het bijna zover. Mevrouw Martin kreeg een nieuwe boodschap van boven: 'Om middernacht zullen jullie in auto's worden meegenomen naar een plaats waar jullie aan boord van een vliegende schotel zullen gaan.'

Er ging een golf van opwinding door de groep. Het grote wachten begon.

De avond van 20 december 1954

23.15 uur.	Mevrouw Martin krijgt bericht dat de leden van de groep hun jassen moeten aantrekken en klaar moeten staan.
24.00 uur.	Er gebeurt niets.
00.05 uur.	Een van de gelovigen ziet dat er nog een andere klok in de kamer hangt, waarop het nog vijf voor twaalf is. De groep stemt in: het is nog geen middernacht.
00.10 uur.	Bericht van de buitenaardse wezens: de vliegende schotels hebben wat vertraging opgelopen.
00.15 uur.	De telefoon gaat een paar keer. Journalisten willen weten of de wereld al vergaan is.
02.00 uur.	Een van de jonge volgelingen, die had verwacht inmiddels een paar lichtjaren verderop te zijn, herinnert zich dat zijn moeder de politie zou bellen als hij niet voor twee uur thuis zou zijn. Hij neemt snel afscheid. De anderen verzekeren hem dat zijn vertrek een offer is om de rest van de groep te redden.
04.00 uur.	'Ik heb alles opgegeven', merkt een van de gelovigen op. 'Ik heb mijn rug naar de wereld toegekeerd. Ik kan het me niet veroorloven om te twijfelen. Ik moet geloven.'
04.45 uur.	Mevrouw Martin heeft een nieuwe boodschap doorge-

kregen: God heeft besloten de aarde te sparen. Er is die nacht door de kleine groep gelovigen zo veel 'licht' verspreid, dat de aarde is gered.

04.50 uur. Nog een boodschap van boven. De buitenaardse wezens willen dat het goede nieuws zo snel mogelijk aan de pers wordt verteld.

Vanaf dat moment wordt de sekte missionair. Nog voor de zon is opgegaan, zijn alle lokale kranten en radiostations geïnformeerd.

Als profetieën niet uitkomen

'Een man met een overtuiging is moeilijk op andere gedachten te brengen', zo begon Leon Festinger zijn verslag *When Prophecy Fails*, dat in 1956 verscheen. Het wordt nog altijd als een van de belangrijkste werken in de sociale psychologie beschouwd. 'Vertel de man dat je het niet met hem eens bent en hij draait zich om', schreef de jonge psycholoog. 'Confronteer hem met de feiten en cijfers en hij stelt vraagtekens bij je bronnen. Appelleer aan de logica en hij begrijpt niet waar je het over hebt.'

Het is makkelijk om te grinniken om het verhaal van mevrouw Martin. Maar wat Festinger hier beschrijft, daar lijden we allemaal aan. 'Cognitieve dissonantie', noemde hij het. Als de werkelijkheid botst met onze diepste overtuigingen, dan morrelen we liever aan de werkelijkheid dan aan ons wereldbeeld. Sterker nog, dan klampen we ons nóg steviger vast aan de overtuigingen die we al hadden.[1]

Let wel: het gaat hier niet om praktische ideeën (hoe krijg ik een vlek uit mijn broek? Wat is de beste manier om een komkommer te snijden?). In zulke gevallen willen we best de mening van een ander overnemen. We worden pas halsstarrig als het om onze politieke, ideologische of religieuze overtuigingen gaat. Denk aan onze opvattingen over het straffen van misdadigers, seks voor het huwelijk, de opwarming van de aarde enzovoorts. Dit zijn ideeën die mensen niet zomaar kunnen opgeven. Ze hebben er meestal te veel in geïnvesteerd. Er afscheid van nemen kan hun identiteit en positie in een sociale groep als een kerk, vereniging of familie aantasten. Als het om dergelijke ideeën gaat, staat er veel meer op het spel dan de ideeën alleen.

Eén ding is het in ieder geval niet: domheid. Onderzoekers van de Universiteit van Yale hebben laten zien dat juist hoogopgeleide mensen zich het sterkst vastklampen aan hun overtuigingen.[2] Een opleiding helpt je om je mening beter te verdedigen. Slimme mensen zijn uiterst bedreven in het vinden van argumenten, experts en onderzoeken die bevestigen wat ze al geloven. En reken maar dat het internet het nóg makkelijker maakt je eigen mening te consumeren: dat extra stukje bewijs is slechts een muisklik verwijderd.

Slimme mensen gebruiken hun verstand niet om het juiste antwoord te krijgen, concludeert de Amerikaanse journalist Ezra Klein, ze gebruiken hun verstand om het antwoord te krijgen waarvan ze wíllen dat het juist is.[3]

Toen mijn klok 12 uur sloeg

Ik moet iets opbiechten. Tijdens het schrijven van het zesde hoofdstuk kwam ik een artikel tegen met de titel *'Shorter Workweek May Not Increase Well-Being'*.[4] Het was een bericht in *The New York Times* over een studie uit Zuid-Korea, waar de werkweek met 10 procent was ingekort, zonder dat de werknemers er gelukkiger van waren geworden. Toen ik verder googelde las ik in *The Telegraph* dat minder werken zelfs slecht voor de gezondheid zou kunnen zijn.[5]

Mijn klok sloeg twaalf uur. Ik stelde meteen een paar verdedigingsmechanismen in werking. Om te beginnen had ik mijn twijfels bij de bron: *The Telegraph* is een nogal populistische krant – hoe serieus kon ik dat bericht eigenlijk nemen? En in *The New York Times* stond '*may*' in de kop. Hoe zeker waren de onderzoeksresultaten eigenlijk? Verder dacht ik: ach, die Zuid-Koreanen zijn totale workaholics, die hebben vast buiten de baas zijn tijd doorgewerkt. En geluk, kun je dat eigenlijk wel meten?

Ik heb het onderzoek toen niet verder bestudeerd. Ik had mezelf er al van overtuigd dat het niet relevant was.[6]

Of laat ik nog een ander voorbeeld geven. In het tweede hoofdstuk poneerde ik de stelling dat we iedereen gratis geld moeten geven. In de afgelopen jaren heb ik flink geïnvesteerd in die overtuiging. Het eerste artikel dat ik erover schreef, is bijna een miljoen keer gelezen. Het heeft *The Washington Post* gehaald. Ik heb er verschillende lezingen over gegeven en heb er op de televisie voor gepleit. Nog steeds krijg ik mails van mensen die het roerend met me eens zijn. 'Mister basisinkomen' werd ik onlangs zelfs genoemd.

Natuurlijk, ik heb uitgebreid onderzoek gedaan en geloof oprecht dat het basisinkomen een idee is waarvoor de tijd is gekomen. Maar als ik eerlijk ben, dan vraag ik me ook weleens af of ik het door zou hebben als het bewijs in een andere richting wijst. Zou ik scherp genoeg – of dapper genoeg – zijn om van mening te veranderen?

De kracht van een idee

'Hamer lekker verder op je aambeeld', sneerde iemand een tijdje geleden naar me. Ik had hem net een paar van mijn artikelen toegestuurd, over de kortere werkweek en het basisinkomen. Maar zijn boodschap was helder: wat heb je aan zulke rare ideeën als een kabinet al valt over iets knulligs als het begrotingstekort?

Toen begon ik het me af te vragen: kunnen nieuwe ideeën de wereld eigenlijk wel veranderen?

In eerste instantie zou je zeggen: nee, mensen hameren toch wel verder op hun eigen aambeeld. Maar aan de andere kant: als ons wereldbeeld niet op harde feiten en logische argumenten is gestoeld, dan moeten nieuwe ideeën misschien gewoon *gepredikt* worden om invloed te hebben. Dan gaat het niet om het winnen van een enkele discussie, maar om het veranderen van een hele agenda.

Een plotselinge schok kan in dit verband wonderen doen. De Amerikaanse politicoloog James Kuklinski van de Universiteit van Illinois ontdekte dat als je iemand zo direct mogelijk met nieuwe, ongemakkelijke feiten confronteert, hij eerder van mening verandert.[7] Neem het recente succes van (extreem)rechtse politici die al in de jaren negentig over 'de islamisering van onze cultuur' begonnen, maar pas echt furore maakten na de schok over de val van de Twin Towers. Problemen die jarenlang taboe waren, werden ineens een collectieve obsessie.

Als het waar is dat ideeën niet geleidelijk maar schoksgewijs veranderen, dan klopt het uitgangspunt van onze democratie, onze journalistiek en ons onderwijs niet. Het verlichte model van hoe mensen van mening veranderen – door zich goed te informeren en op rustige wijze met elkaar van gedachten te wisselen – is dan slechts een verdediging van de status quo. Wie zweert bij het belang van rationaliteit, nuance en compromissen zal dan nooit begrijpen hoe ideeën de wereld regeren.

Een wereldbeeld is geen blokkendoos waar zo nu en dan een blokje bij komt en er eentje af gaat. Een wereldbeeld is een kasteel, dat met hand en tand wordt verdedigd en verstevigd, totdat de druk zo groot wordt dat de muren het begeven.

In de tijd waarin Leon Festinger de sekte van mevrouw Martin infiltreerde, liet de Amerikaanse psycholoog Solomon Asch zien dat we onder groepsdruk zelfs bereid zijn de bevindingen van onze zintuigen te negeren. In een beroemd geworden experiment liet hij een proefpersoon een kaartje met drie lijnen zien. Vervolgens vroeg hij welke lijn de langste was. Als de mensen om de proefpersoon heen (in werkelijkheid collega's van Asch) allemaal hetzelfde, overduidelijk verkeerde antwoord gaven, deed de proefpersoon dat ook.[8]

In de politiek is het niet anders. Uit onderzoek blijkt dat mensen niet zozeer stemmen op basis van hoe ze hun eigen leven ervaren, maar op basis van hoe ze de samenleving zien. We willen niet weten wat de politiek voor ons alleen kan doen; we willen weten wat de politiek voor ons allemaal kan doen. We stemmen niet voor onszelf, maar voor de groep waar we bij willen horen.

Toch ontdekte Solomon Asch nog iets anders, meer dan zestig jaar geleden: één krachtige tegenstem kan het verschil maken. Wanneer een enkele collega in het experiment vasthield aan de waarheid, dan bleef de proefpersoon ook veel vaker op zijn eigen zintuigen vertrouwen. Laat dat een aanmoediging zijn voor eenieder die zich een roepende in de woestijn voelt: hamer lekker verder op je aambeeld. Ooit komt jouw moment.

De nacht was nog lang

In 2008 leek het zover. De grootste cognitieve dissonantie sinds de jaren dertig van de vorige eeuw diende zich aan. Op 15 september viel de zakenbank Lehman Brothers, waarna het hele mondiale bankwezen dreigde in te storten. In de maanden die volgden sneuvelde het ene na het andere dogma van de vrije markt.

Alan Greenspan, voormalig baas van de Amerikaanse Centrale Bank, kon het nauwelijks geloven. In zijn tijd werd hij ook wel 'Het Orakel' of 'De Maestro' genoemd. 'Niet alleen zijn de financiële instellingen minder kwetsbaar geworden voor de schokken van onderliggende risicofactoren', zei hij nog in 2004, 'het is zelfs zo dat het hele financiële systeem weerbaarder is geworden.'[9] Toen Greenspan met pensioen ging, in 2006, dacht iedereen dat hij de geschiedenis zou ingaan als een financiële halfgod.

Twee jaar later vertelde hij als gebroken bankier tijdens een hoorzitting van het Congres dat hij 'verbijsterd' was (*'in a state of shocked disbelief'*). Greenspans geloof in het kapitalisme was hevig aangetast. 'Ik heb een zwakke plek gevonden. Ik weet niet hoe belangrijk of blijvend die is. Maar ik ben er ondersteboven van.'[10] Toen een Congreslid hem vroeg of hij misleid was door zijn eigen ideeën, antwoordde Greenspan: 'Absoluut, dat is zeker. Weet u, dat is precies de reden waarom ik zo geschokt was: veertig jaar lang wees alles er volgens mij op dat het juist heel goed ging.'

De les van 21 december 1954 is dat alles om dat ene moment van crisis draait, als de klok twaalf uur slaat – en wat er dán gebeurt. Een crisis kan leiden tot een nieuwe, totaal andere overtuiging, maar ze kan ook oude ideeën versterken.

Wat gebeurde er na 15 september 2008? Natuurlijk, de Occupybeweging maakte even furore, maar zakte al snel weer in. Intussen verloor links de verkiezingen in de meeste Europese landen. In Griekenland en Italië werd de democratie min of meer afgeschaft. Onder druk van de schuldeisers moest worden hervormd naar neoliberaal model: kleinere overheid, flexibeler arbeidsmarkt. Maar ook in Noord-Europa was het tijdperk van bezuinigen begonnen.

En Alan Greenspan? Toen een verslaggever hem een jaar later vroeg of er iets mis was met zijn ideeën, antwoordde de bankier resoluut: 'Helemaal niet. Er is geen alternatief.'[11]

Tot een fundamentele hervorming van het bankwezen is het niet gekomen. Op Wall Street worden inmiddels de hoogste bonussen sinds de crash uitgekeerd.[12] De buffers van banken zijn nog altijd minuscuul. De journalist Joris Luyendijk, die twee jaar intensief onderzoek deed naar de financiële sector in Londen, vat het als volgt samen: 'Je staat bij Tsjernobyl en je ziet dat ze die reactor weer hebben aangezet, met het oude management.'[13]

Een paar vragen dringen zich op. Was de cognitieve dissonantie van 2008 wel groot genoeg? Of was ze juist te groot? Hadden we al te veel in onze oude overtuigingen geïnvesteerd? Of waren er geen alternatieven?

Die laatste vraag knaagt het meest. Het woord 'crisis' komt uit het Oudgrieks en betekent letterlijk 'scheiden', of 'schiften'. Een crisis zou een moment van de waarheid moeten zijn, een moment waarop een fundamentele keuze wordt gemaakt. Maar het leek net alsof wij die keuze niet konden maken in 2008. Er waren geen echte alternatieven toen het ineenstorten van het bankwezen ons overviel. We konden slechts doorgaan op de oude weg.

Wat dat betreft verkeren we niet in een crisis, maar liggen we in coma. Ook dat is Oudgrieks. Het betekent: 'diepe, droomloze slaap'.

Een kapitalistische verzetsgroep

Eigenlijk is het diep ironisch.

Als er twee mensen zijn geweest die jarenlang losgingen op hun eigen aambeeld en geloofden dat er eens een crisis zou komen die hun gelijk zou bevestigen, dan waren dat de grondleggers van het neoliberalisme. Ik ben een bewonderaar van beiden: de ongrijpbare filosoof Friedrich Hayek en de briljante redenaar Milton Friedman.

'Neoliberaal' is tegenwoordig een scheldwoord – iedereen met wie links het niet eens is komt ervoor in aanmerking. Maar Hayek en Friedman waren trotse neoliberalen. Ze zagen het als hun plicht het liberalisme opnieuw uit te vinden.[14] 'We moeten van het bouwen van een vrije samenleving eens te meer een intellectueel avontuur maken', schreef Hayek. 'Wat we missen is een liberaal Utopia.'[15]

Zelfs als je vindt dat ze schurken waren, dat we alle rampspoed van de afgelopen dertig jaar aan hen te danken hebben, dat ze het graaien hebben uitgevonden en hoofdverantwoordelijk zijn voor de financiële crisis die miljoenen mensen in ellende heeft gestort – zelfs dán kun je nog veel leren van Friedrich Hayek en Milton Friedman.

De een kwam uit Wenen, de ander uit New York. Beiden geloofden ze in de kracht van ideeën. Jarenlang behoorden ze tot een kleine minderheid, een sekte bijna, die buiten de cocon van het mainstreamdenken opereerde. Maar samen hebben ze die cocon verbrijzeld. Samen hebben ze de wereld op zijn kop gezet, zoals geen dictator of multimiljardair hen dat na had kunnen doen. Ze maakten gehakt van het levenswerk van hun grote rivaal, de Britse econoom John Maynard Keynes. Met hem waren ze het over één ding eens: de ideeën van economen en filosofen zijn veel belangrijker dan de gevestigde belangen van zakenlui en politici.

Het verhaal begint op 1 april 1947, bijna een jaar na de dood van Keynes. In een klein Zwitsers dorpje, Mont Pèlerin genaamd, kwamen veertig filosofen, historici en economen bijeen. Sommigen hadden weken op zee gezeten om erbij te kunnen zijn. Ze zouden later de Mont Pèlerin Society worden genoemd.

In het Zwitserse dorpje kon vrijuit worden gesproken. Samen vormden de veertig denkers een kapitalistische verzetsgroep tegen een socialistische overmacht. 'Er zijn nog maar weinig mensen over die geen socialist zijn', had Hayek, de initiatiefnemer van de bijeenkomst, eerder al verzucht. Zelfs een voorzichtige verdediging van de vrije markt werd in 1947 nog als door en door reactionair gezien. Hayek voelde zich 'hopeloos misplaatst in zijn tijd'.[16]

Ook Milton Friedman was van de partij, op die eerste dag van april 1947. 'Hier was ik dan, een jonge, naïeve Amerikaanse provinciaal', herinnerde hij zich later. 'Ik ontmoette mensen van over de hele wereld, die allemaal dezelfde liberale principes waren toegedaan en die onder vuur lagen in hun eigen land. Maar sommigen van hen waren al beroemde wetenschappers, en anderen waren voorbestemd dat te worden.'[17] Uiteindelijk zou de Mont Pèlerin Society maar liefst acht Nobelprijswinnaars voortbrengen.

In 1947 kon niemand dat nog bevroeden. Grote delen van Europa lagen in puin. Tijdens de wederopbouw zouden de idealen van Keynes de boventoon voeren: volledige werkgelegenheid, het indammen van de vrije markt en het reguleren van het bankwezen. De oorlogsstaat werd omgevormd tot verzorgingsstaat. Toch waren dit de jaren waarin het neoliberalisme wortelschoot. De Mont Pèlerin Society groeide uit tot een van de belangrijkste denktanks van de twintigste eeuw. Het werd een broedplaats van ideeën, waar het gedachtegoed van Keynes ten grave werd gedragen. 'Samen brachten ze een wereldwijde verandering van het beleid tot stand', schrijft de historicus Angus Burgin, 'waarvan de gevolgen nog decennia zullen doorwerken.'[18]

In de jaren zeventig nam Friedman de voorzittershamer van Hayek over. De kleine Amerikaan met de grote bril overtrof de Oostenrijker in energie en enthousiasme. Onder zijn voorzitterschap radicaliseerde het genootschap. Eigenlijk was er geen probleem of Friedman gaf de overheid er de schuld van. En steeds zag hij de vrije markt als oplossing. Werkloosheid? Schaf het minimumloon af. Natuurramp? Laat bedrijven de hulp organiseren. Slechte scholen?

Privatiseer het onderwijs. Dure zorg? Ook privatiseren, en schaf dan ook meteen de inspectie af. Drugsmisbruik? Legaliseren en handelen maar.

Friedman deed er alles aan om zijn ideeën aan de man te brengen. Lezingen, opiniestukken, radio- en televisieoptredens, boeken en ook een documentaire behoorden tot zijn repertoire. In het voorwoord van *Capitalism and Freedom*, zijn grootste bestseller, schreef hij dat het de taak van denkers is om alternatieven beschikbaar te houden. Ideeen die nu nog 'politiek onmogelijk' leken, zouden later 'politiek onvermijdelijk' kunnen worden.

Het was alleen nog wachten op het juiste moment. Alleen een crisis, echt of ingebeeld, kon volgens Friedman een reële verandering brengen. 'Als die crisis zich voordoet, hangt het antwoord erop af van de ideeën die op dat moment de ronde doen', schreef hij.[19] En de crisis kwam, in 1973. In oktober van dat jaar stelde de Organisatie van Arabische olie-exporterende landen een embargo in. De inflatie rees meteen de pan uit, terwijl de recessie inzette. 'Stagflatie' wordt dit ook wel genoemd en het was iets wat helemaal niet kon volgens de keynesiaanse modellen. Maar Friedman had het voorspeld. Hij beleefde zijn *finest hour*.

De rest van zijn leven bleef Friedman erop hameren dat zijn succes ondenkbaar was zonder het voorwerk dat sinds 1947 was verricht. De opkomst van het neoliberalisme verliep als een estafette: de denktanks gaven het stokje door aan de journalisten, die het weer doorgaven aan de politiek. Onder de bekeerlingen bevonden zich de machtigste leiders van het Westen: Ronald Reagan en Margaret Thatcher. Toen de laatste eens werd gevraagd wat ze als haar grootste overwinning beschouwde, antwoordde ze: New Labour. Zelfs de sociaaldemocratische Labour Party had haar denkbeelden overgenomen.

Ideeën die aanvankelijk als radicaal en marginaal waren afgedaan, gingen de wereld regeren.

Links en rechts bestaan niet meer, hoor je nu vaak. Ik weet niet of dat waar is, maar wat ik wel weet is dat beide geen heldere visie op de toekomst hebben. Het is de ironie van het neoliberalisme: een gedachtegoed dat begon bij een Oostenrijker en een Amerikaan die heilig geloofden in de kracht van ideeën, knijpt de toevloed van nieuwe ideeen af. We zouden aan het 'einde van de geschiedenis' zijn gekomen, met de westerse democratie als laatste station en de vrije consument als laatste mens.[20]

Tegen de tijd dat Friedman voorzitter werd van de Mont Pèlerin Society, in 1970, waren de meeste filosofen en historici al vertrokken. De debatten werden steeds technischer en economischer van aard. Met de komst van Friedman ving een tijdperk aan waarin economen de belangrijkste denkers van de westerse wereld werden.[21] Dat tijdperk is nog altijd niet voorbij.[22]

We leven nu in een wereld van managers en technocraten. Zij bepalen de grenzen van het politiek denkbare. 'Laten we gewoon de problemen oplossen', klinkt het dan. 'Tijd om het huishoudboekje van de overheid op orde te brengen.' Politieke keuzes worden voortdurend als een noodzaak gepresenteerd. Als iets neutraals, iets objectiefs ook – zo moet het, we kunnen niet anders. Keynes merkte het jaren geleden al op: 'Praktische mannen, die denken dat ze immuun zijn voor welke intellectuele invloed dan ook, zijn meestal de slaaf van een of andere dode econoom.'[23]

Toen op 15 september 2008 Lehman Brothers viel en de grootste crisis sinds de jaren dertig begon, waren er geen echte alternatieven voorhanden. Het voorwerk was niet verricht. Intellectuelen, journalisten en politici hadden jarenlang betoogd dat we aan het einde van de 'grote verhalen' waren gekomen. Dat de 'ideologische veren' waren afgeschud.

In de afgelopen jaren hebben we ons nog wel druk gemaakt over de vrijheid van meningsuiting. Politici en opiniemakers buitelden over elkaar heen in een discussie over de grenzen van het vrije woord.

Maar de vraag is: wat hebben we aan de vrijheid van meningsuiting als we niets nieuws te verkondigen hebben? Wat hebben we aan de vrijheid van vereniging als we ons nergens bij aan willen sluiten? Wat hebben we aan de vrijheid van godsdienst als we nergens in geloven?[24]

Enerzijds wordt de wereld nog altijd rijker, veiliger en gezonder. Steeds meer mensen arriveren in Cocagne – en dat is een immense triomf. Maar anderzijds is het voor de inwoners van Luilekkerland hoog tijd om een nieuwe utopie op de kaart te zetten. Laten we opnieuw de zeilen hijsen. 'Vooruitgang is de verwezenlijking van Utopia's', schreef Oscar Wilde lang geleden. Een werkweek van vijftien uur, een onvoorwaardelijk basisinkomen en een wereld zonder grenzen – het zijn nu nog zonderlinge dromen. Maar voor hoelang?

'Mensen twijfelen eraan of ideeën de belangrijkste motor van de geschiedenis zijn', schreef Hayek eens, toen nog bijna niemand van het neoliberalisme had gehoord. 'Dat komt omdat we het zo moeilijk vinden ons voor te stellen dat ons geloof straks anders kan zijn dan nu.'[25] Het kan wel een generatie duren, dacht Hayek, voordat nieuwe ideeën de overhand krijgen. Juist daarom zou er niet alleen behoefte zijn aan denkers met geduld, maar ook aan denkers met 'de moed om utopisch te zijn.'

Laat dat de les zijn van Mont Pèlerin. Het is een les die iedere wereldverbeteraar in zijn oren mag knopen, voordat de klok weer twaalf uur slaat en er niets gebeurt, zoals zestig jaar geleden in een huiskamer in Chicago en zes jaar geleden over de hele wereld. Ideeën, hoe wereldvreemd ze ook zijn, kunnen de wereld veranderen.

'Waarlijk', schreef Keynes, 'de wereld wordt door weinig anders geregeerd.'[26]

Epiloog

Nog een laatste keer de vraag: hoe wordt de utopie realiteit? En welke rol kunnen we zelf spelen?

Het is een proces dat me blijft fascineren. 'Politiek is de kunst van het mogelijke', zei de Pruisische staatsman Otto von Bismarck eens – en die indruk krijg je inderdaad als je het nieuws uit Den Haag en Brussel volgt. Maar er is nog een andere vorm van politiek, die eigenlijk veel belangrijker is. Dat is de Politiek met een hoofdletter, die niet gaat over bestuur, maar over revolutie. Niet over de kunst van het mogelijke, maar over de vraag wat überhaupt mogelijk is.

Aan deze Politiek kunnen veel meer 'politici' meedoen – van Kamerleden tot wetenschappers, van miljonairs tot schoonmakers, van journalisten tot alle lezers van dit boek. En deze Politiek staat lijnrecht tegenover de kleine politiek. Waar de laatste de status quo bevestigt, probeert de eerste ermee te breken.

Het raam van Overton

Het was Joseph Overton, een Amerikaanse jurist, die in het midden van de jaren negentig uitlegde hoe de Politiek met hoofdletter werkt. Hij stelde een simpele vraag: hoe kan het dat zo veel goede ideeën niet serieus worden genomen?

Overton realiseerde zich dat een politicus, als hij herkozen wil worden, niet te extreem mag zijn. Zijn ideeën moeten binnen de marges van het acceptabele blijven. Binnen dit raamwerk bevinden zich de ideeën die door de experts zijn goedgekeurd, zijn doorgerekend door de planbureaus en die kans maken in het wetboek te eindigen.

Wie buiten het zogenoemde 'Raam van Overton' stapt, maakt het zichzelf meteen moeilijk. Hij zal al snel als 'onrealistisch' of 'onredelijk' worden weggezet in de media, die de meest geduchte poortwachters van het raam zijn. Vooral op televisie is er weinig tijd en ruimte om nieuwe, wezenlijk andere opvattingen te onderbouwen. Het gevolg is dat de talkshows vol zitten met steeds dezelfde mensen die steeds dezelfde dingen zeggen.

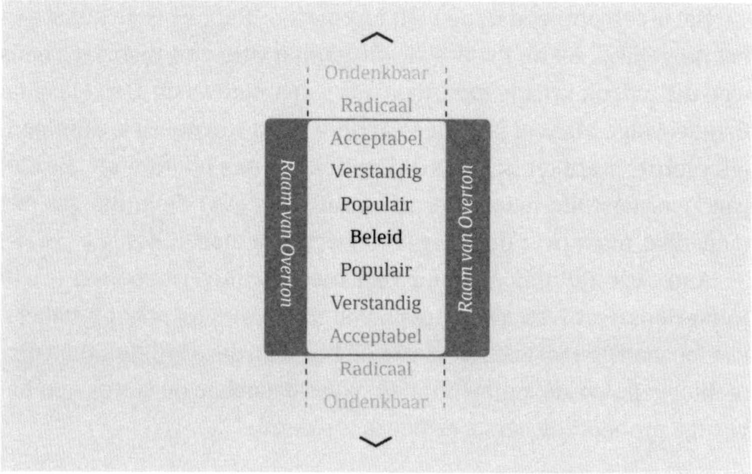

En toch, dat is het wonderlijke, kan een samenleving in dertig jaar totaal veranderen. Het Raam van Overton kan verschuiven. Een klassieke strategie hiervoor is om dingen te roepen die zo schokkend en radicaal klinken dat iets minder radicale ideeën ineens best redelijk klinken. Oftewel: om van iets radicaals iets redelijks te maken, moet je nog radicaler worden.

Donald Trump in de vs en Geert Wilders in Nederland beheersen deze kunst als geen ander. Ze worden lang niet altijd serieus genomen, maar trekken het Raam van Overton ondertussen wel hun kant op.

Zowel in economisch als cultureel opzicht schuift het raam al jaren naar rechts. We hebben het hier over een immense koersverandering. Historisch gezien was de Politiek met hoofdletter juist een linkse aangelegenheid. 'Wees realistisch, eis het onmogelijke', kalkten jongeren in het Parijs van 1968 nog op de muren. Het einde van de slavernij, de emancipatie van de vrouw, de opkomst van de verzorgingsstaat – het waren allemaal linkse, progressieve ideeën die van 'ondenkbaar' naar 'beleid' gingen.

Maar tegenwoordig lijkt links de kunst van de Politiek vergeten. Sterker nog, veel linkse denkers en politici gooien hun eigen ramen in: ze proberen radicale geluiden in hun achterban te smoren uit angst stemmen te verliezen. Het is een houding die ik in de afgelopen jaren het 'verliezerssocialisme' ben gaan noemen.

We hebben het hier over een internationaal fenomeen, dat je kunt vinden onder talloze linkse denkers en bewegingen, van vakbonden tot politieke partijen, van columnisten tot professoren. Het wereldbeeld van de verliezerssocialist is eenvoudig samen te vatten. Rechts heeft de ratio en de cijfers; links de emotie en het hart op de goede plek. De verliezerssocialist staat altijd met de rug tegen de muur. Hij ziet de neoliberalen, de multinationals en de technocraten oprukken en kan weinig meer uitbrengen dan: 'Jongens, doe dit nou niet'. De verliezerssocialist loopt over van medelijden en vindt het gevoerde beleid vooral niet éérlijk. Hij ziet de verworvenheden van de twintigste eeuw voor zijn ogen verkruimelen en probeert te redden wat er te redden valt.

Maar als het erop aankomt, dat is het wonderlijke, gaat de verliezerssocialist gewoon mee in het verhaal van de tegenpartij:

- 'De overheidsschuld loopt inderdaad uit de hand, maar laten we dan tenminste nog een regeling inkomensafhankelijk maken.'
- 'Armoedebestrijding is inderdaad erg duur, maar het is ook een kwestie van beschaving.'
- 'De belastingen zijn misschien wat hoog, maar de sterkste schouders moeten nu eenmaal de zwaarste lasten dragen.'

De verliezerssocialist vergeet dat het echte probleem niet de overheidsschuld is, maar de private schuldenberg. Hij vergeet dat het uitroeien van de armoede een investering is die zichzelf terugverdient. En hij vergeet dat menig bankier en advocaat geld verdient *ten koste van* leraren, verplegers en vuilnismannen.

Vertraging en uitstel, dat is het hoogst haalbare voor de verliezerssocialist. Hij weet vooral goed waar hij tegen is. Tegen privatisering. Tegen het establishment. Tegen bezuinigingen. Tegen homofobie. Tegen racisme. Ondertussen vraag je je af: waar is de verliezerssocialist eigenlijk *voor*? Keer op keer identificeert hij zich met de verliezers: de armen, de laagopgeleiden, de gehandicapten, de gediscrimineerden, de asielzoekers. Vandaar dat hij zo geobsedeerd is met alle 'kloven' die ons land rijk is, tussen laag- en hoogopgeleid, tussen arm en rijk, tussen burger en politiek.

Maar het grootste probleem van de verliezerssocialist is niet dat hij ongelijk heeft. Zijn grootste probleem is dat hij suf is. Dodelijk suf. Hij heeft geen eigen verhaal en geen eigen taal.

Soms lijkt het alsof linkse mensen het zelfs leuk vinden om te verliezen. Al die nederlagen en rampen bewijzen dan hun grote gelijk. 'Er is een vorm van activisme', schrijft Rebecca Solnit in haar prachtige boek *Hope in the Dark*, 'die meer over het bevestigen van identiteit gaat dan over het boeken van resultaat.'[1] Iemand als Donald Trump begrijpt dat de meeste mensen juist bij de winnaars willen horen ('*We're going to win so much. You're going to get tired of winning*'). Ze verafschuwen het medelijden en paternalisme van de barmhartige samaritaan.

De verliezerssocialist is vergeten dat hij een verhaal van hoop en vooruitgang moet vertellen. En dan heb ik het niet over die dikke boeken over het 'postkapitalisme' of 'intersectionalisme' die ongelezen in de kast van menig Amsterdamse hipster staan. De grootste zonde van academisch links is dat het door en door aristocratisch is geworden en een onbegrijpelijk jargon heeft ontwikkeld. Wat we nodig hebben, is een duidelijk verhaal dat miljoenen mensen aanspreekt.

Dat begint met het heroveren van de taal van de vooruitgang.

Hervormen? Ja, eindelijk, wezenlijke hervormingen! Laten we de financiële sector eens werkelijk hervormen (veel hogere buffers, banken in stukken breken, het belastingparadijs kortwieken, enzovoorts). Laten we de sociale zekerheid eens op haar kop zetten en armoede uitroeien – we zijn er meer dan rijk genoeg voor. Het is de hoogste tijd voor structurele hervormingen die onze collectieve problemen – van werkloosheid tot depressie, van armoede tot criminaliteit – bij de wortel aanpakken.

Marktwerking? Geweldig idee. Laten we het eens proberen. Dan zullen de roekeloze bankiers zelf opdraaien voor hun roekeloze gedrag. Dan zal de staat fiks verdienen aan alle innovaties die hij zelf heeft gefinancierd. Dan stoppen we met het subsidiëren van de fossiele energie-industrie. Dan breken we de macht van de zorgverzekeraar. Dan...

Meritocratie? Daar kunnen we nooit genoeg van krijgen. Laten we mensen eindelijk eens belonen aan de hand van hun reële bijdrage. Dan zouden de salarissen van veel vuilnismannen, politieagenten en leraren flink omhoog moeten en die van heel wat lobbyisten, advocaten en bankiers negatief moeten worden. Wie met zijn werk maatschappelijke schade aanricht, zou immers moeten betalen om zijn beroep te mogen uitoefenen.

Efficiency? Dit is precies waar het om draait. Iedere euro die je in een dakloze investeert, krijg je drie keer terug in besparingen op zorg, politie en justitie. Kun je nagaan wat het uitroeien van de kinderarmoede wel niet zal opleveren. Het is veel efficiënter om dit soort problemen op te lossen dan om ze te managen.

Minder betutteling? Spot on! Laten we de bezem halen door al die onzinnige werkloosheidscursussen, laten we ophouden met het dresseren en vernederen van bijstandsgerechtigden en laten we afrekenen met de grootste papiermachine van het westelijk halfrond: de zogenaamde 'marktwerking' in de gezondheidszorg.

Vrijheid? Yes! Niet lang geleden gaf ik nog een lezing voor een paar honderd consultants over de opmars van onzinnig werk. Het verbaasde me dat niemand verontwaardigd reageerde. Er werd me achteraf, tijdens de borrel, een paar keer toevertrouwd dat een dikbetaalde 'onzinklus' juist de financiële ruimte geeft voor een zinnige opdracht die minder goed betaalt.

Dit deed me denken aan al die freelancejournalisten die gedwongen zijn om goedbetaalde klussen te doen voor bladen die ze niet boeiend vinden of, erger nog, bedrijven die ze verachten, om zo hun kritische onderzoeksjournalistiek te financieren (naar precies dat soort bedrijven). Het is de wereld op zijn kop. In het moderne kapitalisme financieren we de dingen die we echt belangrijk vinden maar al te vaak met... bullshit.

Het wordt, kortom, tijd om 'werk' heel anders te definiëren. Mijn pleidooi voor de kortere betaalde werkweek is geen pleidooi om meer te luieren. Het is een pleidooi om meer tijd te besteden aan de dingen die we echt belangrijk vinden. In 2012 publiceerde de verpleegster Bronnie Ware nog een boek over de 'Spijt Top 5' van haar stervende patiënten.[2] En wat bleek: niemand zei dat hij meer tijd had willen besteden aan powerpointpresentaties van collega's of aan brainstorms over cocreatie in de netwerksamenleving. 'Ik zou willen dat ik de moed had gehad om mijn eigen leven te leiden, niet het leven dat anderen van mij verwachtten', stond op de eerste plaats. En op de tweede plek: 'Ik zou willen dat ik niet zo hard gewerkt had'.

Van links tot rechts wordt nu nog gepleit voor meer werk en meer banen. Voor de meeste politici en economen zijn banen moreel neutraal – hoe meer werk, hoe beter. Maar misschien is het tijd voor een nieuwe vakbeweging. Een die niet alleen strijdt voor meer banen en hogere lonen, maar in de eerste plaats voor zinniger werk. Misschien dat het Centraal Bureau voor de Statistiek daar dan de relevante cijfers over bij kan houden. Dan zal de werkloosheid *stijgen* zodra we meer tijd besteden aan afstompende marketing, overbodige administratie, vervuilende troep en dubieuze financiële producten, en dan zal de werkloosheid *dalen* wanneer we meer tijd investeren in wat we echt de moeite waard vinden.

Tot slot

Ik wil niet zeggen dat het makkelijk is, die Politiek met hoofdletter. Integendeel – het is een uitdaging om überhaupt serieus te worden genomen. Zelf ervoer ik dit in de afgelopen jaren toen ik pleitte voor een basisinkomen, een kortere werkweek en het uitroeien van de (kinder)armoede. Keer op keer hoorde ik dat dit onrealistische, onbetaalbare of zelfs domme ideeën zouden zijn.

Het duurde even voordat ik begreep dat dit gebrek aan 'realisme' weinig te maken had met mijn onderbouwing. 'Onrealistisch' betekende simpelweg dat mijn ideeën niet pasten binnen de status quo. En de beste manier om iemand de mond te snoeren – dit werkt nog beter dan censuur – is door hem zich dom te laten voelen. Zo iemand censureert zichzelf.

Dus bij dezen: nog twee laatste adviezen voor eenieder die met de ideeën in dit boek aan de slag wil. In de eerste plaats: realiseer je dat er veel meer mensen zijn zoals jij. De ene na de andere lezer vertelde me dat zij of hij persoonlijk wel gelooft in de ideeën die ik in dit boek heb afgestoft, maar dat de wereld nu eenmaal corrupt en hebzuchtig is. Mijn antwoord was steevast hetzelfde: gooi de televisie uit het raam en kijk om je heen. De meeste mensen deugen.

Het tweede advies is om een wat dikkere huid te kweken. Laat je niet de mond snoeren. Wie de wereld wil veranderen moet nu eenmaal onrealistisch, onredelijk en onuitstaanbaar zijn. De slaven, vrouwen en homo's die voor het eerst pleitten voor de afschaffing van de slavernij, het stemrecht voor vrouwen en het homohuwelijk werden ook als gekkies weggezet. En toen gaf de geschiedenis ze gelijk.

Dankwoord

Een boek schrijf je nooit alleen, maar niet eerder heb ik daarbij zo veel hulp gehad. Mijn dank gaat allereerst uit naar de leden van *De Correspondent*, die meedachten, tips voor artikelen en boeken gaven en me op verschillende fouten wezen. Ook de collega's die het manuscript of delen daarvan lazen, Jesse Frederik, Andreas Jonkers, Maurits Martijn en Rob Wijnberg, ben ik veel dank verschuldigd.

Ontwerpers Martijn van Dam, Harald Dunnink, Shannon Lea, Cynthia Mergel, Leon Postma en Frazer Sparham dank ik voor de mooie infographics (en voor hun geduld al die keren dat ik nog een kleine wijziging bedacht). Speciale dank gaat uit naar Martijn voor het omslag van deze nieuwe editie.

Ik heb het voorrecht gehad dat Wil Hansen opnieuw mijn redacteur wilde zijn. Hij heeft me eens te meer behoed voor tal van anglicismen, kromme redeneringen en lelijke zinnen. Annelieke Tillema dank ik voor haar nauwkeurige correctie van het manuscript. Milou Klein Lankhorst was en is de beste uitgever die een schrijver zich kan wensen, en ook Andreas Jonkers was als adjunct-uitgever onmisbaar voor deze uitgave.

Ten slotte was ik gezegend met de steun van mijn familie, vrienden en bovenal van Maartje. Ze las alle hoofdstukken, leverde kritiek waar ik slecht tegen maar niet zonder kon, omdat ze maar al te vaak gelijk had.

Alles wat er is overgebleven aan kromme redeneringen, lelijke zinnen en onhaalbare illusies, neem ik geheel voor mijn rekening.

Rutger Bregman
Utrecht, juni 2019

Bronnen

1. De terugkeer van de utopie

1 Dat wil zeggen: van minder dan 1,25 dollar per dag, net genoeg om in leven te blijven. Zie François Bourguignon en Christian Morrisson, 'Inequality among World Citizens: 1820-1992', *The American Economic Review*, Vol. 92, Issue 4. (september 2002).

2 Gecorrigeerd naar inflatie. Een daklozenuitkering is in Nederland, inclusief vakantiegeld, ongeveer 10.000 dollar per jaar. Het naar koopkracht en inflatie gecorrigeerde bbp per hoofd van de bevolking in het Nederland van 1950 was, om precies te zijn, 7.408 dollar (volgens cijfers van gapminder.org). Van 1600 tot 1800 was dat tussen de 2.000 en 2.500 dollar.

3 Zie de cijfers van de historicus Angus Maddison. Jutta Bolt en Jan Luiten van Zanden, *The First Update of the Maddison Project; Re-Estimating Growth Before 1820. Maddison Project Working Paper WP-4*, Rijksuniversiteit Groningen (2013).

4 Herman Pleij, *Dromen van Cocagne: Middeleeuwse fantasieën over het volmaakte leven*, Prometheus (1997), p. 11.

5 'Obesity and overweight. Fact sheet No. 311', World Health Organization (maart 2013).

6 Manuel Eisner, 'Long-Term Historical Trends in Violent Crime', *Crime and Justice*, Vol. 30 (2003), tabel 2.

7 *An update to the World Bank's estimates of consumption poverty in the developing world*, World Bank (2012).

8 J.O.'s, 'Growth and other good things', *The Economist* (1 mei 2013).

9 'Deputy UN chief calls for urgent action to tackle global sanitation crisis', UN News Centre (21 maart 2013).

10 Dat blijkt uit cijfers van Internet Live Stats. Zie: www.internetlivestats.com.

11 Volgens de Wereldgezondheidsorganisatie was in het jaar 2000 de gemiddelde Afrikaanse levensverwachting 50 jaar bij geboorte. In 2012 was dat 58 jaar. Zie: 'Global Health Observatory (GHO) data', WHO.

12 Dat blijkt uit cijfers van de Wereldgezondheidsorganisatie: 'Global Health Observatory data repository', WHO.

13 De dagelijkse calorie-inname per persoon steeg van 2.600 in 1990 naar 2.840 in 2012 (in sub-Saharisch Afrika van 2.180 naar 2.380). Miina Porkka e.a., 'From Food Insufficiency towards Trade Dependency: A Historical Analysis of Global Food Availability', *PLoS ONE*, Vol. 8, Issue 12 (2013).

14 Bjørn Lomborg, 'Setting the Right Global Goals', *Project Syndicate* (20 mei 2014).

15 Peter F. Orazem, *Challenge Paper: Education*, Copenhagen Consensus Center (2014).

16 Zie voor deze cijfers (en veel van de andere cijfers sinds 1990): *The Millennium Development Goals Report 2013*, United Nations (2013).

17 'Where have all the burglars gone?', *The Economist* (18 juli 2013).

18 Francis Fukuyama, 'The End of History?', *The National Interest* (zomer 1989).

19 Rob Wile, 'Parents Across The Developed World Say Their Kids Are Screwed', *Business Insider* (10 juni 2014).

20 Lyman Tower Sargent, *Utopianism: A Very Short Introduction*, Oxford University Press (2010), p. 12. Neem deze boeddhistische variant op Luilekkerland: 'Wanneer ze honger hebben hoeven ze alleen maar rijst op een zekere grote steen te plaatsen, waar dan een vlam uit komt zodat het voedsel wordt klaargemaakt.' Noem het de utopie van de magnetron. Wij realiseerden hem nadat een reep chocola in de broekzak van uitvinder Percy Spencer (1894-1970) was gesmolten, terwijl hij voor het Amerikaanse leger aan een radar werkte. Spencer bedacht toen dat je microgolven niet alleen kunt gebruiken om de vijand te detecteren, maar ook om je prakje op te warmen.

21 Geciteerd in: *Utopianism* (2010), p. 10.

22 Russell Jacoby, *Picture Imperfect: Utopian Thought for an Anti-Utopian Age*, Columbia University Press (2005).
Zie ook mijn vorige boek, *De geschiedenis van de vooruitgang*, De Bezige Bij (2013), waarin ik Jacoby's onderscheid tussen de twee vormen van utopisch denken verder toelicht.

23 George Kateb, geciteerd in: *Utopianism* (2010), p. 107.

24 Branko Milanovic, *Global Inequality: From Class to Location, from Proletarians to Migrants*, World Bank (september 2011).

25 Zie voor Nederland: Jacques Thomassen e.a., *De wankele democratie: Heeft de democratie haar beste tijd gehad?*, Prometheus/Bert Bakker (2014), p. 56.
Zie voor Engeland: James Adams e.a., 'Has the British Public Depolarized Along With Political Elites? An American Perspective on British Public Opinion', *Comparative Political Studies*, Vol. 45, Issue 4 (2012).

26 Zie Alain de Botton, *Religion for Atheists*, Penguin Books Ltd. (2012), hoofdstuk 3.

27 Het is niet dat we niet anders willen. Integendeel, uit onderzoek na onderzoek blijkt dat de overgrote meerderheid van de bevolking in alle rijke landen zich

zorgen maakt over het materialisme, het individualisme en de hardheid van de moderne cultuur.
Uit een nationale peiling in de vs bleek dat de meeste Amerikanen 'weg willen van de hebzucht en losbandigheid, naar een manier van leven die meer gericht is op waarden, gemeenschap en familie'. Geciteerd in: Richard Wilkinson en Kate Pickett, *The Spirit Level: Why Equality is Better for Everyone*, Penguin Books (2010), p. 4.
Uit onderzoek van het Sociaal en Cultureel Planbureau blijkt dat ook Nederlanders weg willen van de prestatiecultuur, en verlangen naar minder hardheid en meer solidariteit.

28 Vrij naar de film *Fight Club*, hoogleraar duurzaamheid Tim Jackson en nog honderd anderen met varianten op deze quote.

29 Don Peck, 'How A New Jobless Era Will Transform America', *The Atlantic* (maart 2010).

30 *The Spirit Level* (2010), p. 34.

31 *Health for the World's Adolescents: A second chance in the second decade*, WHO (juni 2014).

32 *The Spirit Level* (2010), p. 36. Het gaat hier om Noord-Amerikaanse jongeren, maar in andere rijke landen is dezelfde trend zichtbaar. Zo vindt – volgens onderzoeksbureau Motivaction – bijna 70 procent van de Nederlandse jongeren zichzelf 'heel bijzonder'. Zie: Carien ten Have, 'Jongere vindt zichzelf al gauw behoorlijk goed', *de Volkskrant* (16 juni 2011).

33 Toen ik dit een tijdje geleden aan een vrouw vertelde die de Tweede Wereldoorlog nog had meegemaakt, riep ze uit: 'Is het al zo erg met de crisis?!' Ik stelde haar gerust door te vertellen dat ik het hier over dezelfde *merken* boxershorts had.

34 Geciteerd in: Ashlee Vance, 'This Tech Bubble Is Different', *Bloomberg Businessweek* (14 april 2011).

35 John Maynard Keynes, 'Economic Possibilities for our Grandchildren' (1930), in: John Maynard Keynes, *Essays in Persuasion*, ww Norton & Co (1963), pp. 358-373.

36 Bertrand Russell, *Philosophy and Politics* (1947), p. 14.

37 Bertrand Russell, *Political Ideals* (1917), hoofdstuk 1.

2. Waarom we iedereen gratis geld moeten geven

1 Dit is een zeer conservatieve schatting. Een studie van de Britse overheid komt uit op 30.000 pond per dakloze per jaar (zorg, politie, justitie, et cetera). In dit geval zal het bedrag nog veel hoger hebben gelegen, omdat het om de meest notoire daklozen ging. In het onderzoek worden bedragen van wel 400.000 pond genoemd – en dat voor één dakloze per jaar. Zie: *Evidence Review of the Costs of Homelessness*, Department for Communities and Local Government (augustus 2012).

2 De Joseph Rowntree Foundation heeft een uitgebreid rapport over het experiment gepubliceerd, waarin alle citaten terug zijn te vinden. Zie: Juliette Hough en Becky Rice, *Providing Personalised Support to Rough Sleepers: An Evaluation of the City of London Pilot* (oktober 2010).
Zie voor nog een evaluatie: Liz Blackender en Jo Prestidge, 'Pan London Personalised Budgets for Rough Sleepers', *Journal of Integrated Care*, Vol. 22 Issue 1 (2014), pp. 23-26.

3 In 2013 was het project in The City uitgebreid naar 28 daklozen, van wie 20 al een dak boven hun hoofd hadden.

4 'Cutting Out the Middle Men', *The Economist* (4 november 2010).

5 Geciteerd in: Jacob Goldstein, 'Is It Nuts to Give to the Poor Without Strings Attached?', *The New York Times* (13 augustus 2013).

6 Johannes Haushofer en Jeremy Shapiroz, *Policy Brief: Impacts of Unconditional Cash Transfers*, University of Princeton (24 oktober 2013).

7 Volgens GiveWell, een prestigieus onderzoeksbureau dat op het moment van schrijven (zomer 2014) al 136 goede doelen grondig heeft geëvalueerd, is GiveDirectly de allerbeste keuze voor donoren.

8 Christopher Blattman, Nathan Fiala en Sebastian Martinez, 'Generating Skilled Self-Employment in Developing Countries: Experimental Evidence from Uganda', *Quarterly Journal of Economics*, Vol. 129, Issue 2 (2014), pp. 697-752.

9 Christopher Blattman e.a., *An Experimental Assessment of the Women's Income Generating Support (WINGS) Program in Uganda*, World Bank (april 2013). Zie ook: Isobel Coleman, 'Fighting Poverty with Unconditional Cash', Council on Foreign Relations (12 december 2013).

10 Christopher Blattman e.a., 'The Returns to Cash and Microenterprise Support Among the Ultra-Poor: A Field Experiment', beschikbaar via SSRN (23 mei 2014).

11 Hier een selectie van studies naar de effecten van voorwaardelijke en onvoorwaardelijke '*cash grants*'. Uit Zuid-Afrika: Jorge M. Agüero en Michael R. Carter, The Impact of Unconditional Cash Transfers on Nutrition: The South African Child Support Grant', University of Cape Town (augustus 2010).
Uit Malawi: W.K. Luseno e.a., 'A Multilevel Analysis of the Effect of Malawi's Social Cash Transfer Pilot Scheme on School-Age Children's health', *Health Policy and Planning*, Vol. 29, Issue 4 (2014).
Ook uit Malawi: Sarah Baird e.a., 'The Short-Term Impacts of a Schooling Conditional Cash Transfer Program on the Sexual Behavior of Young Women', *Health Economics*, Vol. 19, Issue S1 (2010), pp. 55-68.

12 Charles Kenny, 'For Fighting Poverty, Cash Is Surprisingly Effective', *Bloomberg Businessweek* (3 juni 2013).

13 Joseph Hanlon e.a., *Just Give Money to the Poor: The Development Revolution from the Global South*, Kumarian Press (2010), p. 6.

14 Armando Barrientos en David Hulme, 'Just Give Money to the Poor: The Development Revolution from the Global South' (presentatie voor de OESO).

15 Christopher Blattman en Paul Niehaus, 'Show Them the Money. Why Giving Cash Helps Alleviate Poverty', *Foreign Affairs* (mei/juni 2014).

16 David McKenzie en Christopher Woodruf, *What Are We Learning from Business Training and Entrepreneurship Evaluations around the Developing World? World Bank Policy Research Working Paper*, World Bank (september 2012).

17 *Just Give Money to the Poor* (2010), p. 4. Natuurlijk kunnen *cash transfers* niet alles oplossen – er worden geen bruggen mee gebouwd of vredes mee gesticht. Maar ze maken een groot verschil. Cash transfers *'are as close as you can come to a magic bullet in development'*, merkt Nancy Birdsall op, de president van het Center of Global Development in Washington. Geciteerd in: *Just Give Money to the Poor*, p. 61.

18 Deze daling was overigens niet statistisch significant, dus in de meeste gevallen hebben cash transfers geen effect op de hoogte van alcohol- en tabaksconsumptie. Zie: David K. Evans en Anna Popova, *Cash Transfers and Temptation Goods: A Review of Global Evidence. World Bank Policy Research Working Papers*, World Bank (mei 2014).

19 Blattman en Niehaus (2014).

20 *The Lancet* schreef in 2009: *'Emerging data from cash transfers, conditional or unconditional, largely dispel the counter arguments that these programmes prevent adults from seeking work or create a dependency culture which perpetuates intergenerational poverty.'* Zie: The Lancet Editorial, 'Cash Transfers for Children. Investing into the Future', *The Lancet*, Vol. 373, Issue 9682 (2009), p. 2172.

21 Claudia Haarmann e.a., *Making the Difference! The BIG in Namibia. Assessment Report*, big Coalition (april 2009), p. VII.

22 Onder anderen: Thomas Paine, John Stuart Mill, H.G. Wells, George Bernard Shaw, John Kenneth Galbraith, Jan Tinbergen, Martin Luther King en Bertrand Russell. En trouwens: vrijwel nergens is er zo intensief over gedebatteerd als in Nederland. Partijen zo divers als PvdA, VVD, GroenLinks en D66 hebben erover nagedacht. Het Centraal Planbureau heeft het doorgerekend en halverwege de jaren tachtig adviseerde de Wetenschappelijke Raad voor het Regeringsbeleid het in de praktijk te brengen.

23 Zie bijvoorbeeld: Matt Zwolinski, 'Why Did Hayek Support a Basic Income?', Libertarianism.org (23 december 2013).

24 Robert van der Veen en Philippe Van Parijs, 'A Capitalist Road to Communism', *Theory & Society*, Vol. 15, Issue 5 (1986).

25 Dit is een citaat van een conservatieve voorstander van het basisinkomen, Charles Murray. Geciteerd in: Annie Lowrey, 'Switzerland's Proposal to Pay People for Being Alive', *The New York Times* (12 november 2013).

26 Geciteerd in: Lindor Reynolds, 'Dauphin's Great Experiment', *Winnipeg Free Press* (12 maart 2009).

27 Ik heb het hier en in het vervolg over Amerikaanse dollars.

28 Geciteerd in: Vivian Belik, 'A Town Without Poverty?', *The Dominion* (5 september 2011). 'Voor veel economen was het probleem dat je werken zou ontmoedigen', merkt ook Wayne Simpson op, een andere econoom die Mincome heeft bestudeerd. 'Maar het bewijs laat zien dat dit lang niet zo erg was als een deel van de literatuur had gesuggereerd.' Geciteerd in: 'Switzerland's Proposal to Pay People for Being Alive' (12 november 2013).

29 Dat zei ze in een lezing die op Vimeo te vinden is: 'Prof Evelyn Forget' (2 januari 2013).

30 Evelyn Forget, 'The Town with no Poverty', Universiteit van Manitoba (februari 2011).

31 Dylan Matthews, 'A guaranteed income for every American would eliminate poverty – and it wouldn't destroy the economy', *Vox* (23 juli 2014).

32 Geciteerd in: Allan Sheahen, 'Why Not Guarantee Everyone a Job? Why the Negative Income Tax Experiments of the 1970s Were Successful', *USBIG Discussion Paper* (februari 2002).
De onderzoekers dachten dat er uiteindelijk zelfs meer gewerkt zou worden, mits de overheid extra banen zou creëren. '*Any reduction in work effort caused by cash assistance would be more than offset by the increased employment opportunities provided in public service jobs.*'

33 'A Guaranteed Income for Every American Would Eliminate Poverty' (23 juli 2014).

34 'Economists Urge Assured Income', *The New York Times* (28 mei 1968).

35 Brian Steensland, *The Failed Welfare Revolution: America's Struggle over Guaranteed Income Policy*, Princeton University Press (2008), p. 123.

36 Geciteerd in: Allan Sheahan, *Basic Income Guarantee: Your Right to Economic Security*, Palgrave Macmillan (2012), p. 8.

37 *The Failed Welfare Revolution* (2008), p. 69.

38 Geciteerd in: Peter Passell en Leonard Ross, 'Daniel Moynihan and President-Elect Nixon: How Charity Didn't Begin at Home', *The New York Times* (14 januari 1973).

39 Geciteerd in: Leland G. Neuberg, 'Emergence and Defeat of Nixon's Family Assistance Plan', *USBIG Discussion Paper* (januari 2004).

40 Bruce Bartlett, 'Rethinking the Idea of a Basic Income for All', *The New York Times* (10 december 2013).

41 *The Failed Welfare Revolution* (2008), p. 157.

42 Glen G. Cain en Douglas A. Wissoker, 'A Reanalysis of Marital Stability in the Seattle-Denver Income Maintenance Experiment', Institute for Research on Poverty (januari 1988).

43 Dat bleek uit een peiling van Harris in 1969. Mike Alberti en Kevin C. Brown, 'Guaranteed Income's Moment in the Sun', Remapping Debate (24 april 2013).

44 Matt Bruenig, 'How a Universal Basic Income Would Affect Poverty', *Demos* (3 oktober 2013).

45 Walter Korpi en Joakim Palme, 'The Paradox of Redistribution and Strategies of Equality: Welfare State Institutions, Inequality and Poverty in the Western Countries', *American Sociological Review*, Vol. 63, Issue 5 (oktober 1998), pp. 661-687.

46 Wim van Oorschot, 'Globalization, the European Welfare State, and Protection of the Poor', in: A. Suszycki and I. Karolewski (red.), *Citizenship and Identity in the Welfare State*, Nomos (2013), pp. 37-50. Zie ook dit blog van de sociologe Femke Roosma: 'Een armoedige verzorgingsstaat' (28 februari 2014).

47 Alaska is hier het beste voorbeeld van. Het is de enige politieke eenheid die een universeel, onvoorwaardelijk basisinkomen (van iets meer dan duizend dollar per jaar) heeft ingevoerd, gefinancierd met oliegeld. De steun voor dit basisinkomen is vrijwel unaniem. Volgens professor Scott Goldsmith van de Universiteit van Alaska in Anchorage zou het politieke zelfmoord zijn voor iedere politicus om daar vraagtekens bij te zetten. Mede dankzij het kleine basisinkomen is Alaska de Amerikaanse staat met de kleinste ongelijkheid. Zie: Scott Goldsmith, *The Alaska Permanent Fund Dividend: An Experiment in Wealth Distribution*, 9th International Congress BIEN (12 september 2002).

48 Uit studies naar het gedrag van loterijwinnaars blijkt dat zelfs zulke geluksvogels hun baan zelden opzeggen, hoogstens om iets meer tijd door te brengen met hun kinderen of om ander werk te zoeken. Zie deze beroemde studie: Roy Kaplan, 'Lottery winners: The Myth and Reality', *Journal of Gambling Behaviour*, Vol. 3, Issue 3 (herfst 1987), pp. 168-178.

49 Denk aan gevangenen, die gevoed worden en een dak boven hun hoofd hebben. Geweldig, zou je zeggen: lekker nietsdoen. Maar nee, in veel gevangenissen wordt werkloosheid juist als straf gebruikt. Als iemand zich niet gedraagt, mag hij niet mee naar de werkplaats of de keuken. Bijna iedereen wil iets bijdragen, al neemt dat niet weg dat de betekenis van de woorden 'werk' en 'werkloosheid' kunnen veranderen. Er zou dan ook veel meer aandacht moeten komen voor de enorme hoeveelheid onbetaald werk die nu al wordt verricht.

50 Dat zei ze op de Canadese televisie. Bekijk het fragment op YouTube: 'Guaranteed Annual Income' (29 april 2010).

3. Het einde van de armoede

1 Jessica Sedgwick, 'November 1997: Cherokee Casino Opens', *North Carolina Miscellany* (1 november 2007).

2 James H. Johnson Jr. e.a., *Assessing The Economic and Non-Economic Impacts of Harrah's Cherokee Casino, North Carolina*, Kenan Flagler Business School (juni 2011).

3 Het geld van kinderen onder de 18 gaat in een fonds dat vrijkomt als ze volwassen worden.

4 Jane Costello e.a., 'Relationships Between Poverty and Psychopathology. A Natural Experiment', *Journal of the American Medical Association*, Vol. 290, Issue 15 (2003), pp. 2023-2029.

5 Geciteerd in: Moises Velasquez-Manoff, 'What Happens When the Poor Receive a Stipend?', *The New York Times* (18 januari 2014).

6 William Copeland en Elizabeth J. Costello, 'Parents' Incomes and Children's Outcomes: A Quasi-Experiment', *American Economic Journal: Applied Economics*, Vol. 2 (2010), pp. 86–115.

7 Geciteerd in: 'What Happens When the Poor Receive a Stipend?' (18 januari 2014). Volgens Costello waren het de cash transfers – en niet de nieuwe voorzieningen (school, ziekenhuis) – die het echte verschil maakten. De verbeteringen in het leven van de Cherokees traden namelijk op zodra het geld binnenstroomde, ver voordat de nieuwe voorzieningen werden gerealiseerd.

8 Jane Costello e.a. (2003), p. 2029.

9 Richard Dowden, 'The Thatcher Philosophy', *Catholic Herald* (22 december 1978).

10 Sendhil Mullainathan en Eldar Shafir, *Scarcity: Why Having Too Little Means So Much*, Henry Holt and Company (2013).

11 'What Happens When the Poor Receive a Stipend?' (18 januari 2014).

12 Donald Hirsch, *An Estimate of the Cost of Child Poverty in 2013*, Centre for Research in Social Policy (2013).

13 Donald Hirsch, *Estimating the Costs of Child Poverty*, Joseph Rowntree Foundation (oktober 2008).

14 Zie bijvoorbeeld: Harry J. Holzer e.a., *The Economic Costs of Poverty in the United States: Subsequent Effects of Children Growing Up Poor*, National Poverty Center (januari 2007).

15 Ik heb de cijfers afgerond. Zie Greg J. Duncan, *Economic Costs Of Early Childhood Poverty: Raising Young Children Out of Poverty Can Substantially Improve Their Odds of Economic and Life Success*, Partnership for America's Economic Success, Issue Brief #4 (februari 2008).

16 Valerie Strauss, 'The Cost of Child Poverty: $500 billion a year', *The Washington Post* (25 juli 2013).

17 Daniel Fernandes e.a., 'Financial Literacy, Financial Education and Downstream Financial Behaviors', *Management Science* (januari 2014).

18 Dat wil zeggen: de gemiddelde levensverwachting. Binnen een land zijn er natuurlijk wel grote gezondheidsverschillen tussen arm en rijk. Dat laat onverlet dat economische groei al snel weinig doet voor de gemiddelde levensverwachting van een land.

19 Geciteerd in: Rutger Bregman, '99 problemen, 1 oorzaak', *De Correspondent* (5 december 2013).

20 Zie ook: Brian Nolan e.a., *Changing Inequalities and Societal Impacts in Rich Countries:*

Thirty Countries' Experiences, Oxford University Press (2014). Dit verslag van een groot onderzoek van meer dan tweehonderd wetenschappers uit heel Europa, de VS, Australië, Canada, Japan en Korea vond sterke verbanden tussen ongelijkheid en minder geluk, lagere sociale mobiliteit, lagere opkomst bij verkiezingen en meer 'statuszucht'. De samenhang met criminaliteit en maatschappelijke participatie is minder eenduidig. Hier is vooral armoede nadelig, meer dan ongelijkheid over de hele linie.

21 Ironisch genoeg zijn mensen in gelijke landen als Duitsland en Noorwegen het minst geneigd successen aan zichzelf toe te schrijven. Een succesvolle Amerikaan daarentegen zal (zo blijkt uit de World Values Survey) het niet zo snel over zijn geluk of over de rol van de omstandigheden hebben.

22 Jonathan D. Ostry e.a., *Redistribution, Inequality, and Growth*, Internationaal Monetair Fonds (2014).

23 De bevindingen van Wilkinson en Pickett deden veel stof opwaaien, maar sinds de publicatie van *The Spirit Level* zijn er tientallen onderzoeken verschenen die hun these bevestigen. In 2011 stelde de Joseph Rowntree Foundation een onafhankelijk onderzoek in naar hun bewijs. De conclusie: ja, er bestaat grote wetenschappelijke consensus over de correlatie tussen ongelijkheid en sociale problemen. En ja, ook voor het oorzakelijke verband bestaat aardig wat bewijs. Zie: Karen Rowlingson, *Does Income Inequality Cause Health and Social Problems?*, Joseph Rowntree Foundation (september 2011).
Omgekeerd geldt dat armen én rijken in landen met een grotere verzorgingsstaat gelukkiger zijn en minder voornoemde sociale problemen ervaren. Zie voor een grondige studie op dit gebied: Patrick Flavin e.a., 'Assessing the Impact of the Size and Scope of Government on Human Well-Being', *Social Forces*, Vol. 92, Issue 4 (2014), pp. 1241–1258.

24 Eén probleem lijkt overigens toe te nemen naarmate een land gelijker wordt: zelfmoord. In veel landen bestaat er een omgekeerde relatie tussen het aantal moorden en het aantal zelfmoorden. Verklaring? Wellicht reageren mensen in gelijke landen hun frustraties sneller op zichzelf af.

25 Zie Mattheus 26, vers 11, Markus 14, vers 7 en Johannes 12, vers 8.

26 Geciteerd in: Emily Badger, 'Hunger Makes People Work Harder, and Other Stupid Things We Used to Believe About Poverty', *The Atlantic Cities* (17 juli 2013).

27 Geciteerd in: Kerry Drake, 'Wyoming Can Give Homeless a Place to Live, and Save Money', *WyoFile* (3 december 2013).

28 Een studie uit Florida laat zien dat een dakloze op straat 31.000 dollar per jaar kost, terwijl de staat voor een dakloze met een huis en hulpverlener slechts 10.000 dollar per jaar hoeft uit te geven. Een onderzoek uit Colorado komt uit op 43.000 tegenover 17.000 dollar. Zie: Kate Santich, 'Cost of Homelessness in Central Florida? $31K per person', *Orlando Sentinel* (21 mei 2014) en Scott Keyes, 'Colorado

Proves Housing The Homeless Is Cheaper Than Leaving Them On The Streets', *ThinkProgress* (5 september 2013).

29 Malcolm Gladwell heeft hier een schitterend essay over geschreven. Zie: 'Million-dollar Murray', *The New Yorker* (13 februari 2006).

30 Birgit Kooijman, 'Rotterdam haalt daklozen in huis', *Binnenlands Bestuur* (28 augustus 2009).

31 *Plan van aanpak Maatschappelijke Opvang Fase II*, Overheid.nl (4 april 2011).

32 Geciteerd in: Dick Wittenberg, '"Duizenden zwervers belanden weer op straat"', *NRC Handelsblad* (10 november 2011).

33 Mathijs Tuynman e.a., *Monitor Stedelijk Kompas 2012: Plan van aanpak maatschappelijke opvang in 39 centrumgemeenten*, Trimbos-instituut (2013).

34 In 2006 waren er ongeveer 10.000 daklozen in de grote steden, zo lezen we in het eerste Plan van Aanpak. In 2009 was dat aantal gedaald naar ongeveer 6.500, maar in 2012 was het alweer gegroeid naar 12.400. Zie: 'Daklozen; persoonskenmerken', CBS StatLine (23 december 2016).

35 *Kosten en baten van maatschappelijke opvang: bouwstenen voor effectieve inzet van publieke middelen*, Cebeon (12 april 2011).

36 Het Nederlandse programma voor gratis groente en fruit, SchoolGruiten, heeft een adviesprijs van 25 euro per kind per jaar. Er zijn ongeveer 1,5 miljoen basisschoolkinderen. Zie: 'Docenten', Schoolkinderen & Fruit (geraadpleegd in augustus 2014).

37 Ruper Neate, 'Scandal of Europe's 11m Empty Homes', *The Guardian* (23 februari 2014).

38 Richard Bronson, 'Homeless and Empty Homes: An American Travesty', *The Huffington Post* (24 augustus 2010).

39 Geciteerd in: John Stoehr, 'The Answer to Homelessness: Why Conservative Utah Gives Away Housing', *The American Conservative* (20 maart 2014).

40 Geciteerd in: 'What Happens When the Poor Receive a Stipend?' (18 januari 2014).

4. Het bizarre verhaal van president Nixon en het basisinkomen

1 Dit is een citaat van de Britse schrijver Leslie Poles Hartley (1895-1972).

2 Brian Steensland, *The Failed Welfare Revolution: America's Struggle Over Guaranteed Income Policy*, Princeton University Press (2008), p. 93.

3 Ibid., p. 96.

4 Ibid., p. 115.

5 Peter Passell en Leonard Ross, 'Daniel Moynihan and President-Elect Nixon: How Charity Didn't Begin at Home', *The New York Times* (14 januari 1973).

6 Idem.

7 Uit recent onderzoek van de Johns Hopkins Universiteit blijkt dat in de afgelopen dertig jaar de Amerikaanse verzorgingsstaat zich steeds meer op de rijkere armen is gaan richten. Dat wil zeggen: mensen die werken, getrouwd of oud zijn. Zij zouden de steun meer 'verdienen'. Het gevolg is dat de allerarmste gezinnen, meestal zonder vader, er met maar liefst 35 procent op achteruit zijn gegaan sinds 1983. Bijna 1,5 miljoen huishoudens, onder wie 2,8 miljoen kinderen, leefden in 2012 zelfs van minder dan twee dollar per persoon per dag, in extreme armoede. Zie: Gabriel Thompson, 'Could You Survive on $2 a Day?', *Mother Jones* (13 december 2012).

8 W. Budd, 'BERKSHIRE, TO WIT', *The Reading Mercury* (11 mei 1795), in: J. F. C. Harrison, ed., *Society and Politics in England, 1780-1960*, Harper & Row (1965), pp. 43-44.

9 Het gaat hier om de pest. Zie: Thomas Malthus, *An Essay on the Principle of Population* (1798).

10 Voor het gemak spreek ik hier over David Ricardo als 'econoom', ook al werd er in die tijd over 'politieke economie' gesproken. De moderne econoom is, zoals we in het hoofdstuk over het bbp zullen zien, een uitvinding uit de jaren dertig van de twintigste eeuw.

11 *Report from His Majesty's Commissioners for inquiring into the Administration and Practical Operation of the Poor Laws* (1834), pp. 257-261, getranscribeerd door Marjie Bloy PhD, Victorian Web.

12 Polanyi gaf wel een andere interpretatie aan de vermeende mislukking dan zijn voorgangers. Hij dacht dat het Speenhamlandsysteem de lonen had verlaagd omdat arbeiders samen nog geen vuist konden maken.

13 Boyd Hilton, *A Mad, Bad, & Dangerous People? England 1783-1846*, Clarendon Press (2006), p. 595.

14 Fred Block en Margaret Somers, 'In the Shadow of Speenhamland: Social Policy and the Old Poor Law', *Politics & Society*, Vol. 31, Issue 2 (2003), p. 287.

15 In een land als Bangladesh lag het gemiddelde aantal kinderen per vrouw in 1970 nog op zeven, van wie een kwart stierf voor het vijfde levensjaar. Inmiddels krijgt een Bengaalse vrouw slechts twee kinderen en is de kindersterfte gedaald naar 4 procent. Je ziet het overal ter wereld: zodra de armoede daalt, daalt de kindersterfte en remt de bevolkingsgroei af. Zie: Rutger Bregman, 'Hoeveel mensheid kan een aarde aan?', *De Correspondent* (28 januari 2014).

16 Frances Coppola, 'An Experiment With Basic Income', Pieria (12 januari 2014). Zie ook: Walter I. Trattner, *From Poor Law to Welfare State: A History of Social Welfare in America*, Free Press (1999), pp. 48-49.

17 *A Mad, Bad, & Dangerous People?* (2006), p. 592.

18 Ook hier is de geschiedenis niet zonder ironie: Keynes realiseerde zich honderd jaar later dat westerse overheden de fout van Ricardo herhaalden toen ze na de

Grote Depressie vasthielden aan de goudstandaard. In Europa speelde na de uitbraak van de crisis van 2008 hetzelfde met betrekking tot de euro, die voor zuidelijke landen een soort van goudstandaard werd (ze konden hun munt immers niet devalueren, waardoor hun concurrentiepositie verslechterde en de werkloosheid explodeerde). Net als in 1834 waren er ook in 1930 en 2010 genoeg politici te vinden die de gevolgen van dit macro-economische beleid (armoede, werkloosheid, et cetera) vooral aan de vermeende luiheid van werknemers en de te ruimhartige verzorgingsstaat toeschreven.

19 B.A. Holderness, 'Prices, Productivity and Output', in: G.E. Mingay (red.), *The Agrarian History of England and Wales, 1750-1850, VI*, Cambridge University Press (1989), p. 140.

20 *Just Give Money to the Poor* (2010), pp. 17-18.

21 Block en Somers (2003), p. 312.

22 Mark Blaug, 'The Poor Law Report Reexamined', *The Journal of Economic History*, Vol. 24, Issue 2 (1964), pp. 229-245.

23 *Just Give Money to the Poor* (2010), pp. 17-18.

24 In hetzelfde jaar publiceerde de historica Gertrude Himmelfarb *The Idea of Poverty*, waarin ze de kritiek van Malthus, Bentham en De Tocqueville op het Speenhamlandsysteem nog eens uitgebreid de revue liet passeren.

25 Matt Bruenig, 'When Pundits Blamed White People for a "Culture of Poverty"', *The Week* (1 april 2014).

26 'Het choqueert me om naar deze bevindingen te kijken en te moeten concluderen dat wij wetenschappers het bij het verkeerde eind hadden', vertelde Moynihan aan het Congres. Een van de redenen waarom hij, een conservatieve Republikein, altijd in het basisinkomen had geloofd, was dat het huwelijk erdoor zou worden versterkt. Zie: R.A. Levine, 'A Retrospective on the Negative Income Tax Experiments: Looking Back at the Most Innovate Field Studies in Social Policy', *USBIG Discussion Paper* (juni 2004).

27 Geciteerd in: *The Failed Welfare Revolution* (2008), p. 216.

28 Barbara Ehrenreich, 'The poor: always with us, necessarily not us', *The Guardian* (15 maart 2012).

29 Austin Stone, 'Welfare: Moynihan's Counsel of Despair', *First Things* (maart 1996).

30 Daniel Patrick Moynihan, 'Speech on Welfare Reform', (16 september 1995).

31 Daar komt nog iets anders bij: het plan van Nixon zou, eenmaal ingevoerd, moeilijk terug te draaien zijn, omdat het snel brede steun zou vergaren. '*New policies create new politics*', schrijft Steensland. *The Failed Welfare Revolution* (2008), p. 220.

32 Ibid., p. 226.

33 Ibid., p. x.

34 Bij een grote meta-analyse van 93 Europese programma's werd bij maar liefst de

helft geen of zelfs een negatief effect gevonden. Zie: Frans den Butter en Emil Mihaylov, 'Activerend arbeidsmarktbeleid is vaak niet effectief', ESB (april 2008).

35 Stephen Kastoryano en Bas van der Klaauw, 'Dynamic Evaluation of Job Search Assistance', *IZA Discussion Papers*, No. 5424 (5 januari 2011).

36 Het cynische is dat uitkeringsgerechtigden vaak niet eens nuttig werk mógen doen voor hun uitkering, want dat leidt tot verdringing van betaalde werknemers.

37 Deborah Padfield, 'Through the Eyes of a Benefits Adviser: A Plea For a Basic Income', *Open Democracy* (5 oktober 2011).

38 David Graeber, 'On The Phenomenon of Bullshit Jobs: A Work Rant', *Strike! Magazine* (17 augustus 2013).

5. Nieuwe cijfers voor een nieuwe tijd

1 Tim Webb, 'Japan's economy heads into freefall after earthquake and tsunami', *The Guardian* (13 maart 2011).

2 Merijn Knibbe, 'Van interne devaluatie naar expansie. De watersnoodramp in 1953 als Keynesiaanse "game changer"', *Lux et Veritas* (1 april 2013).

3 Frédéric Bastiat, 'Ce qu'on voit et ce qu'on ne voit pas' (1850).

4 Geciteerd in: Diane Coyle, *GDP: A Brief but Affectionate History*, Princeton University Press (2014), p. 106.

5 *Cooking and Caring, Building and Repairing: Unpaid Work around the World*, oecd (2011), p. 25. Zie ook: *GDP: A Brief but Affectionate History* (2014), p. 109.

6 *GDP: A Brief but Affectionate History* (2014), p. 108.

7 J.P. Smith, '"Lost milk?": Counting the economic value of breast milk in gross domestic product', *Journal of Human Lactation*, Vol. 29, Issue 4 (november 2013).

8 Volgens het International Institute for Strategic Studies gaf China in 2013 112 miljard dollar uit aan het leger.

9 Statistici proberen wel om de kwaliteitsverbeteringen van producten mee te rekenen. Maar dit is buitengewoon lastig. Voor sommige technische apparaten, zoals lampen en computers, zijn de verbeteringen veel groter geweest dan we in het bbp terugzien. Zie: Diane Coyle, *The Economics of Enough: How to Run the Economy as if the Future Matters*, Princeton University Press (2012), p. 37.

10 Robert Quigley, 'The Cost of a Gigabyte Over the Years', *Geekosystem* (8 maart 2011).

11 Erik Brynjolfsson en Andrew McAfee, *The Second Machine Age*, ww Norton & Co (2014), p. 112.

12 Clifford Cobb e.a., 'If the GDP is Up, Why is America Down?', *The Atlantic Monthly* (oktober 1995).

13 Jonathan Rowe, 'The Gross Domestic Product', Jonathanrowe.org (12 maart 2008).

14 Als het bbp hiervoor gecorrigeerd zou worden, dan zou het aandeel van de

financiële industrie met een vijfde tot wel de helft afnemen. Zie: *GDP: A Brief but Affectionate History* (2014), p. 103.

15 David Pilling, 'Has GDP outgrown its use?', *The Financial Times* (4 juli 2014).

16 Geciteerd in: *Is Europe Overbanked?*, European Systemic Risk Board (juni 2014), p. 16.

17 Oscar Wilde, *The Soul of Man under Socialism* (1891).

18 Geciteerd in: *GDP: A Brief but Affectionate History* (2014), p. 10.

19 Geciteerd in: J. Steven Landefeld, 'GDP: One of the Great Inventions of the 20th Century', Bureau of Economic Analysis (2000).

20 Maarten van Rossem, *Drie oorlogen. Een kleine geschiedenis van de 20e eeuw*, Nieuw Amsterdam (2007), p. 120.

21 Geciteerd in: Landefeld (2000).

22 Timothy Shenk, 'The Long Shadow of Mont Pèlerin', *Dissent* (herfst 2013).

23 Geciteerd in: Jacob Goldstein, 'The Invention Of "The Economy"', *Planet Money* (28 februari 2014).

24 *GDP: A Brief but Affectionate History* (2014), p. 25.

25 Beluister de speech waarin Kennedy deze uitspraak doet hier: 'RFK on GDP' (geüpload op 20 april 2011).

26 William Baumol, *The Cost Disease: Why Computers Get Cheaper and Health Care Doesn't*, Yale University Press (2012).

27 Natuurlijk wordt dit wel geprobeerd, in het onderwijs bijvoorbeeld door tentamens te standaardiseren met multiplechoicevragen, online hoorcolleges en grote klassen. Maar deze efficiëntie gaat ten koste van de kwaliteit.

28 Susan Steed en Helen Kersley, 'A Bit Rich: Calculating the Real Value to Society of Different Professions', New Economics Foundation (14 december 2009).

29 Kevin Kelly, 'The Post-Productive Economy', *The Technium* (1 januari 2013).

30 Simon Kuznets, *National Income, 1929-1932*, National Bureau of Economic Research (juni 1934).

31 *GDP: A Brief but Affectionate History* (2014), p. 14.

32 Simon Kuznets, 'How to Judge Quality', *The New Republic*, Vol. 147 (20 oktober 1962).

6. Een werkweek van vijftien uur

1 'Economic Possibilities for our Grandchildren' (1930).

2 John Stuart Mill, *Principles of Political Economy with some of their Applications to Social Philosophy* (1848), Book IV, Chapter VI.

3 Dit citaat komt uit een essay van Bertrand Russell, 'In Praise of Idleness' (1932).

4 Benjamin Kline Hunnicutt, 'The End of Shorter Hours', *Labor History*, Vol. 25, Issue 3 (1984), pp. 373-404.

5 Idem.

6 Samuel Crowther, 'Henry Ford: Why I Favor Five Days' Work With Six Days' Pay', *World's Work* (oktober 1926), pp. 613-616.

7 Andrew Simms en Molly Conisbee, 'National Gardening Leave', in: Anna Coote en Jane Franklin (red.), *Time on Our Side. Why We All Need a Shorter Workweek*, New Economics Foundation (2013), p. 155.

8 'Nixon Defends 4-Day Week Claim', *The Milwaukee Sentinel* (25 september 1956).

9 Jared Cohen, *Human Robots in Myth and Science*, George Allen & Unwin (1966).

10 Hillel Ruskin (red.), *Leisure: Toward a Theory and Policy*, Fairleigh Dickinson University Press (1984), p. 152.

11 Isaac Asimov, 'Visit to the World's Fair of 2014', *The New York Times* (16 augustus 1964).

12 Geciteerd in: Daniel Akst, 'What Can We Learn From Past Anxiety Over Automation?', *The Wilson Quarterly* (zomer 2013).

13 De scène uit *The Jetsons* die ik hier beschrijf komt uit aflevering 19 van seizoen 1.

14 Sangheon Lee e.a., *Working Time Around the World: Trends in Working Hours, Laws and Policies in a Global Comparative Perspective*, International Labour Office (2007).

15 Wall Street Journal Staff, *Here Comes Tomorrow! Living and Working in the Year 2000*, Dow Jones Books (1967).

16 Hanna Rosin, 'The End of Men', *The Atlantic* (juli/augustus 2010).

17 *21 Hours. Why a Shorter Working Week Can Help Us All to Flourish in the 21st Century*, New Economics Foundation (2009), p. 10.

18 Geciteerd in: Mirjam Schöttelndreier, 'Nederlanders leven vooral om te werken', *de Volkskrant* (29 januari 2001).

19 D'Vera Cohn, 'Do Parents Spend Enough Time With Their Children?', Population Reference Bureau (januari 2007).

20 Freek Bucx, *Gezinsrapport 2011. Een portret van het gezinsleven in Nederland*, Sociaal en Cultureel Planbureau (2011).

21 Rebecca J. Rosen, 'America's Workers: Stressed Out, Overwhelmed, Totally Exhausted', The Atlantic (25 maart 2014).

22 Mariëlle Cloïn e.a., *Nederland in een dag. Tijdsbesteding in Nederland vergeleken met die in vijftien andere Europese landen*, Sociaal en Cultureel Planbureau (2011).

23 L.L.J. Koppes e.a., *Nationale Enquête Arbeidsomstandigheden 2012*, TNO (2013).

24 Derek Thompson, 'Are We Truly Overworked? An Investigation – in 6 Charts', The Atlantic (juni 2013).

25 'Smart Devices Add 1.2 Hours to Our Work Day', Journalism.co.uk (13 november 2012).

26 Ik heb deze berekeningen gemaakt met behulp van de website https://www.gapminder.org/.

27 Geciteerd in: *Dromen van Cocagne* (1997), p. 49.

28 Juliet Schor, *The Overworked American. The Unexpected Decline of Leisure*, Basic Books

(1992), p. 47. Overigens werkten jagers en verzamelaars waarschijnlijk nog minder. Archeologen schatten hun werkweek op hoogstens twintig uur.

29 Benjamin Kline Hunnicutt, *Kellogg's Six-Hour Day*, Temple University Press (1996), p. 35.

30 Adam Smith schreef in zijn klassieker *The Wealth of Nations* (1776): *'The man who works so moderately as to be able to work constantly, not only preserves his health the longest, but in the course of the year, executes the greatest quantity of works.'*

31 *Kellogg's Six-Hour Day* (1996), p. 62.

32 Tijdens de Tweede Wereldoorlog ging de werkdag van Kellogg even terug naar acht uur, maar na de oorlog stemde een overgrote meerderheid van de werknemers weer voor de zesurige werkdag. Pas toen de managers van de cornflakesfabrieken zelf de werktijden mochten gaan bepalen, schroefden ze een voor een de werkdag weer op naar acht uur. Volgens professor Benjamin Kline Hunnicutt van de Universiteit van Iowa was het vooral de druk van buitenaf – om even hard te werken en te consumeren als de buren – die de zesurige werkdag de das omdeed. Toch zou het nog tot 1985 duren voordat de laatste 530 cornflakebereiders hun zesurige shifts vaarwel zeiden.

33 *21 Hours* (2009), p. 11.

34 Een recent onderzoek naar experimenten met zelfstandig werken, die sinds de vroege twintigste eeuw zijn gedaan, concludeerde dat zeggenschap en controle veel belangrijker zijn dan het aantal uren dat we werken. Wie over zijn eigen tijd beschikt, is gemotiveerder en levert een beter resultaat af. Zie: M. Travis Maynard e.a., 'Empowerment – Fad or Fab? A Multilevel Review of the Past Two Decades of Research', *Journal of Management*, Vol. 38, Issue 4 (2012).

35 Zie voor een overzicht: Nicholas Ashford en Giorgos Kallis, 'A Four-Day Workweek: A Policy for Improving Employment and Environmental Conditions in Europe', *European Financial Review* (30 april 2013).

36 Christian Kroll en Sebastian Pokutta, 'Just a Perfect Day? Developing a Happiness Optimised Day Schedule', Journal of Economic Psychology, Vol. 34 (februari 2013).

37 David Rosnick, *Reduced Work Hours as a Means of Slowing Climate Change*, Center for Economic and Policy Research (februari 2013).

38 Kyle Knight e.a., 'Reducing Growth to Achieve Environmental Sustainability: The Role of Work Hours', Political Economy Research Institute (november 2012).

39 Uit deze studie bleek dat coassistenten in een ziekenhuis meer dan vijf keer zo veel zware diagnostische fouten maken in een te lange werkweek dan in een gewone. Christopher P. Landrigan e.a., 'Effect of Reducing Interns' Work Hours on Serious Medical Errors in Intensive Care Units', *The New England Journal of Medicine* (oktober 2004).

Uit een berg onderzoek blijkt bovendien dat te hard werken ook slecht is voor je gezondheid. Zie deze metastudie: Kate Sparks e.a., 'The Effects of Hours of Work on Health: A Meta-Analytic Review', *Journal of Occupational and Organizational Psychology*, Vol. 70, Issue 4 (1997).

40 Jon C. Messenger en Naj Ghosheh, *Work Sharing during the Great Recession*, International Labour Organisation (2013).

41 'A Four-Day Workweek' (30 april 2013).

42 Niels Ebdrup, 'We Should Only Work 25 Hours a Week, Argues Professor', *Science Nordic* (3 februari 2013).

43 Erik Rauch, 'Productivity and the Workweek', MIT Computer Science & Artificial Intelligence Lab (2000).

44 Zie voor een overzicht: Jonathan Gershuny en Kimberly Fisher, 'Post-Industrious Society: Why Work Time Will Not Disappear for Our Grandchildren', University of Oxford (april 2014).

45 Richard Layard, *Happiness*, Penguin Press (2005), p. 64. Zie ook: Don Peck, 'How a New Jobless Era Will Transform America', The Atlantic (maart 2010).

46 Dat we minder willen werken blijkt in Nederland uit onderzoek van onder andere TNO, Synovate, nationalevacaturebank.nl en de Nationale Enquête Arbeidsomstandigheden. Zie voor een overzicht in andere landen: Robert Skidelsky en Edward Skidelsky, *How Much is Enough? The Love of Money and the Case for the Good Life*, Allen Lane (2012), p. 29-30. En zie ook: Juliet Schor, 'The Triple Dividend', in: *Time on Our Side* (2013), p. 14.

47 Carl Honoré, *In Praise of Slow*, HarperSanFrancisco (2004), hoofdstuk 8.

48 *The Overworked American* (1992), p. 66.

49 Denk aan kosten voor training, pensioen, werkloosheidsverzekering en (in landen als de VS) ziektekosten. In de meeste landen zijn deze *'hour-invariant costs'* gestegen in de afgelopen jaren. Zie: 'The Triple Dividend' (2013), p. 9.

50 'Americans Watching More TV Than Ever; Web and Mobile Video Up Too', Nielsen (20 mei 2009).

51 'In Praise of Idleness' (1932).

7. Waarom vuilnismannen meer verdienen dan bankiers

1 Deze reconstructie van de staking is gebaseerd op het verslag in *The New York Times* destijds.

2 'Fragrant Days in Fun City', *Time* (16 februari 1968).

3 Officieel stonden er slechts 12.281 lobbyisten geregistreerd in Washington in 2014, maar dit geeft een vertekend beeld – een toenemend aantal lobbyisten opereerde ondergronds. Lee Fang, 'Where Have All the Lobbyists Gone?', *The Nation* (19 februari 2014).

4 Jean-Louis Arcand e.a., *Too Much Finance?*, IMF (1 juni 2012).

5 Scott L. Cummings (red.), *The Paradox of Professionalism: Lawyers and the Possibility of Justice*, Cambridge University Press (2011), p. 71.

6 Aalt Dijkhuizen, *Hoogproductieve en efficiënte landbouw: een duurzame greep!?*, Wageningen UR (maart 2013).

7 Umair Haque, 'The Irish Banking Crisis: A Parable', *Harvard Business Review* (29 november 2010).

8 Ann Crotty, 'How Irish pubs filled the banks' role in 1970', *Business Report* (18 september 2013).

9 Antoin Murphy, 'Money in an Economy Without Banks – The Case of Ireland', *The Manchester School of Economic & Social Studies*, Vol. 46, Issue 1 (1978), pp. 44-45.

10 Donal Buckley, 'How six-month bank strike rocked the nation', *Independent* (29 december 1999).

11 'The Irish Banking Crisis: A Parable' (29 november 2010).

12 Roger Bootle, 'Why the economy needs to stress creation over distribution', *Telegraph* (17 oktober 2009).

13 'Economic Possibilities for our Grandchildren' (1930).

14 'On The Phenomenon of Bullshit Jobs' (17 augustus 2013).

15 Alfred Kleinknecht e.a., 'Overdaad schaadt: meer management, minder productiviteitsgroei', ESB (8 september 2006).

16 Zie: Tony Schwartz en Christine Poratz, 'Why You Hate Work', *The New York Times* (30 mei 2014).

17 Zoals we gezien hebben in hoofdstuk 4 vond een grote meta-analyse van 93 Europese activeringsprogramma's bij maar liefst de helft van de programma's geen of negatieve effecten. 'Activerend arbeidsmarktbeleid is vaak niet effectief' (april 2008).

18 Peter Thiel, 'What happened to the future?', *Founders Fund* (januari 2011).

19 William Baumol, 'Entrepreneurship: Productive, Unproductive, and Destructive', *Journal of Political Economy*, Vol. 98, Issue 5 (1990), pp. 893-920.

20 Sam Ro, 'Stock Market Investors Have Become Absurdly Impatient', *Business Insider* (7 augustus 2012).

21 Benjamin Lockwood e.a., 'Taxation and the Allocation of Talent', *Journal of Political Economy*, Vol. 125, Issue 5 (2017).

22 Stijn Hustinx, 'Iedereen in New York wil vuilnisman worden', *Algemeen Dagblad* (12 november 2014).

8. De race tegen de machine

1 Gregory Clark, *A Farewell to Alms. A Brief Economic History of the World*, Princeton University Press (2008), p. 286.

2 Geciteerd in: *The Second Machine Age* (2014), p. 175.

3 Geciteerd in: *Leeds Mercury* (13 maart 1830).

4 Michael Greenstone en Adam Looney, 'Trends: Men in Trouble', *The Milken Institute Review* (juli 2011).

5 Gordon Moore, 'Cramming More Components onto Integrated Circuits', *Electronics Magazine* (19 april 1965).

6 'Excerpts from A Conversation with Gordon Moore: Moore's Law', Intel (2005).

7 In 1965 ging Moore er nog van uit dat het aantal transistors iedere twaalf maanden zou verdubbelen. In 1970 maakte hij daar vierentwintig maanden van. Tegenwoordig wordt van achttien maanden uitgegaan.

8 Arthur Donovan en Joseph Bonney, *The Box That Changed the World: Fifty Years of Container Shipping*, Ubm Global Trade (2006).

9 Een artikel in *The Atlantic* bracht me op het idee van de gelijktijdige opmars van de chip en de doos. Overigens zijn globalisering en de opmars van de technologie niet van elkaar te scheiden. Globalisering wordt immers mogelijk gemaakt door technologische vooruitgang. Zie Charles Davi, 'The Mystery of the Incredible Shrinking American Worker', *The Atlantic* (11 februari 2013).

10 De OESO schat dat technologie (met name ICT) verantwoordelijk is voor 80 procent van de afname van het aandeel van lonen in het bbp. In landen als China en India speelt overigens hetzelfde, ook daar is het aandeel van arbeid afgenomen. Zie ook: Loukas Karabarbounis en Brent Neiman, 'The Global Decline of the Labor Share', *The Quarterly Journal of Economics*, Volume 129, Issue 1 (2014).

11 Robert H. Frank en Philip J. Cook, *The Winner-Take-All Society: Why the Few at the Top Get So Much More Than the Rest of Us*, Penguin Books (1996).

12 Walter Scheidel en Steven J. Friesen, 'The Size of the Economy and the Distribution of Income in the Roman Empire', *Journal of Roman Studies*, Vol. 99 (november 2009).

13 Kaja Bonesmo Fredriksen, *Income Inequality in the European Union*, OECD (16 april 2012).

14 Derek Thompson, 'This Is What the Post-Employee Economy Looks Like', The Atlantic (20 april 2011).

15 Neem radiologen. Momenteel zijn het de bestbetaalde medisch specialisten, maar na meer dan tien jaar onderwijs zouden ze het straks zomaar kunnen afleggen tegen hightech scanners die hetzelfde doen voor een honderdste van de prijs – en dan beter. Advocaten hebben er al last van. Waar eerst dikbetaalde academici nodig waren om juridische documenten te doorzoeken, doen computers nu hetzelfde werk zonder te klagen over hoofdpijn. Een groot chemisch bedrijf liet zijn nieuwe software onlangs kijken naar werk dat in de jaren tachtig en negentig door juridische medewerkers was verricht. Conclusie: slechts in 60 procent van de gevallen hadden de mensen het bij het rechte eind gehad. 'Bedenk hoeveel geld er wel niet verspild is om iets beter te zijn dan het opgooien van een muntje',

verzuchtte de bedrijfsleider. Zie: John Markoff, 'Armies of Expensive Lawyers, Replaced by Cheaper Software', *The New York Times* (4 maart 2011).

16 Carl Benedikt Frey en Michael A. Osborne, The Future of Employment: How Susceptible Are Jobs to Computerisation', Oxford Martin School (17 september 2013). De Europese doorrekening vind je hier: Jeremy Bowles, 'Chart of the Week: 54% of EU jobs at risk of computerisation', Bruegel (24 juli 2014).

17 Gary Marcus, 'Why We Should Think About The Threat of Artificial Intelligence', The New Yorker (24 oktober 2013).

18 Susan B. Carter, *Labor Force for Historical Statistics of the United States, Millennial Edition*, University of California, Riverside (september 2003).

19 Yale Brozen, 'Automation: The Retreating Catastrophe', *Left & Right* (september 1966).

20 David Rotman, 'How Technology Is Destroying Jobs', mit Technology Review (12 juni 2013).

21 *The Second Machine Age* (2014), p. 27.

22 Ian Morris, *Why The West Rules – For Now*, Farrar, Straus and Giroux (2010), p. 495.

23 Ibid., p. 497.

24 *GDP. A Brief but Affectionate History* (2014), p. 79.

25 Frank Levy en Richard Murnane, *The New Division of Labor: How Computers Are Creating the Next Job Market*, Princeton University Press (2004).

26 Er zijn aanwijzingen dat zelfs de banen van hoogopgeleiden sinds het jaar 2000 in de verdrukking zijn gekomen, met als gevolg dat zij de banen van lager opgeleiden inpikken. Werknemers zijn dan ook steeds vaker overgekwalificeerd. Zie: Paul Beaudry e.a., 'The Great Reversal in the Demand for Skill and Cognitive Tasks', in: *Labor Markets in the Aftermath of the Great Recession*, National Bureau of Economic Research (2013), pp. 199-247.

27 Bas ter Weel, *Vraag naar hoogopgeleiden stijgt verder, banen in het midden onder druk*, CPB (juni 2012).

28 Het zou kunnen dat juist de globalisering de technologische vooruitgang even heeft geremd. Onze kleren worden nu immers niet door stalen robotarmen of intelligente cyborgs vervaardigd, maar door kleine kinderhandjes in Vietnam en China. Het is nog altijd goedkoper voor veel werkgevers om hun opdrachten uit te besteden aan Aziaten dan aan robots. Misschien dat daarom ook veel van de grote technologische dromen van de twintigste eeuw nog niet zijn uitgekomen. Zie: David Graeber, 'Of Flying Cars and the Declining Rate of Profit', *The Baffler* (maart 2012).

29 Andrew McAfee, 'Even Sweatshops are Getting Automated. So What's Left?' (22 mei 2014).

30 Steven E. Jones, *Against Technology: From the Luddites to Neo-Luddism*, Routledge (2006), hoofdstuk 2.

31 'Leeds Woollen Workers Petition, 1786', in: *Modern History Sourcebook*, Fordham University (1997).

32 Robert Skidelsky, 'Death to Machines?', *Project Syndicate* (21 februari 2014).

33 Tyler Cowen, *The Great Stagnation: How America Ate All the Low-Hanging Fruit of Modern History, Got Sick, and Will (Eventually) Feel Better*, Dutton Adult (2011), p. 172.

34 Geciteerd in: Daron Acemoğlu en James A. Robinson, *Why Nations Fail: The Origins of Power, Prosperity and Poverty*, Crown Publishing Group (2012), p. 226.

35 De arme William Lee, een Engelse uitvinder die al in 1589 de naaimachine uitvond, ging op audiëntie bij koningin Elizabeth, die hem een flinke veeg uit de pan gaf. 'Bedenk wat uw uitvinding zou doen met mijn arme onderdanen', beet de majesteit hem toe. 'Het zou hen zeker ruïneren, door hun banen te vernietigen en ze tot zwervers te reduceren.' Lee moest Engeland verlaten, probeerde het nog aan het Franse hof, maar ving ook daar bot. Pas twee eeuwen later ontving James Hargreaves een koninklijk patent voor zijn 'Spinning Jenny' – hij zou er de geschiedenisboeken mee ingaan en er de opstand van de Luddieten mee ontketenen. Ineens kon 50 kilo katoen in driehonderd uur worden gesponnen, in plaats van 50.000 uur.

36 Thomas Piketty, 'Save Capitalism from the Capitalists by Taxing Wealth', The Financial Times (28 maart 2014).

9. Achter de poorten van Luilekkerland

1 'Aid to Developing Countries Rebounds in 2013 to Reach an All-Time High', OESO (8 april 2014).

2 Owen Barder, 'Is Aid a Waste of Money?', Center for Global Development (12 mei 2013).

3 Linda J. Bilmes, 'The Financial Legacy of Iraq and Afghanistan', Harvard Kennedy School (maart 2013). (Zie ook hoofdstuk 6.)

4 Deze berekening heb ik gemaakt voor het jaar 2009. Zie: 'Agricultural Policies in OECD Countries', oecd (2009).

5 Dambisa Moyo, *Dead Aid*, Olympus (2009), p. 39.

6 Zie de TED Talk van Duflo: 'Social experiments to fight poverty', TED (februari 2010).

7 Het 'randomiseren' zien we niet terug in het boek Daniel. Tegenwoordig wordt het onderzoek het liefst ook nog 'dubbelblind' uitgevoerd. Noch arts noch patiënt weet dan wie welk medicijn krijgt.

8 Alfredo Morabia, 'Pierre-Charles-Alexandre Louis and the Evaluation of Bloodletting', *Journal of the Royal Society of Medicine*, Vol. 99 (maart 2006).

9 Jessica Benko, 'The Hyper-Efficient, Highly Scientific Scheme to Help the World's Poor', *Wired* (11 december 2013).

10 Paul Glewwe e.a., 'Textbooks and Test Scores: Evidence from a Prospective Evaluation in Kenya', Yale University (1 december 1998).

11 Geciteerd in: Ian Parker, 'The Poverty Lab. Transforming Development Economics, One Experiment at a Time', The New Yorker (10 mei 2010).

12 Jessica Cohen en Pascaline Dupas, *Free Distribution or Cost-Sharing? Evidence From a Malaria Prevention Experiment*, National Bureau of Economic Research (oktober 2008).

13 Zie: Abhijit Banerjee e.a., 'The Miracle of Microfinance? Evidence From a Randomized Evaluation', MIT Economics (30 mei 2009).
Ook Jeffrey Sachs liep een blauwtje bij Duflo. Een paar jaar geleden vroeg hij haar om zijn 'millenniumdorpen' te evalueren – een project waarbij dertien regio's in sub-Saharisch Afrika aan de ideeën van de meester worden onderworpen. Duflo antwoordde dat het te laat was voor een grondige RCT; Sachs liet nooit meer wat van zich horen. In 2013 verscheen het veelgeprezen boek *The Idealist* van de journaliste Nina Munk, die jarenlang onderzoek deed naar de millenniumdorpen. Haar oordeel? Het project is peperduur en levert weinig op.

14 Christopher Blattman en Paul Niehaus, 'Show Them the Money. Why Giving Cash Helps Alleviate Poverty', *Foreign Affairs* (mei/juni 2014).

15 Geciteerd in: 'The Poverty Lab' (10 mei 2010).

16 Angel Gurría, 'The Global Dodgers', *The Guardian* (27 november 2008).

17 Lant Pritchett, 'The Cliff at the Border', in: Ravi Kanbur en Michael Spence (red.), *Equity and Growth in a Globalizing World*, World Bank (2010), p. 263.

18 Michael Clemens, *Economics and Emigration: Trillion-Dollar Bills on the Sidewalk?*, Center for Global Development (18 augustus 2011).

19 John Kennan, *Open Borders*, National Bureau of Economic Research (augustus 2012).

20 Terrie L. Walmsley e.a., 'Measuring the Impact of the Movement of Labour Using a Model of Bilateral Migration Flows', *GTAP Technical Papers*, Vol. 28 (november 2007).

21 'Tariff Download Facility', World Trade Organisation.

22 Kym Anderson en Will Martin, *Agricultural, trade reform, and the Doha development agenda*, World Bank (2006).

23 Francesco Caselli en James Feyrer, *The Marginal Product of Capital*, National Bureau of Economic Research (augustus 2005).
Zie ook: 'The Cliff at the Border' (2010).

24 Zie voor een andere versie van het verhaal van Albert: Michael Huemer, 'Citizenism and Open Borders', *Open Borders* (18 februari 2013).

25 Branko Milanovic, *Global Income Inequality by the Numbers: in History and Now*, World Bank (november 2012).

26 'Global Wealth Reaches New All-Time High', Credit Suisse (2013).

27 *A New Global Partnership: Eradicate Poverty and Transform Economies Through Sustainable Development*, United Nations (2013), p. 4.

28 Deze berekeningen heb ik gemaakt met behulp van de website

https://www.givingwhatwecan.org/, waar je kunt bekijken hoe rijk je bent ten opzichte van de wereldbevolking.

29 Branko Milanovic, 'Global income inequality: the past two centuries and implications for 21st century' (herfst 2011).

30 Ricardo Fuentes-Nieva en Nicholas Galasso, *Working for the Few*, Oxfam (20 januari 2014).

31 Nicholas Hobbes, *Essential Militaria: Facts, Legends, and Curiosities About Warfare Through the Ages, Atlantic Monthly Press* (2004).

32 *Global Income Inequality by the Numbers* (november 2012).

33 In 2012 lag de Nederlandse armoedegrens voor een alleenstaande op 990 euro per maand. De grens van extreme armoede ligt (volgens de Wereldbank) op nog geen 30 euro per maand. De Nederlandse armoedegrens ligt dan ook 35 keer hoger dan de extremearmoedegrens.

34 Michael Clemens e.a., *The Place Premium: Wage Differences for Identical Workers Across the US Border*, Harvard Kennedy School (januari 2009).

35 Het overgrote deel van de 'rijken' in arme landen verblijft niet eens in hun geboorteland. Maar liefst vier van de vijf Haïtianen die meer dan tien dollar per dag verdienen en in de statistieken van Haïti worden meegeteld, wonen in de Verenigde Staten. Steeds blijkt: verhuizen is de beste manier om armoede te ontvluchten. Ook de achterblijvers hebben daar baat bij. In 2012 bedroeg de geldstroom van immigranten naar hun thuisland maar liefst 400 miljard dollar. Dat is bijna vier keer zo veel als alle ontwikkelingshulp bij elkaar.

36 Alex Nowrasteh, 'Terrorism and Immigration: A Risk Analysis', Cato Institute (13 september 2016).

37 Nicola Jones, 'Study indicates immigration not to blame for terrorism', Warwick (11 februari 2016).

38 Walter Ewing e.a., *The Criminalization of Immigration in the United States*, American Immigration Council (juli 2015).

39 Brian Bell e.a., 'Crime and Immigration: Evidence from Large Immigrant Waves', *The Review of Economics and Statistics*, Vol. 95, Issue 4.

40 F.M.H.M. Driessen e.a., 'De ontwikkeling van de criminaliteit van Rotterdamse autochtone en allochtone jongeren van 12 tot 18 jaar', *Politie & Wetenschap*, Vol. 73 (2014).

41 Godfried Engbersen e.a., *Geen tijd te verliezen: van opvang naar integratie van asielmigranten*, Wetenschappelijke Raad voor het Regeringsbeleid (december 2015).

42 Michael Jones, 'The Downside of Diversity', *The Boston Globe* (15 augustus 2007).

43 Tom van der Meer en Jochem Tolsma, 'Ethnic Diversity and Its Effects on Social Cohesion', *Annual Review of Sociology*, Vol. 40 (juli 2014).

44 Maria Abascal en Delia Baldassarri, 'Don't Blame Diversity for Distrust', *The New York Times* (20 mei 2016).

45 Immigranten vervullen vaak de vacatures waar binnenlanders hun neus voor ophalen. Vanwege de vergrijzing ontstaan er straks talloze werkplekken die de inwoners van Luilekkerland moeilijk zelf kunnen opvullen. Waarom zouden we onze productieve ondernemers, techneuten en kenniswerkers meer laten zorgen, poetsen en tomaten plukken, als we daarvoor de hulp van buitenlanders kunnen inroepen? Mocht er sprake zijn van verdringing, dan is die tijdelijk en lokaal. Pikant detail: immigranten verdringen dan vooral de banen van eerdere immigranten.

46 George Borjas, 'Immigration and the American Worker: A Review of the Academic Literature', Center for Immigration Studies (april 2013).

47 Heidi Shierholz, 'Immigration and Wages: Methodological Advancements Confirm Modest Gains for Native Workers', Economic Policy Institute (4 februari 2010).
Zie ook: Gianmarco I.P. Ottaviano en Giovanni Peri, *Rethinking the Effect of Immigration on Wages*, National Bureau of Economic Research (augustus 2006).

48 Frédéric Docquiera, Caglar Ozden, Giovanni Peri, *The Wage Effects of Immigration and Emigration*, OESO (20 december 2010).

49 Tyler Cowen, *Average is Over: Powering America Beyond the Age of the Great Stagnation*, Dutton (2013), p. 169.

50 Corrado Giulietti e.a., *Unemployment Benefits and Immigration: Evidence from the EU*, Institute for the Study of Labor (oktober 2011).
Zie voor de VS: Leighton Ku en Brian Bruen, *The Use of Public Assistance Benefits by Citizens and Non-citizen Immigrants in the United States*, Cato Institute (19 februari 2013).

51 *International Migration Outlook 2013*, OESO, p. 147.

52 Monique Kremer, *Vreemden in de verzorgingsstaat. Hoe arbeidsmigratie en sociale zekerheid te combineren*, Boom Lemma Uitgevers (2013).

53 Mathias Czaika en Hein de Haas, *The Effect of Visa Policies on International Migration Dynamics*, International Migration Institute (april 2014).

54 Douglas S. Massey, 'Understanding America's Immigration "Crisis"', *Proceedings of the American Philosophical Society*, Vol. 151, Issue 3 (september 2007).

55 Neli Esipova en Julie Ray, '700 Million Worldwide Desire to Migrate Permanently', *Gallup* (2 november 2009).

56 Dick Wittenberg, 'De terugkeer van de Muur', *De Correspondent* (30 september 2013).

57 Dylan Matthews, 'Americans Already Think a Third of the Budget Goes to Foreign Aid. What If It Did?', *The Washington Post* (8 november 2013).

58 Joseph Carens, 'Aliens and Citizens: The Case for Open Borders', *The Review of Politics*, Vol. 49, Issue 2 (voorjaar 1987).

10. Hoe ideeën de wereld veranderen

1 Joe Keohane, 'How Facts Backfire. Researchers Discover a Surprising Threat to Democracy: Our Brains', *The Boston Globe* (11 juli 2010).

2 De website van de onderzoeksgroep vind je hier: http://www.culturalcognition.net.

3 Ezra Klein, 'How Politics Makes Us Stupid', *Vox* (6 april 2014).

4 Nicholas Bakalar, 'Shorter Workweek May Not Increase Well-Being', *The New York Times* (28 augustus 2013).

5 Katie Grant, 'Working Shorter Hours May Be "Bad For Health"', *The Telegraph* (22 augustus 2013).

6 Inmiddels heb ik het onderzoek wel nader bestudeerd. Om uit de samenvatting van de studie te citeren: 'Hoewel de tevredenheid met het aantal gewerkte uren toenam, had de afname geen impact op de tevredenheid met het werk en het leven. (...) Bovendien zouden positieve effecten ongedaan kunnen worden gemaakt door een toegenomen werkintensiteit.' Met andere woorden, de Zuid-Koreanen waren korter, maar ook harder gaan werken.

7 James H. Kuklinski e.a., 'Misinformation and the Currency of Democratic Citizenship', *The Journal of Politics*, Vol. 62, Issue 3 (augustus 2000), p. 810.
Dat een schok wonderen kan doen bleek ook op die decemberavond in 1954. Toen de vliegende schotels niet op kwamen dagen, had één aanwezige er geen zin meer in. Hij was van zijn geloof gevallen na de enorme 'disconfirmatie' van twaalf uur, zo noteerde Festinger. (Niet toevallig was deze man ook degene die het minst in zijn overtuiging had geïnvesteerd. Hij had alleen een kersttripje naar Arizona moeten afzeggen om er die avond bij te kunnen zijn.)

8 Solomon Asch, 'Opinions and Social Pressure', *Scientific American*, Vol. 193, Issue 5 (november 1955).

9 Alan Greenspan, 'Speech At the American Bankers Association Annual Convention, New York', The Federal Reserve Board (5 oktober 2004).

10 Geciteerd in: Edmund L. Andrews, 'Greenspan Concedes Error on Regulation', *The New York Times* (23 oktober 2008).

11 Dat zei hij tegen ABC News: 'Interview with Alan Greenspan', *ABC News* (4 april 2010).

12 Edward Krudy, 'Wall Street Cash Bonuses Highest Since 2008 Crash: Report', Reuters (12 maart 2014).

13 Jurgen Tiekstra, 'Joris Luyendijk: "Dit gaat helemaal fout"', *Volzin* (september 2013).

14 Zie bijvoorbeeld: Milton Friedman, 'Neo-Liberalism and its Prospects', *Farmand* (17 februari 1951).

15 F.A. Hayek, 'The Intellectuals and Socialism', *The University of Chicago Law Review* (voorjaar 1949).

16 Geciteerd in: Angus Burgin, *The Great Persuasion: Reinventing Free Markets since the Depression*, Harvard University Press (2012), p. 13.

17 Geciteerd in: *The Great Persuasion* (2012), p. 169.

18 Ibid., p. 11.

19 Ibid., p. 221.

20 Francis Fukuyama, *The End of History and the Last Man*, Free Press (1992).

21 Friedman vertelde aan het einde van zijn leven dat hij het werk van slechts één filosoof echt goed had bestudeerd: Karl Popper. Deze Oostenrijkse denker dacht dat goede wetenschap uit 'falsificatie' bestaat: je moet steeds op zoek gaan naar de dingen die niet kloppen met je theorie, in plaats van voortdurend de bevestiging te zoeken. Maar zoals we hebben gezien doen de meeste mensen het precies andersom. Sterker nog, dit is precies de manier waarop het neoliberalisme, inclusief Friedman zelf, lijkt te zijn ontspoord.

22 Stephanie Mudge, *The Sociale Bases of Austerity: European Tunnel Vision & the Curious Case of the Missing Left*, Sheffield Political Economy Research Institute (februari 2014).

23 John Maynard Keynes, *The General Theory of Employment, Interest and Money*, Palgrave Macmillan (1936), laatste alinea.

24 Zie ook: Rutger Bregman, *De geschiedenis van de vooruitgang*, De Bezige Bij (2013), p. 358.

25 Geciteerd in: *The Great Persuasion* (2012), p. 217.

26 *The General Theory* (1936), laatste alinea.

Epiloog

1 Rebecca Solnit, *Hope in the Dark: Untold Histories, Wild Possibilities*, Canongate Books Ltd (derde editie, 2016), p. 23.

2 Bronnie Ware, *The Top Five Regrets of the Dying: A Life Transformed by the Dearly Departing*, Hay House UK (2012).

Zo gaven we dit boek duurzaam uit

We willen onze boeken zo duurzaam mogelijk uitgeven. Daarom zijn we op zoek gegaan naar de duurzaamste opties.

Voor dit boek kozen we het papier Munken Premium Cream, gemaakt van bomen uit verantwoord beheerd bos. We vonden het compacte lettertype Calicanto, waarmee we papier besparen. En we gebruiken de minst belastende lijm en eco-laminaat. Op corr.es/duurzaam-uitgeven kun je lezen hoe we tot deze keuzes zijn gekomen.

We blijven verder zoeken naar nieuwe manieren om onze boeken nog duurzamer te maken en te vervoeren. Die zoektocht kun je volgen op De Correspondent.

Wil je als lezer je voetafdruk ook verkleinen? Geef dit boek door als je het uit hebt!

Hartelijke groet,

Andreas Jonkers & Milou Klein Lankhorst
Uitgevers van De Correspondent

de Correspondent

de Correspondent

De boeken van De Correspondent gaan over de grote ontwikkelingen van onze tijd. Ze zijn diepgravend en toegankelijk, geliefd bij een groot publiek. Een greep uit onze boeken:

De meeste mensen deugen
Rutger Bregman

Hoe gaan we dit uitleggen
Jelmer Mommers

De tweede
Lynn Berger

Het bestverkochte boek ooit (met deze titel)
Sanne Blauw

Dit was het nieuws niet
De Correspondent

Amerikanen lopen niet
Arjen van Veelen

Er zijn nog 17 miljoen wachtenden voor u
Sander Heijne

Dankboek
Ernst-Jan Pfauth

Je hebt wél iets te verbergen
Maurits Martijn & Dimitri Tokmetzis

Waarom vuilnismannen meer verdienen dan bankiers
Rutger Bregman & Jesse Frederik

Nooit meer een boek van ons missen?

Neem een abonnement
op de boeken van De Correspondent!

decorrespondent.nl/boekenabo

'Dit boek daagt je uit, prikkelt tot tegenspraak, en zet je – het belangrijkste – zelf in beweging.'

– *Bas Heijne*

Al eeuwen is de westerse cultuur doordrongen van het geloof in de verdorvenheid van de mens. Maar wat als we het al die tijd mis hadden? In dit fascinerende boek herschrijft Rutger Bregman de geschiedenis van de mens.

'Glashelder en opzwepend.'
– David Van Reybrouck

In dit boek beschrijft Jelmer Mommers een van de grootste problemen van onze tijd: klimaatverandering. Het eerlijke verhaal is dat we ongelofelijk in de shit zitten. Zo'n warm klimaat als er nu aankomt, heeft de mens nog nooit meegemaakt. Maar hoe erg het wordt, dat bepalen we zelf.

'Onmisbaar voor wie weleens cijfers tegenkomt.
Voor iedereen dus.'
– Ionica Smeets

Van je eerste rapport tot je pensioenleeftijd, van het weerbericht tot de verkiezingsuitslagen en van wat je eet tot wie je trouwt: overal bepalen cijfers hoe ons leven eruitziet. Sanne Blauw laat zien dat cijfers lang niet zo objectief zijn als ze lijken.